[美]约翰·托兰（John Toland） 著

孟庆龙 李殿昌 郝名玮 等 译

孟庆龙 修订

INFAMY

美国的耻辱

PEARL HARBOR AND ITS AFTERMATH

珍珠港事件内幕

中国社会科学出版社

图字：01—2012—017号

图书在版编目（CIP）数据

美国的耻辱：珍珠港事件内幕 ／（美）托兰著；孟
庆龙等译. --北京：中国社会科学出版社，2011.12
（2025.6 重印）

ISBN 978-7-5161-0412-5

Ⅰ.①美… Ⅱ.①托…②孟… Ⅲ.①日本偷袭珍珠
港（1941）－历史事件 Ⅳ.①E195.2

中国版本图书馆CIP数据核字（2011）第269943号

出 版 人	赵剑英	
责任编辑	王 斌	
责任校对	张 敏	
责任印制	李寡寡	

出　　版	中国社会科学出版社	
社　　址	北京鼓楼西大街甲 158 号	
邮　　编	100720	
网　　址	http：//www.csspw.cn	
发 行 部	010—84083685	
门 市 部	010—84029450	
经　　销	新华书店及其他书店	

印　　刷	北京君升印刷有限公司	
装　　订	廊坊市广阳区广增装订厂	
版　　次	2011 年 12 月第 1 版	
印　　次	2025 年 6 月第 2 次印刷	

开　　本	710×1000　　1/16	
印　　张	21	
字　　数	320 千字	
定　　价	49.00 元	

献给珍珠港事件的牺牲者

译者的话

　　今年是珍珠港事件爆发 84 周年。此事虽已时过境迁，但围绕这一突袭事件的历史探源和现实影响依然有诸多说法，有关这一事件的学术成果和文学作品不胜枚举。然而迄今为止，围绕美国夏威夷军事基地为何被突袭、可否避免，美国最高层该负何责、事后是否找了替罪羊等一系列世人关注的问题，无论是历史研究价值还是可读性，约翰·托兰这本《美国的耻辱》尚难有超越，关心这段历史及其后续影响的读者不可不读。

　　1941 年 12 月 7 日凌晨（夏威夷时间），由 6 艘航空母舰组成的日本特遣舰队实施长途奔袭，从航母上起飞的两批共 351 架飞机，借助云雾掩护，分两拨对美国在太平洋上最大的海军基地珍珠港进行突然袭击，顷刻间一举击沉、击毁和击伤美国大型舰只 19 艘（其中有战列舰 8 艘）、飞机 311 架，造成美陆海军官兵 2402 人阵亡、1282 人受伤，停泊在珍珠港的美国太平洋舰队几乎瘫痪。而日本只损失 29 架飞机和 5 艘袖珍潜艇，65 名士兵阵亡或失踪，1 名潜艇乘员被俘。

对日本而言，突袭珍珠港大获成功，战术上近乎完胜，但战略上却未占到丝毫便宜。它虽然"拉"自己的轴心国盟友德、意迅即对美宣战，但同时也"逼"强大的美国迅速加入第二次世界大战，燃爆了太平洋战争，并使世界各大洲众多国家随之纷纷对日宣战。此外，轻而易举突袭成功，使日本军国主义势力高估了自身的军事实力，疯狂攻城略地，肆意拉长战线，很快陷入国力难支的境地。因此，从中长期战略来看，珍珠港事件对日本来说是一个彻彻底底的大灾难。从20世纪内日本对华对美发动战争的历史来看，它都犯了缺乏战略眼光的大病。对于既往战争缺乏自省的日本来说，今后再走过去的错路，不无可能。日本是中国的近邻，对于它急功近利的痼疾，我们切不可掉以轻心。

对美国来说，从军事上来看，珍珠港事件无疑是一次战役上的惨败，被视为军队和国家的奇耻大辱。但从战略而言，这一"国耻"却助罗斯福政府一扫国内孤立主义的羁绊，一举完成了举国战争动员，全力开动战争机器，同时投入第二次世界大战的各个战场，从反法西斯国家的兵工厂变为反法西斯战争的主要参战方，并在战争中不断增强政治、经济、军事实力，战后成为世界上最强大的国家。可以说，在一定程度上，珍珠港事件成为美国从世界头号大国发展为世界头号强国的"助推器"。

84年之后，珍珠港事件留下的悬念仍是世界之谜。这次偷袭事件为什么会发生？美国政府是否本可避免？诸多疑虑至今难消，这个谜由于主要证据的"失踪"而成为旷世大案，有些说法也难以得到普遍认可。

日本突袭珍珠港是否算"偷袭"，一直存在三种说法。一种说法认为珍珠港事件就是偷袭；另一种说法认为是美国决策层耍的阴谋，是故意让偷袭成功的；第三种说法认为，美国政府玩阴谋，使"苦肉计"，证据显然不足，但认为美国高层图谋让日本人来"打第一枪"，人证物证倒是相对较为充分。从迄今为止公布的档案文献和口述史料来看，说罗斯福等美国政府要人1941年12月初时已清楚将与日本马上交战，倒有不少直接和间接证据。但要说罗斯福事先已获悉日本要攻击的准确目标就是珍珠港，但为使美国"名正言顺"地"被迫"参战而故意掩而不报，"引诱敌人来打枪"，至今仍缺乏足够的证据。

本书是美国著名大众历史学家、普利策奖获得者约翰·托兰的力作。作者详细记述了美国国会举行的珍珠港事件听证会的台前幕后，采访了日本袭击珍珠港前后美国陆海军的许多当事人，揭露了大量鲜为人知的内情。

书中以诸多事实，说明总统罗斯福、陆军部部长史汀生、参谋长马歇尔等政府要人事先已获悉日本要袭击珍珠港的情报，其消息来源除了美国直接截获的日本密码外，还有荷兰人、朝鲜人及欧洲双重间谍提供的重要信息。但莫名其妙的是，美国驻珍珠港的陆海军指挥官却未得到有关警报。在国会听证会上，几位当事人都肯定见过截获的日本密码，但这些电文却神秘"失踪"了。而且，有些证人证词前后不一……凡此种种，给人们留下了许多的疑问。

托兰在书中提出了震惊美国乃至全世界的观点：罗斯福在同日本开战问题上直到最后一刻还左右摇摆，在此问题上，他受到了赫尔、史汀生等人的影响，认为日本袭击珍珠港事件是一场地道的假戏真做，罗斯福及其圈内人士掩盖了事实真相，为达目的，不择手段，甚至不惜使两千多名陆海军将士成为无辜的牺牲品。作者更进一步指出，由于珍珠港事件，才使日本的老百姓受到了炸弹和原子弹的摧残；才致使美国在朝鲜打了一场损兵折将、不得人心的战争；才在越南打了一场更可悲的，使国家经济削弱、国内冲突加剧的战争。

还有一点十分重要，作者在书的最后为读者提供了几条难得的资料，以便世人对珍珠港事件做出公正的评判。

本书为大众历史作品，书中人物栩栩如生，场面逼真。读完托兰的这本书，对珍珠港事件的台前幕后便可自有判断。需要指出的是，书中的许多人物的军阶在战时和战后多有变动。作者在描述不同场景时多次交替、穿插使用不同的军衔。为保持译文的流畅，译者均未在文中加注。

参加本书翻译的有李殿昌、孟庆龙、郝名玮、王晓德、周学军、李一文、李庆红、张晓华等。此次再版，由孟庆龙进行了修订。

由于水平有限，译文错误难免，敬请指正。

孟庆龙

2025 年 5 月

代序

可贵的自省

当地时间 1941 年 12 月 7 日,日本海军偷袭珍珠港,引起了太平洋战争的爆发,到今年正好满 70 年。美国历史作家约翰·托兰关于这一事件的专著《美国的耻辱——珍珠港事件内幕》中文版出版,是很合时宜的。

托兰在本书中提出的问题——在日本偷袭珍珠港之前,美国政府是否已经知悉偷袭将临的情报而故意不通报给有关的军队指挥官?这到今天也没有最后的官方结论。读者在读了本书之后,也许可以对其中内幕得出自己的答案。然而托兰提出这个问题,写出本书,以及本书出版后他所经历的遭遇,却从一个小小的侧面反映出了美利坚民族性格的优点和弱点。

短短二百多年,美国从一块殖民地变成了世界上唯一的超级大国。这既反映了美国人民积极进取、不屈不挠、开拓创新的精神,也使他们积淀了自视过高、不择手段、利益至上的人性弱点。其结果就是有不少人形成了只许胜利、不许失败,对都是自己的、错都是人家的,骄横跋扈、不肯自省的处世哲学。

在珍珠港事件的内幕上，托兰一直觉得当时珍珠港的两千多军民死得太冤，后来受到处分的将军们罚得无理，所以他要站出来说话。美国文坛可容不得他这般。书出版以后，受到了把持文坛的自由派（即美国保守派文人）的攻击，某次托兰在台上讲话，台下的无情围攻让他当场气急，从讲台上晕倒下来，其激烈程度可见一斑。这也让托兰在此后相当一段时间里，对写历史灰心了。由此可见，一个国家、一个民族，跟一个人一样，反躬自省是多么的不容易。

然而，托兰表现出来的自省精神恰恰是美国非常需要的。现在美国手里掌握着可以毁灭地球的手段。我们作为地球上的生灵，有权利要求美国谨慎、谨慎、再谨慎，不要在大事上迈错了步。希望美国不断发扬其民族精神的积极面，克服其消极面，时不时自省，而有益于自己，有益于世界。美国在"二战"中的两个主要对手，在战后一个比较能自省，她在近年来全球困境中的表现可圈可点，可能跟此不无关系；而令人啼笑皆非的是，另一个，在讲求现利的美国助力下，则不大肯自省，因而心理压力也就比较大，心态明显不够好，日子也过不舒心，说不定哪天就又会不顾一切地发泄一下。这当中，美国大有经验和教训可以吸取。 一个民族的自省能力，是她真正的力量所在，本书给我们的启示也许正在于此。

华庆昭

2011 年 11 月

前言 *001*

第一部　纷争

第一章　"总统先生，他们是怎么趁我们不备的？"　*003*

第二章　诺克斯先生西行记　*016*

第三章　"某些太平洋地区的海军或陆军将官可能成为替罪羊。"　*029*

第四章　"你应将自己安顿在一个僻静的地方，
　　　　让时光老人来帮你解决问题。"　*043*

第二部　潘多拉之盒

第五章　二楼上造反　*055*

第六章　哈特调查　*067*

第七章　陆海军俱乐部　*073*

第八章　"你不必为金梅尔将军火中取栗"　*104*

第三部　国会里跳舞

第九章　"如果事先知道要发生什么事情……我是决不会让
　　　　自己被'征召'的。"　141

第十章　在法庭上　169

第十一章　萨福德陷入绝境　182

第十二章　"为华盛顿开脱"　211

第四部　第十次调查

第十三章　Z 行动计划　235

第十四章　追踪"机动部队"　257

第十五章　耻辱的一天　"然而他们早就知道的，他们早就知道的，
　　　　他们早就知道的啊！"　286

第十六章　总结　300

附录　309

鸣谢　318

前言

在《美国的耻辱》中我得出结论,对于那场对珍珠港的灾难性攻击,每一个美国人都有一份责任,那场攻击主要是日本人一次无缘无故的侵略行径。九年过去了,在日本进行了大量的研究之后,我在《日本帝国的衰亡》中得出惊人的结论:珍珠港事件是日本人和美国人对对方估算失误、犯了错误的结果。"由于日本人的机会主义、失去理智、荣誉、骄傲和担心 —— 和美国的种族歧视、不信任、对东方的无知、刻板、自我正义、荣誉、国家的自豪和担心,以及双方相互之间的误解、语言困难和翻译错误,才使后来打了一场本可不必打的战争。"在这本书里,我看不出美日哪一方有什么坏蛋和英雄,而且首先不会认为罗斯福总统事先知道日本的一支攻击部队正在迫近珍珠港。

即便如此,有关珍珠港事件的许多问题仍使我不得安宁。一系列的调查遗留下的非常重要的存疑和暂被搁置的问题太多了。有无可能罗斯福策划了一场阴谋,以便通过后门使美国加入同希特勒的战争？我们的一些文武大员有无在发过誓后撒了谎？一些大好人是否被劝说或在受到威胁后作了伪证？到底 1941 年 12 月初有无一份"风"指令电报？简言之，进行的那九次调查是不是一场精心设计的把罪责首先归咎于金梅尔海军上将和肖特将军而给华盛顿的那些人开脱的掩盖手法？

在那个"必须永远记住这个可耻的日子"后的 40 年里，我试图解答诸如此类一直困扰着美国人和日本人的问题。在进行此项调查时，我被警告说，根据情报自由法近期对珍珠港事件引起争论的资料的全面开禁是一个烟幕，关于珍珠港事件的材料仍不开放。正相反，我发现美国海军和国家安全局不仅开放，而且还提供帮助，它们只是出于安全目的从提交给它们的非常有争议的材料中删去了一点点。

现在就来进入珍珠港事件重重的迷雾。

第一部　纷争

"啊，当开始进行欺骗的时候，我们是织了一张多么密的网啊！"

沃尔特·司各特爵士

第一章

"总统先生，他们是怎么趁我们不备的？"

1941 年 12 月 6—7 日

1

1941 年 12 月 6 日（星期六）上午，华盛顿美国海军通信部安全情报处的一位译员开始翻看一堆监听到的日本领事密码电报。其中一封是三天前驻檀香山的总领事喜多发给东京的，内容是关于珍珠港内战舰和航母的行动及其确切位置。这位译员多萝西·埃杰斯夫人干这项工作仅一个月，但她一眼便看出这份电报极为重要，应当立即译出来。她问高级译员弗雷德·伍德罗（她哥哥），中午下班后她是否应留下来译完它。伍德罗认为这虽是个"怪念头"，但很有必要留下来。在翻译具体内容时，她心情激动起来，因为这封电报是关于从瓦胡岛上某所房子的窗户向隐藏在近海的日本船只发信号的。她惊诧不已，便把已经译出的部分拿给主管这六名译员的军士看。军士说这很"有趣"，但还不值得在周末给予关注。

即便如此，埃杰斯夫人仍然伏案工作。到了下午 3 点快要译完时，翻译处处长阿尔温·克雷默少校来了。克雷默曾经在日语上花过大工夫，但埃杰斯夫人和她哥哥是在东京附近长大的，她的日语比克雷默要强多了。她满怀期望地等着他站在那儿看完全文。看来他很烦躁，没有激动的样子，就连最后一段也没有引起他的兴趣。最后一段如下：

> 如果上述信号和无线电报不能从瓦胡岛发出，则将在库拉疗养院以北6海里的毛依岛发出……在下库拉路和哈莱斯卡拉路之间的一个地点（北纬20°40′，西经156°19′，从毛依岛的东南和西南的海上都可看到），在收到你们的EXEX信号前每天都将点燃下述营火：7—8时，信号3或6；8—9时，信号4或7；9—10时，信号5或8。

克雷默身材修长，嘴上的胡子像支铅笔，人们用无线电里的角色名给他起了个绰号"影子"。他既像个梦想家，又极其注重细节。每份经他手的电报必须仔细地、小心地校正，再校正。他对埃杰斯夫人说，这份截获的电报还要花很多时间，她该回家了，下星期他们可以找时间来编整它。埃杰斯夫人表示反对，但克雷默却有礼貌地坚持让她回家。

克雷默本人正忙于负责破译一份长电报。它是用以"紫"闻名的日本密码拍发的。这是日本用来在东京和驻外使馆之间传递情报最机密的密码系统。东京首先发了一份预告电文，通知野村大使准备接收一份至关重要的电报。日美两国长期以来一直进行谈判，试图通过和平而非战争手段来解决分歧。这份电报便是日本对美国关于日本最后建议的回答的答复。傍晚时分，这份包含14部分的电报（英文）的前13部分已经破译出来。电文表明，日本人对美国的答复极为不满，认为是对其建议的拒绝。

那天晚上，富兰克林·D. 罗斯福总统看了这前13部分的电文后，随即转向首席顾问哈里·霍普金斯说："这就意味着战争。"

即使如此，美国政府也未给夏威夷发去警报，而太平洋舰队就驻扎在那里的珍珠港。事实上，几个月来就没有给舰队司令赫斯本德·金梅尔将军转发过一封监听到的"紫码"电报。金梅尔手上也没有可破译"紫码"的设备，

美国的耻辱

以供其情报官员译读华盛顿和东京之间来往的一连串令人不安的电报。

引起埃杰斯夫人兴趣的那封用领事馆密码拍发的电报，是由设在夏威夷谢夫特堡代号为 MS-5 的陆军特别监听站监听到的；但夏威夷陆军司令沃尔特·肖特将军根本就不知道什么叫作"魔术"的被破译的日本电报。他甚至不知道有个 MS-5。而负责这一监听站的陆军少校也一直没有得到破译设备，他只好命令将监听到的电报原封不动地空运到华盛顿。

那天上午的领事电报并不是唯一表明日本人可能正在计划对珍珠港进行突袭的电报。早在两个月前，美国陆军信号情报处就曾破译过一封东京发给喜多领事的电报。电报将珍珠港水域划分为五个地区，并询问金梅尔的军舰和航母的确切位置。华盛顿的陆军和海军情报官员都认为这可能是空袭坐标图。有些人力主给金梅尔和肖特发警报，但由于某种原因，他们的上司不让发。东京给喜多的另外三份电报也表明，日本人对珍珠港的兴趣不寻常。其中一份电报指示吉川猛夫海军少尉（伪装成喜多助手的海军间谍）"每周两次"汇报珍珠港内舰只的活动情况。另一份命令吉川特别详细地调查一下瓦胡岛上海军航空兵基地的情况。第三份电报是 11 月 8 日发出的，要求报告檀香山周围的战略要地。这些电报都没有转发给金梅尔和肖特。另有 8 封很有情报价值的电报，劳累过度的美国人还没来得及破译。其中有吉川 12 月 6 日发出的两封电报：一封开列了当时停泊在珍珠港的舰只，并指出海军航空兵并不进行什么空中侦察。另一封说，战舰可能没有防鱼雷网，还说："目前尚未发现防空气球设备；而他们到底有没有这种设备还很难说。即使他们已做好准备，珍珠港的气球防空能力也是有限的，他们难以完全控制珍珠港、希卡姆、福特和伊瓦附近海面及机场跑道的上空。我认为，无论哪种情况，都便于对这些地方发动突然袭击。"

谢夫特堡的 MS-5 当时就监听到了这两份电报，并通过特殊空中渠道送到华盛顿。华盛顿的一位海军下级情报官员曾两次敦促上司让金梅尔的情报官员破译这些由 MS-5 监听到的日本领事馆电报，但两次都遭到了拒绝，理由是这些情报与金梅尔的情报官员无关。

金梅尔和肖特12月6日知道了些什么呢？几个月前他们就意识到，对日开战不光有可能，而且是确定无疑的了。他们已在部署军队准备战斗。11月27日，也就是国务卿科德尔·赫尔给东京回电拒绝屈从日本提出的不能接受的条件的第二天，陆军司令、海军司令、乔治·马歇尔上将和哈罗德·R."贝蒂"·斯塔克海军上将给在菲律宾、巴拿马运河及夏威夷的司令官们发去了警报。①

马尼拉的道格拉斯·麦克阿瑟上将收到了这样一份报：

对日谈判实际上已经结束，日本政府重新提出继续和谈的可能性微乎其微。日方未来之行动难以预料，但敌对行动随时可能发生。如果敌对行动不可、不可避免，美国希望让日本首先公开采取行动。不应、不应把这项政策理解为要你坐以待毙、被动挨打……

类似的电报也发给了肖特将军，但又命令他不得"惊扰民众，暴露意图"。肖特将此理解为他只应提防破坏活动。他把他的理解向华盛顿做了报告，但显然没谁仔细阅读过他的回电，从未有人说他领会错了指示的含义。

斯塔克给金梅尔和驻菲律宾的亚洲舰队司令托马斯·哈特海军上将发去了同样的电报：

本电报应视为战争警报。为谋求太平洋局势的稳定而与日本进行的谈判业已结束，预料日本数日内要采取侵略行动。日军的数量、装备以及海军特遣队的组成表明，若不是对菲律宾、泰国，就是对克拉半岛，也可能是对婆罗洲发动两栖攻击。务请做好适当防卫部署，准备执行46号战争计划所规定的任务……

---

① 陆军的电报署名是马歇尔，但他当时不在首都，电报是陆军部长亨利·L.史汀生发出的。

从北部鸟瞰珍珠港基地

金梅尔和肖特没有收到别的电报。他们在 12 月 6 日都还以为谈判仍在进行哩。

同马歇尔一样，肖特也是弗吉尼亚军事学院的毕业生。他才能出众、治军有方，属下部队极具战斗力。他在指挥国民警卫队时，就已表现出了外交才干，在同地方官员的交往中不仅达到目的，而且还搞好了关系。

罗斯福撇开那些级别更高的军官，选中了金梅尔，将其晋升为海军上将，使他成了海军中少有的几个四星上将之一。金梅尔才干出众，在下属中威望颇高。他精力充沛，一丝不苟，苦干实干，严于律人，同时严于对己。他态度生硬，独断专行，脾气暴躁，从不想着要得到下级的爱戴。但下级很尊敬他，只要努力工作，是很容易同他相处的。他们知道，金梅尔对他们的要求同对他自己的要求是一样的。1941 年初，金梅尔把妻子留在加利福尼亚，只身赴任接管太平洋舰队，集中全部时间和精力动员部队做好战斗准备。时至 12 月 6 日，金梅尔的任务已经完成，他的舰队已做好一切准备，迎接战斗。

金梅尔上将

肖特的任务是保卫瓦胡岛，使之免遭敌人空中和海上攻击，在金梅尔远程侦察时负责短程空中侦察。时至12月6日，在执行了如此多的飞行任务后，空军官兵已疲惫不堪，飞机也要维修了。金梅尔和肖特数月来一直抱怨人员、飞机和雷达短缺；但是华盛顿的主要注意力已转移到大西洋，美国的战争物资正源源不断运往正与希特勒殊死战斗的英国。更糟糕的是，本应用来支持金梅尔进行远程侦察的大部分"空中堡垒"轰炸机却送到了菲律宾。

夏威夷美国陆军地面和空军部队司令肖特中将

金梅尔和肖特都知道，日本航空母舰的主力已经离开本国水域，但11月末却无影无踪了。人们以为可能是随侵略部队南下菲律宾、泰国或克拉半岛了。12月2日，金梅尔的情报官向他报告说日本的航空母舰仍然踪迹杳无。即便这曾使金梅尔感到不安，但他并没有表现出来；事实是，他开玩笑地问道："不会是此时此刻它们正在绕过钻石角①而你却还不知道吧？"

"先生，我希望现在就能发现它们。"

但夏威夷没有人认真考虑过珍珠港会受到攻击。马歇尔和斯塔克认为

---

① 檀香山东南方的一个海角。——译者注

　　　　　　　　　　　　　　　　　　美国的耻辱

日本人不会那么傻，他们的参谋人员也这样认为。

六艘航空母舰以及快速战舰、两艘重型巡洋舰、一艘轻型巡洋舰、八艘驱逐舰、三艘油船和一艘供应船正驶向夏威夷。这支令人生畏的突击力量"机动部队"计划在东京时间 12 月 8 日拂晓袭击美国陆海军的军用机场和珍珠港。12 月 3 日，"机动部队"接到一份用新密码发来的电报："攀登新高山 1208。"意思是说"按原计划于 12 月 8 日发起攻击"，夏威夷时间是 12 月 7 日（星期日）。

"机动部队"为了节约燃料，以每小时 14 海里的速度缓缓向东巡航。舰队呈圆圈队形前进，三艘潜艇为先导，侦察是否有中立国的商船驶过。如果遇有这类船只，则登船将其俘获。倘若碰到美国的太平洋舰队，就不那么容易对付了。南云忠一中将下令各舰长熄灯行驶，将攻击珍珠港的任务传达到全体人员。那夜，各舰人员情绪激昂、十分紧张。第二天临近中午时分，舰队到达最后的一个重要加油点——北纬 42 度、东经 170 度，所有舰只都加了油。

12 月 6 日，"机动部队"仍未被发现，乘风破浪，以每小时 20 海里的航行速度向东南方向挺进。好几名筋疲力尽的哨兵被大风吹下了海。浓雾迷漫，往往看不见前面的船只。

那天夜里，至为重要的日本电报前 13 部分不仅送给了罗斯福，也送给了海军情报首脑西奥多·威尔金森海军上将。威尔金森当时正同陆军情报首脑谢尔曼·迈尔斯将军共进晚餐。马歇尔和斯塔克不知下落。

夏威夷：肖特正在沙菲尔德兵营的军官俱乐部欢度周末。金梅尔夜里 9 点 30 分才离开在"没有钥匙的檀香山旅馆"举行的宴会。他要上床睡觉了，已同肖特约好第二天上午去打高尔夫球。

"机动部队"以每小时 24 海里的速度全速驶向珍珠港以北 200 英里的出击点。飞行员和水兵们在夏威夷时间 12 月 7 日凌晨 3 点 30 分被叫醒，他们围上了洁净的兜裆布，系好"千针带"，早饭是过节吃的红米饭和鲷鱼。

华盛顿上午 9 时，监听到的日本电报第 14 部分已破译好。电报说："不可

日本零式战机从甲板上起飞

能通过进一步谈判达成协议了。"威尔金森将军将电报全文交给斯塔克将军。在他们正讨论应采取什么行动时,又送来一份监听到的电报。电报指示野村大使"当地时间7日下午1时"将包括14部分的电报递给赫尔。

威尔金森问道:"你干吗不给金梅尔将军打个电话?"

斯塔克10时45分左右的确拿起话筒要给金梅尔打电话,可又想在他睡觉时打电话不合适;而11月27日发给金梅尔的"战争警报"已足以使太平洋舰队保持警惕了,再说,袭击珍珠港也是不可想象的。斯塔克遂决定给总统打电话,但却占着线。

与此同时,陆军情报官员鲁弗斯·布拉顿上校正疯了似的四处寻找马歇尔。从星期六傍晚起就没了马歇尔的踪影。"下午1时照会"使布拉顿"疯狂了"。他认为"日本人将攻击美国的某个军事设施",遂飞跑进其上司迈尔斯将军的办公室,但将军回家了。布拉顿给迈尔堡附近的马歇尔家中打电话,勤务兵说将军外出作周日骑行去了。

据说,马歇尔回到办公室时已是上午11时25分。当时,"机动部队"已到达出击点。东方晨曦显现,43架战斗机开始飞离6艘航空母舰,接着起飞的是49架高空轰炸机和51架俯冲轰炸机,最后行动的是40架鱼雷轰炸机。

马歇尔看完冗长的电报和"下午1时照会"后,随即草草给太平洋地区的司令官们写了封急电:"日本人将在今天东部标准时间下午1时发出最后通牒。他们还被命令立即销毁密码设备。这个时间意义何在,我们不得而知,但务必要做好相应戒备。"他给斯塔克打了电话，斯塔克提出动用海军快速传递系统发出警报。

马歇尔说："贝蒂，不必了，谢谢。我想我会尽快发出去的。"他在电报上注明"特急——密件"，交给西联公司拍发了。

下午1时23分，即夏威夷时间上午7时53分，零式战斗机正在接近珍珠港。空军指挥官用无线电向南云中将呼叫"托拉、托拉、托拉"！重复呼叫的这个密码字眼的意思是"虎、虎、虎"，是说"我们业已突袭成功"。两分钟后，鱼雷轰炸机开始向舰列俯冲轰炸。

2

金梅尔将军得悉"监护"号驱逐舰发现并击沉一艘国籍不明的潜艇后，即刻整装。当听到远处爆炸声时他一下子冲了出去。

飞机掠过头顶，机翼上的太阳旗清晰可见。它们在上空盘旋，开始向珍珠港内的舰只俯冲。金梅尔的隔壁邻居格蕾丝·厄尔夫人惊呼道："'亚利桑那'号被击中了！"金梅尔一声不吭，厄尔夫人记得清清楚楚，"他目瞪口呆，脸色煞白"。

小车驶来，金梅尔跳了进去，飞快抵达设在潜艇基地的临时海岸司令部。就在他快步走进屋子时，看到停泊在那儿的一艘拖船上有名水兵正在一挺50毫米口径的机枪旁"紧张地"向外抽水。

金梅尔进屋后径直走到聚集在一扇敞开的窗子前的军官中间。他注视着对舰列的攻击，对日本人事前的策划惊叹不已。突然，一颗直径50毫米的子弹击中他左胸部，正好打中眼镜盒。眼镜盒掉到地上，他捡起来放入口袋，说道："要是把我打死就好了。"他的职业生涯完了，他本该早有防备的。他冷静如常，严肃地大步走进里屋，数分钟后出来时，他的书记官肯·墨里上士注

夏威夷潜艇基地大楼。金梅尔在二楼目睹了日军的袭击，胸部被日军流弹击中

意到他的四星肩章换成了二星肩章。他把自个儿从新被授予的海军上将衔降为原先的少将衔。

一个年轻副官说："哦！将军，不能这么干。"

"朋友，别啰唆，这没错。"

华盛顿的 12 月份通常是温暖的，今天却格外清凉。下午 1 时 50 分，金梅尔的司令部发来了下述电报：

"珍珠港遭空袭。这不是演习。"

电报立即交给了斯塔克上将。海军部长弗兰克·诺克斯正要吃饭，斯塔克一头闯进了他的办公室。诺克斯说："天啊！这怎么会呢。应该是菲律宾吧！"他给总统打电话。总统正在书房与哈里·霍普金斯共进午餐。

罗斯福疑惑地说："不可能！"霍普金斯说一定是出了什么差错，日本人肯定不会进攻檀香山。霍普金斯回忆说："总统缜密地思考过，要竭力使国家不卷入战争，他很想在自己任内不发生战争。但假如日本的这一行动属实，事态就完全难以由他自己控制了，日本人就替他做了决定。"

　　　　　　　　　　　　　　　　　　美国的耻辱

下午2时5分，罗斯福给赫尔打电话，赫尔正要接见两位日本外交官野村吉三郎和来栖。他们显然是来送交战争宣言的。赫尔佯装不知道攻击业已开始，"而是一本正经、沉着冷静地听取他们的答辩，并客客气气把他们送出门"。

赫尔心中有气，用粗野的田纳西山地语言对两位日本人发了一通火，但后来正式发表时作了修饰。他说："在我整整五十年的公职生涯中，还从未见过这样一份文件，满纸谎言，歪曲事实真相。我至今从未想到过这个星球上竟然会有一个政府能说出如此的弥天大谎，能对事实做出如此卑劣的歪曲。"

罗斯福给陆军部长亨利·L.史汀生打电话时，他正在附近的伍德利庄园家中吃午饭。罗斯福激动地问他："你听到消息了吗？"史汀生说，他知道日本人正在向暹罗湾挺进。"哦！我不是说那件事。他们袭击了夏威夷，他们正在轰炸夏威夷！"

美国各电台的节目均中断播出，播报夏威夷和马尼拉被空袭的简讯。报幕员打断了纽约交响乐团正在芝加哥举行的音乐会，他表现失常，接连两次把"演出"说成了"交响乐"。绝大部分人都惊呆了，但没有出现恐慌。街上互不相识的行人开始以一种全新的亲情相互对视，国家灾难超越了个人问题，干涉主义者和"美国第一论者"顷刻间停止了激烈争吵。除了极少数人外，一亿三千万美国人下定决心，团结一致，迎接这场总体战。

共同社驻华盛顿记者克拉克·川上震惊之余，也感到羞愧。作为一个美国公民，他在国务院给他的同行写信说："日本的行为令我震惊；我无法向你们述说我震惊的程度……日本玩弄诡计，一声不吭地在星期天发动攻击，委实可耻。这表明，东京的军国主义者已完全采用了希特勒的伎俩，与纳粹为伍了。我和父亲都觉得，这种行为是日本历史上最黑暗、最可耻的一页。"

另一个叫畑中的日本记者在莫斯科大饭店向C. L. 苏尔兹伯格表示歉意。他边鞠躬边赔笑脸地说："真对不起，今天早晨，我们击沉了你们的舰队。我想，我们开战了。"

晚上 8 时 20 分，内阁成员们来到白宫，在椭圆形办公室里的总统办公桌前围坐成半圆形。面色苍白的诺克斯对史汀生耳语道，海军已经损失了 7 艘战舰。①

司法部长弗兰西斯·比德尔回忆道："总统深为震惊，我从未见过他如此严肃过。"罗斯福说了他所知道的一切，然后回答了几个问题。接着来了一批国会领袖，他又重复了一遍刚才说的话。气氛紧张，一片沉寂。参议员汤姆·康纳利面色青紫，跳起来敲着桌子，打破了沉默。他大叫道："总统先生，他们是怎么趁我们不备的？"

总统低着头嘟囔道："我不知道，汤姆。我真的不知道。"椭圆形办公室里包括罗斯福在内的每个人都清楚，他们必须查出是谁出了问题，而且要尽快查出。公众对攻击的震惊一过，就要知道哪方应受到责备——华盛顿还是夏威夷？还是双方？

摩根索部长返回财政部，对密友们说："真是无法解释。日本人趁我们不备，别人同样也会趁我们不备的。"战舰是绝好的靶子。陆军所有的飞机都集中在了一起，以防破坏。摩根索说："史汀生不断在琢磨这件事。他一直在嘟囔着所有飞机集中在一处这件事。他们把整个舰队集中在一个地方，整个舰队集中在小小的珍珠港，整个舰队都在那儿……"他十分吃惊，迷惑不解："他们永远也无法解释这件事，永远也难以解释这件事。"

所有美国人都在考虑谁应受到责备。那些死硬的孤立主义者认为，答案很简单：罗斯福应受到责备。但绝大部分人认为金梅尔和肖特应受到责备。

陆军的一个密码专家威廉·F. 弗里德曼的手下人曾破译了"紫码"；他难以相信所发生的一切。他的妻子回忆说：他只是走来走去，不断自言自语："可他们知道的，他们知道的，他们知道的。"

---

① 包括 8 艘战舰在内，已被击沉和严重毁坏了 18 艘舰只。后来只救出了两艘战舰"亚利桑那"号和"俄克拉何马"号。各机场有 188 架飞机被毁——陆军 96 架，空军 92 架。死亡 2403 人，其中海军 2008 人，海军陆战队 109 人，陆军 218 人，平民 68 人。"亚利桑那"号上的一半人阵亡。

　　　　　　　　　　　　　　　　　　　美国的耻辱

在三天前驶离纽约的一艘货船上，一名代号为"三轮车"的英国双重间谍杜斯科·波波夫听到船长哭丧着宣告珍珠港遭攻击时，十分得意。那年秋天他曾亲自把一份有关日本人空袭的详细计划交给了联邦调查局。这份计划是他从德国人那儿弄到的。"这正是我一直等待着的消息。我难以用言语消除旅客们的紧张情绪，但我肯定美国舰队已经赢得了对日本人的伟大胜利。我为我能够在四个月前就给美国人发去警报而感到非常、非常的骄傲。日本人肯定会受到迎头痛击！我在甲板上踱步，不，不是踱步，而是欢快地在跑动。"

第二章

诺克斯先生西行记
1941 年 12 月 8—16 日

1

第二天上午，宪法大街上两幢相连的大楼成了活动中心。这是两幢老式的、军营似的大楼，被军需部和海军部占用着。第一次世界大战期间，陆军司令部和海军司令部就设在大楼里。史汀生走出军需部大楼二楼的办公室，沿着走廊走向与海军部大楼相连的天桥，到诺克斯的办公室去。他这样做"只是要表明，海军落井，我不会下石。我借口有份文件要他签署，但他对我的走访非常感激"。史汀生私下对金梅尔将军的疏忽大意和效能低下非常不满，认为他应对珍珠港劫难负主要责任。

昨天还很少见到有人穿军服，而今天凡是有军服的军事人员全都自豪地穿上了军服。全首都的裁缝都在忙着为那些以前在特殊需要时向朋友借军服穿的军官赶制军服。

流行音乐界也忙了起来，赶着创作像"日本人先生，你是个傻瓜"这样的爱国歌曲供公众歌唱。拂晓时分，马克斯·莱纳写好了一首颇具思想性的歌曲"太阳将很快在日升国落下"。

人们冷静下来后就困惑地提出了问题：为什么落后的小日本凭借戴眼镜的飞行员驾驶着劣等飞机会给我们造成如此惨重的损失？为什么陆军和海军都被人家钻了空子？谁该受到责备？政府官员和平民百姓都在问着相同的问题。《纽约时报》报道说：那天上午民主党参议员汤姆·康纳利已明确地就珍珠港事件对诺克斯进行了"不指名的谴责"。康纳利对此未做评论，只是提出一个问题：在遭到袭击时，美国的飞机和巡逻艇都哪儿去了？

那天上午，白宫景象大变。护栏内外四处部署了宪兵队和岗哨。白宫警察也得到了首都警察的增援。特工人员将闲杂人等赶离附近的公共场所。办公室和房间里都挂起了遮光窗帘。

将近中午时分，对总统向国会发表的演讲稿作了最后修订。12 时 30 分，总统在众议院大厅向国会联席会议发表了演讲。他开头的一席话将永远铭刻在人们的记忆里："昨天，1941 年 12 月 7 日，一个必须永远记住的耻辱的日子：美利坚合众国遭到了突然的、有预谋的袭击……"接着，他提出向这种

华盛顿特区宪法大街上的海军大楼

"无端的、卑鄙的袭击"宣战。平时通常只有民主党议员向总统鼓掌，而今天大不一样。帮助起草总统演讲稿的罗森曼回忆说："大厅的两边同时响起了掌声，体现了团结一致的精神。"

33分钟后，国会通过一项决议，宣布美日处于战争状态。

罗斯福给丘吉尔发报通消息："……我们同您及大英帝国的人民已是同舟共济。这艘船不会沉没，也不能沉没。"

丘吉尔是上床前收到电报的，那天夜里，他"睡得很踏实"。翌日战时内阁会议上，有人建议继续对美国持珍珠港事件以前的温和态度。丘吉尔回答说："哦！那是我们向她求爱时的说话方式；现在她已入洞房，我们该用不同的方式对她讲话了。"美国人对战争毕竟是外行，必须教他们怎么作战。

夏威夷谣言四起：日本伞兵已着陆，21艘日本运输船已在近海，准备悄悄靠岸。很多海军军官仍惊魂未定。一支由五艘巡洋舰组成的舰船分队司令

1941年12月8日罗斯福在国会发表演说

美国的耻辱

雷蒙德·斯普鲁恩斯海军上将，星期一上午进入珍珠港，看到可爱的战舰被毁坏得一塌糊涂时惊呆了。他虽有多年的学习研究经历，也难以想象出这种景象。他看到金梅尔的参谋们都没有刮脸，仍然穿着满身泥浆的白色漂亮军服。金梅尔是他一直崇敬的人，他痛心地发现他神情茫然、头发蓬乱，其他人则呆呆地坐着发愣。

斯普鲁恩斯一向沉着冷静，回到家时也失去了自我控制的能力。他激动万分，泪流满面，竭力控制住自己，把所看到和感受到的一切讲给惊呆了的妻子和女儿听。这是他一生中最最痛心的时刻。

金梅尔在办公室里对两个参谋说："我如果在华盛顿主事，就立即解除金梅尔的职务。海军中一个人失败的原因无关紧要，重要的是他失败了。"有两位海军上校不同意他的说法，认为不会解除他的职务。但金梅尔认为自己不会错。

2

西海岸有许多美籍日本人，所以那儿的人们惊恐万分。先是谣传敌人要空袭，而后是普遍担心日本人会登陆。人们却不明白：日本军队想在美国本土登陆，帝国海军的兵力是远远不够的。

华盛顿：诺克斯已经请求总统允许他离开华盛顿。他要去哪儿？诺克斯说："如蒙准许，去珍珠港。"罗斯福不明白他想要干什么，不太愿意让他走。诺克斯说："我到那儿可以了解到更多的情况。"他极为关心那些有关珍珠港地区司令官们玩忽职守的传闻，担心要进行"令人不快的国会调查"。

星期二晚上，诺克斯一行赶到埃尔帕索，正好听到总统的炉边谈话。罗斯福开头说道："日本人在太平洋发动了可耻的突然袭击，十年来国际上的不道德行为从而达到了顶点。手握权柄而又狡诈的匪徒已经勾结起来向全人类宣战了。"美国的男女老少们现在都要承担起历史上最为艰巨的使命。"胜败

1941年8月，签署《大西洋宪章》（从左至右）：马歇尔将军、罗斯福总统、丘吉尔首相、美国大西洋舰队司令金、斯塔克

乃兵家常事，我们要共同分担失败的悲哀和胜利的喜悦。直到现在，还都是些坏消息。我们已在夏威夷遭受了一次严重的挫折。"菲律宾正在遭受攻击；关岛、威克岛和中途岛可能要沦陷。他要求人民不要听信谣言，报纸和电台不要发布"未经证实的报道，免得人们信以为真"。

他说，前面的道路不会平坦，"我们必须做好准备，对握有权柄而又狡诈的盗贼打一场持久战"。而"除完全彻底的胜利外"，美国"不能有别的结局。不仅要清算日本人这种可耻的背信弃义，还要干净、彻底地清除国际上所有残暴行为的根源"。

罗斯福的演讲虽然赢得了公众的赞许，但国会里却蔓延着不满的情绪。第二天，一位共和党议员抱怨总统没有说明珍珠港遭受损失的详细情况。他引述了驻重庆记者利兰·斯托的一篇指责性的电报内容：

> ……日本人轰炸了瓦胡岛上的大型陆军机场，他们仅损失了几架飞机，而大批美国战斗机却没有及时升空。怎么会是这样的呢？这儿的人们难以理解。……重庆时间星期日傍晚，至少在日本人对夏威夷发动闪电战之前一小时，美国战舰"图利兹"号上的一名军官就曾向你们的记者提出过警告："今夜要出事。"

12月11日破晓前，诺克斯乘坐的海军飞艇临近夏威夷，察看到了军事基

美国的耻辱

地上的动静。艇上的人穿上救生衣，背上降落伞，架好机枪，为最坏的情况做好准备。他们发报与地面联系，确定好方位，很快就在卡内奥希湾着陆了。诺克斯惊骇不已：空军基地的飞机库已是一片瓦砾；水上飞机的残骸在山坡上、海水中随处可见。他们一行乘车来到"皇家夏威夷人"旅馆。这旅馆已不是和平时期的假日旅馆了，面目全非。金梅尔在那儿迎接他们，陪他们前往他的司令部。

诺克斯在潜艇基地首次亲眼看见了舰列的惨状。那儿已是一片废墟；"亚利桑那"号的残骸还在冒烟。诺克斯问道："遭袭击的头天晚上，你接到我们的电报了吗？"金梅尔没有接到电报。他说："嗯，我们给你发过报……"

那天，阿道夫·希特勒向美国宣战，从而解决了罗斯福的一大难题。总统如果被迫首先宣战，将会遭到国内很多人的反对。

国会中在继续辩论有关珍珠港事件的责任问题。新罕布什尔州的共和党参议员查尔斯·托比在发言中对总统未能"确切说明珍珠港事件中所遭受的损失"表示失望。

有位民主党议员当即挺身而出，为政府辩护。无疑，日本人还不知道他们造成了多大的破坏。公众应该知道事实真相，"但我认为，随着战争的发展，我们每个人都必须认识到：当可以让公众知道真相时，不隐瞒真相是美国的好传统；而当揭露真相有益于我们的敌人、而无助于我们自己的人民时，隐瞒真相才是美国的好传统"。旁听席上爆发出一阵热烈的掌声。

托比丝毫未受影响，接着又开始攻击诺克斯。他引述《基督教科学箴言报》上一篇题为"部长先生，为什么？为什么？"的文章，批评诺克斯没有采取适当的预防措施。用以保护舰队的巡逻艇都哪儿去了？

显然，珍珠港事件所导致的团结一致很快就在国会里消失了；干涉主义者和孤立主义者之间的斗争悄然再起。

孤立主义者的头头查尔斯·林白在其日记中写道："现在，我担心会发生的一切都发生了。我们在全世界都卷入了战争。无论是从精神还是从物质的角度看，我们尚未做好战争准备。"这场战争可能是历史上最残酷、破坏程度最大的一场战争。"为何而战？我们并不清楚参战的目的是什么。"

那天，史汀生举行了遭难后的第一次新闻发布会。在马歇尔的帮助下，他记下了谈话要点。记者们对他的谈话印象很深。史汀生在其日记中写道："风暴在临近。我们正尽力避免与海军发生冲突。双方对夏威夷事件都有怨言。年轻的下级军官以及一些不知好歹的高级军官都力图把责任推给对方。"

史汀生主动派出一名少将和一名上校前往夏威夷调查陆军方面遭袭击的情况。那位少将是替换肖特将军的。12 日下午，他们乘坐 B-18 飞机从亚利桑那州的凤凰城起飞，前往加利福尼亚的汉米尔顿机场。飞机栽进了高山上的冰雪里[①]。

总统不知道陆军方面派出调查人员前往夏威夷协助诺克斯的事，在新闻发布会上千方百计回避有关珍珠港事件的问题。他要驻白宫的记者团放心，不用担心让别人抢走新闻。他对他们说，诺克斯已于头天晚上到达夏威夷。他警告那些打算"和盘托出、全部发表"的人不要急，最好等海军部长提出报告来。

3

12 月 14 日（星期日），史汀生一周来终于有了放松一下的时机。可在同副官骑了一会儿马后，他又有了新问题：在菲律宾的麦克阿瑟发来两封急电，请求增援。"他准是在同哈特海军上将商量后提出请求的。哈特在海军里一贯持失败主义立场。他肯定要对麦克阿瑟说：菲律宾已危在旦夕，他难以全力保证麦克阿瑟的生命线畅通无阻。"

那天下午，他把这两封电报拿给总统。"他怀着极大兴趣仔细而又激动地

---

① 飞机残骸直到 1942 年 5 月初才在海拔 10 英尺高的伯奇山西北 2 英里处发现。

阅读了电报。令我至为高兴的是，他采取了我和马歇尔所持有的反海军的立场。"史汀生带来了增援麦克阿瑟计划的备忘录。"我把备忘录念给总统听。这增援计划完全符合原先的想法。总统最后下定决心与我们站在一起反对海军。"史汀生为自己成功地"破坏了海军失败主义的计划"而感到高兴。他使总统明确地站在他这一边，所以那天晚上特别兴奋。"今天晚上，我上床睡觉时有种已经摆脱了危机的感觉，同时又有一种我们将开始实行积极进取的、尽早结束战争的政策的感觉。"

陆军部长史汀生

　　他不知道诺克斯已到了白宫。诺克斯已从夏威夷返回，10点钟亲自将一份打印好的报告交给了罗斯福。他说，日本人的偷袭对金梅尔和肖特犹如晴天霹雳："日本偷袭成功造成了严重破坏。这都是由于陆军和海军双方疏于防备空袭所致。"

　　诺克斯没有责备金梅尔玩忽职守，也没有责备肖特，他说他们俩都不知道所监听到的"魔术"电报。他还说：金梅尔和他的参谋人员一直认为对舰队构成主要危险的是潜艇攻击，他们对此早已做好了必要的防备。肖特担心会有破坏活动，所以将飞机聚集在了一起，好加以保护，当然，这也容易成为日本人空袭的靶子。诺克斯进而指出了两位司令官无能为力的因素：日本的第五纵队，战斗机短缺和高射炮短缺。

　　罗斯福对这样一个事实上为金梅尔和肖特开脱的报告很不满意，第二天上午召集了诺克斯、史汀生、赫尔和其他高级官员。他指示陆军部长和海军部长分别召开新闻发布会，并且只允许公布他交给诺克斯的纸条上写好的内容。罗斯福一再交代，诺克斯报告中的其他内容现在不得透露。要让人们相信，陆军和海军都没有做好预防空袭的准备，如果有所准备的话，肯定是会有一场英勇保卫战的。不言而喻，应受谴责的将是金梅尔和肖特。

诺克斯在那天的新闻发布会上生动地叙述了日军偷袭后那里的人们的所有英勇事迹。记者们都听入迷了。有位海军新闻发布官回忆说："你可以听到一根针掉在地毯上的声音。在场的久经磨炼的资深记者们显然被打动了。"

诺克斯的正式声明与总统纸条上写的一样："夏威夷的美国军队对突然空袭没有警惕。要对此事进行正式调查。总统将立即行动。然后再根据事实和调查组做出的结论做出进一步的决定。我们有权知道：（1）是否对偷袭的判断有误；（2）遭袭击前是否有渎职行为。"然后，他宣读了总统草拟的战舰损失清单："亚利桑那"号战舰一艘、"犹他"号靶舰一艘、废弃的布雷舰一艘、驱逐舰三艘。

公众对作了重大修改的诺克斯报告反应非常热烈。《民族报》说报告"内容丰富，开诚布公"，战争结束后的报告也只能如此。《纽约时报》对公布遭袭击的情况表示满意，说"昨天诺克斯的声明传达给美国公众后，人们如释重负，大大松了一口气"。实际损失要比罗斯福列举的大得多。如果诺克斯道出实情，公众就不会大松气了。

公开发表的报告与诺克斯原来的报告之间最重大的区别，在于删除了金梅尔和肖特根本不知道破译了的、表明一场突然袭击已迫在眉睫的那份日本电报这一事实。如果将此事实公开，日本人就会知道美国人正在破译他们绝密的外交密码。然而，这一必要的隐瞒致使美国人民错误地把责任算在了两位当地司令官的头上。公众也不知道瓦胡岛上缺少战斗机、高射炮和雷达的事。因此说，公众并不清楚珍珠港事件的真相。可真相又能掩盖多久呢？

临近黄昏时分，诺克斯打电话给史汀生。诺克斯刚见过总统，总统想任命一个由两名陆军军官、两名海军军官和一名文职官员组成的委员会，调查珍珠港遭受损失的责任问题并提出报告。海军部长打算提名两位前舰队司令约瑟夫·里夫斯海军上将和威廉·斯坦德利海军上将以及一位名叫沙利文的芝加哥联邦法官。史汀生对这些人选有什么意见？

史汀生说："我马上就考虑，一会儿再告诉你。"他带着问题回到伍德利的家中。那天晚上，他向朋友们了解沙利文法官的情况，但谁也不熟悉他。陆军部副部长约翰·J.麦克洛伊提名最高法院法官欧文·罗伯茨。麦克洛伊在调查黑汤姆爆炸案时很积极，而审理此案的法官正是罗伯茨。史汀生也对罗伯茨调查"茶壶盖"丑闻一事印象颇深，所以他同意推荐罗伯茨。

那天晚上，查尔斯·哈姆林夫人与罗斯福一家共进晚餐。她回忆说："我们的主菜是海德公园的两只雏鸡。"总统切鸡肉时，看上去精神很好。他说要任命欧文·罗伯茨领导珍珠港事件调查组。他说，这位法官"近来非常友好"。罗斯福坐着轮椅被推进书房。他习惯地磕磕烟灰，激动地说："匈牙利、罗马尼亚和捷克斯洛伐克都向我们宣战了。我叫赫尔不要理它们；我也不准备向国会报告。"

不一会儿，诺克斯来了。他在新闻发布会上曾对记者们说，调查结果出来之前不会有人事变动。但他现在认为金梅尔的名字已不可避免地与珍珠港劫难联系在了一起，应立即解除他的职务。罗斯福表示同意。他们俩同意新设一海军司令职务，并决定任命欧内斯特·J.金上将为海军司令。他们决定第二天再讨论谁接替金梅尔的问题。

4

凌晨时分，史汀生考虑好了调查委员会中陆军成员的人选。上午8时前，他打电话给马歇尔说已经决定让弗兰克·麦科伊参加调查委员会，并说他是位可信赖的30年老友了。[①] 他建议同马歇尔一道挑一名空军人员为第二个人选。马歇尔表示同意，一会儿他就给史汀生回了电话，说他认为约瑟夫·麦克纳尼是最佳人选。此人刚升为准将，是马歇尔信得过的得力助手。

---

① 史汀生任胡佛政府国务卿时，未能使总统同意自己的反日观点。所以他说服国联让麦科伊将军参加调查日本人在满洲所犯罪行的委员会。麦科伊成功地实践了史汀生的想法，把日本赶出了国联。

史汀生快要起床时给诺克斯打了电话，问他罗伯茨法官作为文职官员参加调查委员会行不行？诺克斯表示同意，并说要支持罗伯茨的工作。

史汀生立即将其建议写给总统，并加上了一段话：拟在调查前解除夏威夷的高级指挥官的职务。这段话是第一次传出陆军部。"我们已极为机密地派出两个人去夏威夷接替现任陆军司令肖特和空军司令［F. L.］马丁。我认为在他们到那儿接过指挥权之前，应该保密。"

史汀生在附言中非正式地写道："我想，我最后一段话中所说的清理门户也应在海军中进行。陆军和海军同时宣布。"

诺克斯已在白宫讨论金梅尔的解职问题了。他同总统没用多长时间就选中了航海局局长切斯特·W.尼米兹海军少将。罗斯福说："叫尼米兹到珍珠港去，战争不打赢就一直待在那儿。"

尼米兹对任命感到吃惊。一听说他将出任太平洋舰队司令，妻子就说："你不是一直想太平洋舰队吗！你不是一直认为那是最高荣誉吗！"

"亲爱的，舰队已葬身海底了。这儿没人知道。但我得告诉你。"

那天下午，总统召见诺克斯和史汀生。他们等了好长时间才被告知：他们关于调查委员会中陆军和海军成员的建议已被接受。而后，最高法院法官罗伯茨被引进房间。他同意领导委员会，并答应第二天上午到史汀生的办公室听候指示。

两位部长很高兴。他们挑选的人都被接受了。关键性的调查就要开始了。人选不当，全国的团结一致就可能受到危害。诺克斯和史汀生都是共和党人，因为他们同意罗斯福的干涉主义政策，所以被委以重任。他们都有自己的见解，且非常自信。

但他俩比较起来，史汀生更为强硬。他认为肖特和金梅尔一直疏于职守，对说他们没有渎职的意见甚为不满。问题出在夏威夷，而不在华盛顿。他尤其不同情金梅尔，认为他最应受指责。事实上，史汀生一直对海军将领有所猜疑，认为他们中的大部分人同哈特一样是失败主义者。

亨利·L. 史汀生毕业于耶鲁大学，一直严守校训："为了上帝，为了国家，为了耶鲁。"他终生坚守这一救世箴言，坚信他的阶级和他的国家的原则在全世界是最好的。他酷爱体育锻炼，骑马、伐木，参加各种体育比赛，特别爱好打网球。只有亲密朋友才知道他是独眼龙。他的副官在挑选球友时特别谨慎。比如，副总统亨利·华莱士在与他进行过一次激烈的比赛后，就再也没有受到过邀请。他崇拜的偶像是西奥多·罗斯福，对他的座右铭也十分欣赏："言语温和，手持大棒。"史汀生在担任塔夫脱的陆军部长、柯立芝的菲律宾总督和胡佛的国务卿时，就一直挥舞着大棒。尽管有这么多头衔，他自己只选用了"上校"这一称谓。他是在第一次世界大战中赢得这一军衔的，至今仍为自己的军旅生涯激动不已。他认为最伟大的美德就是勇猛善战。他从不视战争为邪恶，却视之为国际生活中的一种必然活动。

他双唇紧闭，神情坚毅，是个非常执着的人。他一旦下定决心，就会坚持到底。这可以从他坚持对日本的敌视和担忧上得到证明。他对日本的敌视和担忧始自 1932 年日本人对满洲（中国东北）的占领，当时他是胡佛的国务卿。史汀生将日本人对满洲的占领看成是对他个人的冒犯，日本人对上海的轰炸更加激怒了他。他的解决办法是对日本人施加巨大的经济压力，若有必要，则可动用陆海军力量。日本人的侵略行径同样激怒了胡佛，但他只是在道义和法律上表示了抗议而不会允许使用武力。

1940 年，史汀生觉得自己与民主党人总统意气相投，故同意担任了罗斯福的陆军部长。他上任后，促使总统对纳粹德国和日本的态度日益强硬。正是史汀生说服总统于 1941 年 7 月冻结了日本的财产。美国是日本进口石油的主要产地，财产被冻结使日本陷入了难以维继的困境。《纽约时报》认为这是"除战争外的最严酷的打击"。而日本领导人认为事情要严重得多：这一冻结措施是 ABCD 国家（即美、英、中、荷）对日本帝国实行包围的最后一个步骤，是对日本民族生存的一种挑战。

1941 年秋，史汀生一直敦促罗斯福对日本人采取更为强硬的态度。当真正的危险尚在欧洲时，总统不想在东方挑起战争。但是，对日本人的侵略行径心怀义愤的史汀生坚持己见。斯塔克和马歇尔力主和解，他们认为要到来年春天美国才能做好战争准备。因此，罗斯福 1941 年 1 月曾一度想对日本提出的最终解决方案做出妥协性答复，但史汀生及其支持者占了上风。赫尔 11月 26 日给东京发去了强硬答复，这一答复诱发了珍珠港事件。

　　史汀生现在的任务是打击纳粹和日本，拯救世界。为此，必须压制住关于珍珠港事件的争论。如果政府和乔治·马歇尔不能完全摆脱罪责，战斗力将严重受损。他认为，对一个真正的爱国者来说，发生这种事是十分可怕的。因此，金梅尔和肖特必须承担罪责。

第三章

"某些太平洋地区的海军或陆军将官可能成为替罪羊。"

1941 年 12 月 17 日——1942 年 1 月 29 日

1

罗伯茨委员会的委员们，除海军上将斯坦利之外，于次日上午 10 时前在史汀生的办公室开会。会上这位部长说，陆、海军愿跟委员会充分合作，而且他认为这并不是陆军对海军或海军对陆军的问题。然后他转身问诺克斯，"怎么样？弗兰克。"

"完全正确。"

由于拥有这样一个威望显赫的委员会，罗斯福受到称赞。选任最高法院法官罗伯茨特别赢得了喝彩，正像一位著名法官所写的，这就保证了"对 12 月 7 日发生的不愉快事件的整个事实将以一种不可辩驳而令人满意的方式透露出去"。尚未提及的是罗伯茨大法官还曾经是威廉·艾伦·怀特援英机构的一名干将。

赫伯特·胡佛因弗兰克·麦科伊将军新官上任而向这位老友致意。然后抱歉地告诫说：

在 1941 年 11 月 26 日向日本人递交赫尔的最后通牒时，我和很多其他有经验的人就认为迟早是要打仗了，而且这样说了……我的看法是：国务院是否已经把最后通牒及其严重含义通知了陆军和海军？如果通知了，那么在华盛顿的陆海军部的头头是否已转告给了前线部队？现在我提出这个问题的唯一理由就是觉得由于上层的动作或未有动作而使太平洋地区的一些海军或陆军的将军成为替罪羊，造成极不公正的后果。

在上午 10 时左右，委员们（还是不包括斯坦利在内）在走廊那头的 2309 号会议室开会。马歇尔将军在几句开场白之后，在作战计划局局长伦纳德·T.杰罗将军协助下概括叙述了要发给肖特将军的一些警告电文。

斯坦利刚刚在华盛顿机场着陆。他在担任海军作战部部长职务四年以后于 1938 年退休，现在又奉命立即从圣迭戈赶来向海军部长报到。他为人直爽、坦率，对他认为是笨蛋的则不留情。"好，将军，"诺克斯向他表示欢迎说，"我们像往常一样，一遇到麻烦就得找你帮忙。"斯坦利开始还摸不着门儿，不知诺克斯是什么意思，直到部长向他说明有关委员会的情况之后才恍然大悟。"这可是你的第一个差事，将军。"

斯坦利发现罗伯茨大法官坐在桌子顶端，旁边坐了三个人，显然是他的同僚，但麦克纳尼将军又在那里干什么呢？陆军总参谋部的成员有什么资格当委员？他怎么能对华盛顿在这一事件中应负的诸多责任有个客观的看法？事实上，他自己就有些偏见。"我根据切身体验得知我们在珍珠港基地存在许多不足之处，而肖特和金梅尔对此毫无责任。"

"喂，贝蒂。"斯坦利向现为证人的斯塔克打招呼，两人握了握手。他被引见给罗伯茨大法官并与其他委员们寒暄。

对斯塔克的询问一结束，斯坦利就下决心要搞清楚他所参与的是怎么回事。他问道，这个委员会到底是陆军的、海军的，还是联合的？是按陆军、海军还是文职的程序办事？他们能否传唤证人，主持宣誓并听取证言？"得到的回答一点也未打消我的疑虑。"这是个没有先例的混合委员会。记录员没什

美国的耻辱

么或根本没有军事法庭的经验，海军陆战队的一个上校竟当上了执法官。最令人吃惊的是没有一个证人是宣过誓的。[1]斯坦利对于如此不正常的现象感到震惊，在他强烈抗议之下，同事们同意让国会通过一项联合决议，赋予他们传唤证人和主持宣誓的权利。这件事为什么没有及早办，尤其是这样一个由最高法院法官领导的机构？这令斯坦利感到费解，莫非这样奇特组合的机构是故意不正规地建立起来的，以便洗刷华盛顿当局的败绩并嫁祸到肖特和金梅尔身上？斯坦利担心的是万一得投票时，他只有麦科伊能依靠。

当天，众议院讨论了关于这个委员会的情况，一位来自密歇根的民主党议员对它大加赞扬。他说："毫无疑问，只要在大法官罗伯茨先生主持下，证言一定是公正和无所畏惧的，委员会的调查结果也会如此。一些由于军事需要而不能披露的事实，只要这个委员会保证封存这些资料是必要的，人们就不会感到不安了。"

第二天上午 10 点，委员会又在 2309 室开会。委员们听取了陆、海军情报首脑和陆军部负责通讯的官员的汇报。在午后不久休会前，陆、海军已把"可以提供当时珍珠港情况的所有文件"都交给了委员会。

这是罗伯茨大法官的想法。然而除了 12 月 6—7 日的那份 14 部分电文外，其他许多截获的"魔术"密码电文一份都没有，而没有这些材料，委员会就无法断定华盛顿在受到袭击之前到底了解多少情况，其中又让金梅尔和肖特知道了多少。

根据这两天未经宣誓和记录的证词，委员会制订了计划。委员们在下午 4 点 17 分离开华盛顿机场去夏威夷时普遍感到，他们已经为继续进行调查做了充分准备。

经过漫长而乏味的旅途之后，他们于 22 日晨 7 时 20 分抵达檀香山，当天

---

[1] 证人们的证词副本一个也未拿到。所知的这一天和次日的证词的底稿很简单，而且记录员没有透露证词的概要。

在谢夫特堡做了准备工作，直到次日晨9时才开始询问陆军的第一个证人肖特将军。肖特说他认为马歇尔11月27日的通知是命令他防止群岛上为数众多的日本人搞破坏暴动和颠覆活动的，虽然通知他"随时可能发生敌对行动"，但同时又告诫他要让"日本先公开发难……"对他认为必要的侦察和其他任何措施"都应当在不惊动当地老百姓或暴露意图下进行"。当天他就答复说："陆军部已经戒备防止暴动。已与海军联络。"两天后他又发电详述了他对颠覆活动采取的预防措施，而从未有人对他说过他对命令理解错了。

圣诞节那天，委员会没有安排会议。一大早尼米兹就坐水上飞机从华盛顿来了。飞机在珍珠港的滔滔波浪中停了下来，机门打开后，一股黑色石油、烧焦的木头和烧焦腐烂尸体的冲天臭气迎面而来。在冒着连绵大雨乘汽艇驶往海岸途中，一位陪同军官解释说，在港内驶行的那些船只正在打捞尸体，不断浮上海面的尸体都已经涨得奇形怪状了。

尼米兹低声说："看到这些舰只沉掉了真可怕。"早餐之后金梅尔来见他，通常傲慢的金梅尔好像腰也软了，人也缩了一块。"我很同情你，"吃了一惊的尼米兹说，"这种事谁都可能会碰上。"

华盛顿仍然处于冷漠无情的气氛之中。三天前抵达、来参加会议的丘吉尔和总统一起到铸铁厂卫理公会教堂去做礼拜。马歇尔将军跟夫人待在家里吃圣诞晚餐。但是斯塔克一家人，包括四个孩子在内，却在款待友人，大厅里摆着欢快而带有节日气氛的圣诞树，树的周围放着许多礼品。史汀生一早就去骑马，然后开车去办公室。

转天，丘吉尔在国会谈到英国非常感谢美国给予的所有援助。这段时期确实有些沉闷，但从大西洋彼岸也传来些喜讯：希特勒在利比亚损失惨重；从美国运送物资的生命线畅通无阻。"如果说美国在太平洋的一些地方遭遇不利，我们深知在很大程度上是由于你们向我们提供保卫不列颠诸岛和利比亚战役所需的军火而造成的。特别是由于你们对大西洋之战必不可少的支援，才使其得以成功而顺利地坚持下来。"

美国的耻辱

27日，罗伯茨委员会搬到了珍珠港。那天，他们在潜艇基地的军官餐厅里询问金梅尔。这位海军上将带着老朋友海军少将罗伯特·西奥博尔德帮他找出跟证词有关的文件。罗伯茨笑着对西奥博尔德说："当然你不是以辩护代理人的身份待在这里，因为你和金梅尔将军都知道他并没有受到指控；他并未处于被告的位置。"西奥博尔德一声不吭地鞠了一躬，他觉得罗伯茨这番话莫名

珍珠港事件24天后尼米兹海军上将接替金梅尔任太平洋舰队司令

其妙：既然对美国舰队司令官进行调查，又怎么能不把他当作被告，而且没有代理人呢？

傍晚时，罗伯茨开始"用大嗓门，实际上更像是个低级法庭的见习律师的样子"来询问金梅尔。金梅尔觉得，他自己未被当作证人而是被作为有罪的被告来对待，罗伯茨倒像个检察官而不是法官，斯坦利将军也很不痛快，看来罗伯茨对金梅尔发火是因为他在向委员会陈述时不如肖特那么有条理。其实大法官应当知道，将军的大部分幕僚在珍珠港遭攻击后都在海上，金梅尔单靠自己写不出一个全面的报告；再说，并没让金梅尔出席在谢夫特堡进行的调查，所以他不知道已经提供了哪些证词或文件材料。

休会后，罗伯茨、里夫斯和斯坦利一起去通讯安全部主任约瑟夫·罗彻福特海军中校的地下室指挥部。当两位将军跟罗彻福特密谈时，罗伯茨要情报官员贾斯帕·霍尔姆斯海军中校把遭到突袭时的航海图和日志拿出来看。霍尔姆斯还谈到了自袭击珍珠港以来在破译的日本领事馆原来的电报中所发现的有关情况。霍尔姆斯难过地说，只要他们在日本袭击之前就拿到了领事馆的电报，便能使日本人偷袭不成。霍尔姆斯不知道其中许多电报在日本偷袭之

罗斯福给朋友的圣诞卡

前就被华盛顿破译了。

　　第二天，罗伯茨一定是感到自己太凶了而有些不自在，为此向金梅尔作了点像是道歉的表示。尽管金梅尔内心十分激动，他还是回答说"不想对于迄今为止受到委员会的对待表示异议"。

　　随着询问的继续进行，斯坦利清楚地认识到，69 岁高龄的里夫斯上将，这位海军航空兵组建时期的老战士，跟罗伯茨一样深信两位夏威夷的指挥官，特别是金梅尔，是完全错了。斯坦利不能同意这样的意见。"我认为由于斯塔克将军和马歇尔将军在华盛顿有这么多情报，他们俩也都有罪。"

　　金梅尔因没有机会跟其他证人对质或对他们谈的问题提供的证据而有些灰心。他不知道别人讲了些什么，拿出了什么材料做证据，因为每个证人对证词都是保密的。

　　　　　　　　　　　　　　　　　　　　　　　　　美国的耻辱

新年过后委员会再次开始询问时，斯坦利问金梅尔手下的情报官埃德温·莱顿少校："华盛顿的海军情报局是否有对估计形势得出结论所必需的全部情报？""有。""如果是这样，那么他们在估计整个形势上是不是比你们这儿处于更为有利的地位呢？"

"体制就是这么定的。"

这样问下去将不可避免地导致对华盛顿的批评，于是罗伯茨把话接了过去。"如果你是美国舰队总司令的情报官，你不会想华盛顿当局会向你隐瞒对于重要问题有价值的情况吧？"

"是的，先生。"莱顿说。

1月5日，罗伯茨委员会在皇家夏威夷旅馆 300 号房间开会。那天早晨，约曼·肯·默里带着一个大盒子陪同金梅尔来到旅馆，盒子里装的是有关将军在整整 10 个月里努力改进珍珠港防御工作的来往信件。默里不能进听证室，他在门外坐了两天，也没被传唤，最后才通知他把材料带回司令部归档。

罗伯茨从华盛顿带来的两个速记员效率不高，这又给金梅尔和肖特添了麻烦。两人一个是成年人，几乎或根本没有做法庭记录的经验；另一个只有十几岁，甚至连自己做的记录都念不下来，漏掉了大批材料。金梅尔发现他开头几天的证言记录得乱七八糟，他自己用一天半时间才修改好，他陈述的主要内容全都被遗漏了。西奥博尔德向记录员提出抗议，他说罗伯茨反对做大量修改。西奥博尔德解释说，金梅尔并不是想对他的证言做任何修改，只是要求跟他向委员会的陈述相一致。他们回答说，罗伯茨"反对修改证词，只许把错误的地方打上号，而把改过的陈述作为给委员会报告的附件"。但是看材料的人谁会不厌其烦地隔几个字就翻看一次附件呢？

尽管西奥博尔德向斯坦利呼吁，斯坦利仍重申罗伯茨是不许修改原始记录的。西奥博尔德抗议说，"可罗伯茨只是委员会的成员之一，还有四名军方委员，他们一定知道怎样处理在军事法庭上所做的证言"。难道罗伯茨想操控整个委员会的活动吗？

"西奥博尔德，"斯坦利说，"你跟金梅尔都很明白金梅尔在这场质询中所面临的问题，对吧？"

"我们当然都知道。"

第二天早晨，金梅尔自己当着斯坦利的面再次向罗伯茨提出要求。罗伯茨说："将军，您并不是在受审。"

"言辞改变不了事实。"金梅尔说，"在美国老百姓眼里，我就是在受审，你再说什么也改变不了。"

1月10日，委员们离开檀香山，第二天到达旧金山。在乘火车去华盛顿的途中，他们着手起草调查结果报告。抵达华府当天晚间，斯坦利向诺克斯做了汇报。"部长先生，在此情况下有必要解除金梅尔将军和肖特将军的职务，然而我又对金梅尔不得不走感到遗憾。在珍珠港进行调查期间，我从未看到过舰队处于效率如此之高的状态。"

2

委员们用三天时间写完了调查结果报告的草稿。然后，19日在海军大楼2905室花了很长时间询问马歇尔将军。他们对他极其慎重，不像对肖特和金梅尔那样。问了他几个尖锐问题，但没问使他难堪的问题：一是11月7日发给斯塔克的警报，二是日本人攻击很久以后收件人才收到12月的警告。他对第二份电报用商用电报而没用无线电和电话发所做的解释，委员会按照他说的接受了，也没问他为什么在那个要命的日子里参谋长到上午11时25分才上班。

第二天（20日）上午，委员会举行办公会议，起草报告。当天晚上，委员会主席在同事、最高法院法官费利克斯·弗兰克福特家中进餐，史汀生也在座，他1906年担任南纽约州地区检察官时起用刚从哈佛法学院毕业的弗兰克福特在几起托拉斯诉讼案中当助手。"我们一直待到午夜，"史汀生在他的日记里写道，"跟罗伯茨谈到他在夏威夷时形成的看法，这个看法跟现在尚未打算

美国的耻辱

公布的决定有所不同。他跟我一样对海军的防御精神有着深刻印象。对于夏威夷在现代海空战争情况下已不再是个安全前进基地这一事实，他跟我的看法也一致。"史汀生很高兴罗伯茨完全同意派更多的军队去夏威夷。"我们一直坐到半夜，这一晚收获很大。"

在以后几天中，海军大楼的客厅成了战场，里夫斯认为错全在金梅尔身上，而斯坦利则强调应由华盛顿负责。两人的矛盾公开化了，实际上他们之间的敌对得追溯到斯坦利担任海军作战部部长的时候，当时他拒绝推荐里夫斯再任太平洋舰队司令。据斯坦利推测，里夫斯的这口怨气"一直憋到我们俩都退休后很久，看来一直影响到他在罗伯茨委员会跟我共事时的表现"。

斯坦利对于同僚所持的偏见非常震惊，他告诫诺克斯，如果金梅尔受到军法处置，他就一定要亲自去管此案，而且要亲眼看到金梅尔被宣判无罪。然而诺克斯却成功地说服他跟这帮人一道工作，斯坦利同意不提不同意见的报

金梅尔上将（中）与其参谋长史密斯上校（右）和作战处官员德拉尼上校商议事情

告，以免分裂国家并有损于战争努力。23 日，他在罗伯茨报告上勉强签了名，虽然后来他曾写过"并未反映出全部、真实的情况。委员会的确对于一些罪行的调查结果作了如实陈述，但许多情况被删掉了，因为总统在设立这一委员会的行政命令中已经明确地限制了它的权限"。

罗伯茨本想把报告直接向报界宣布，而罗斯福却一定要先过一下目。总统花了两个小时对文件做了通盘研究，向罗伯茨提了几个问题。然后对看到的文件表示满意，他说："有什么理由不全文发表吗？""没有。"罗斯福从桌子上把文件扔给秘书。"全文发给各报社，在星期日刊出。"

第二天，史汀生用了整个早晨阅读报纸关于这份报告的报道。他跟罗斯福一样高兴。"这份报告好极了，坦诚公正，对事实做了透彻研究。它绝对彻底地指出了 12 月 7 日在夏威夷防御中的错误。"史汀生认为委员会干得很好。结论中说，赫尔和诺克斯都履行了他们的职责，不断地向陆军部和海军部通报跟日本谈判的进程和意义。马歇尔和斯塔克也尽了责，互相磋商，并向上请示报告。而且，他们还通知了肖特和金梅尔可能出现敌对行动并命令他们采取适当措施，从而尽到了指挥上的责任。

报告结论说，夏威夷缺乏戒备的责任在于金梅尔和肖特未能"根据那些警告进行磋商与合作，采取必要的行动，也未根据华盛顿陆海军和指挥部首脑的命令采取措施"。

尽管陆军部的一些军官因使肖特认为主要危险只是破坏活动而受到不点名的责备，但是罪责却归于肖特和金梅尔。"日本人的攻击完全出乎指挥官们意料，也未做出相应的迎击。两人都对情况的严重性估计不足，这种判断上的失误是攻击得逞的原因。"

有人请参议院多数党领袖艾尔本·巴克利发表意见。他说报告"对事实有着全面而令人钦佩的见解，而且老百姓确应认为没对他们隐瞒任何情况"。他还说，报告应消除一切猜疑，"现在大家都知道了真相"。

美国大多数老百姓都同意报告的结论。大批信件涌向白宫，要求立即采取惩罚措施。伊利诺伊州橡树园的赫尔曼·格罗思太太在信中写道："我希望，在你做出惩处他们的决定之前，金梅尔和肖特就结束自己的生命，这样就起码和忽视那些美国好小伙子们的生命那样，不对自己的生命看得那么尊贵了。"

如此，对于大多数美国人来说，珍珠港事件的争论显然是结束了，但也有不少人认为罗伯茨报告片面、有偏见。海军中将约瑟夫·陶西格在给金梅尔的信中还是认为，尽管罗伯茨委员会调查结果是这样，但"不论是失职还是在判断上你都没有任何罪过"。他说："我对于夏威夷防务和太平洋地区情况的研究也许不比那些高官们多，但也不比他们少。我在陆军学院里八年，还当过舰队参谋长和海军作战部副部长。我一直认为整个事件的全部责任在华盛顿。但的确，我也无法找出罪犯。他们得找个替罪羊，于是这个屎盆子就扣到了你头上，而实际上应是当时的总司令本人。"

国会里也有人支持金梅尔和肖特。民主党参议员戴维·沃尔什提出，罗伯茨的报告删去了一些"公众将会要求它说明的重要事实"。

小罗伯特·拉福莱特参议员指责说，华盛顿应负某些责任。费利克斯·弗兰克福特虽曾建议罗伯茨跟总统私下谈一谈，但是连他也感到关切。那天他跟罗伯茨说："报告的字里行间能……使我回想起许多东西。"他说，陆军总参谋部和海军作战部里一直存在着"珍珠港司令部里的那种呆滞和难以想象的精神状态"。

那天早晨，肖特在俄克拉荷马城看到罗伯茨报告时惊呆了，马上给马歇尔打电话说："忠心耿耿、出色地干了近40年，竟被控告失职，实在无法理解。"马歇尔跟他有39年的交情，是个可信赖的朋友。这位参谋长说他还没看到报告，他一直在纽约。

"我该做些什么？"肖特问。心里惦着国家和战争的他是否应当退休呢？

"顶住，"他的老友说，"但是如果有必要，这次谈话便是根据。"

肖特回答说他把自己全交给马歇尔了，因为他相信马歇尔的判断和忠诚。肖特后来写道："挂上电话后，我想让马歇尔以这次谈话内容为根据对他不大公平，故写了一份正式申请附在我给他写的信里。"

亲爱的马歇尔将军：

我非常感谢你劝我目前不要提出退役的请求。当然，在当前情况下我很愿意留在现役名册上并接受你根据需要给我的任何任命。但我还是附上了申请表，以便你适时用。

之后，肖特指出，罗伯茨报告并未谈到在日本偷袭时已从本土飞来的12架B-17轰炸机，它们只有基本的机组人员，没有弹药，枪支涂满了保护油。肖特写道：

据我看，这充分证明陆军部跟我的看法是一致的，即对夏威夷军区来说，最危险的是破坏活动。所以尽管自11月28日起我已经采取预防措施，但部里并未命令我采取行动来对付空袭……我将十分感谢你在我的案件中所能做的一切。

星期一早晨，史汀生跟马歇尔商量对肖特该怎么办，因为总统已把此事交给他们去处理。马歇尔说肖特已给他打过电话申请退役，斯塔克希望金梅尔也能这么办。史汀生告诫他这么匆匆办理会有风险："因为我担心会给人们一种印象，似乎由于我们内疚而想对这些人从轻发落。当然这种推论对于双方来说都是完全错误的，因为在法律上退役对军法审判并无影响。另外，我向马歇尔指出，据我看，罗伯茨的报告对事实的分析很正确，我们也就可以放心了。国会和报界已经表示要究根问底。受害者和孤立主义者们也继续在国会里喊叫，但看来这个报告能够经得住种种考验。"

让史汀生大为吃惊的是，来自报界和国会的抗议声甚嚣尘上，他们要求进一步调查。当天《华盛顿时代先驱报》的一个专栏作家评论说："罗伯茨的报告弄得联邦调查局、海军情报局和军事情报局具有很大嫌疑"，"国会应当穿过疑云把玩忽职守的罪责适归其主。"纽约城两家大报都表示同意。《纽约时报》反对罗伯茨的结论，说"好像刷地一下就彻底为华盛顿的首脑们开脱了罪责，又轻易地说他们都'尽到了责任'"。《纽约先驱论坛报》指责说："对于珍珠港事件缺乏预见的问题是在上面。"

总统密友和顾问霍普金斯

国会里，由巴克利领头的民主党忠诚议员们不消说都表赞同，而爱对当局挑剔的人则不消说都持怀疑态度。杜威·肖特参议员感到这一罪责华盛顿也跑不了。"这是我们应当开掉这帮无能家伙的时候了。我们这里有一帮官吏20年里无所作为，他们应当受到军法审判。"另一个孤立主义议员走得更远，他要求对史汀生和诺克斯进行调查。

对行政部门的攻击在星期二蔓延开来。众议院海军事务委员会要对珍珠港事件进行"全面研究"的势头愈来愈猛。参议院也出现了类似的造反，以至总统顾问哈里·霍普金斯深为关切，在一份机密备忘录中谴责海军事务委员会主席、参议员沃尔什，说"他对英国的仇恨甚于对我国的关心"。霍普金斯指责另一参议员"满脑袋纳粹思想"。

尽管指责之声震耳，史汀生仍然表示相信委员会的调查结果。他给罗伯茨写信说："匆匆写上几句，以表达我的看法。我认为你和你的同事出色地写出了珍珠港灾难的报告，它是一个杰作，是在仔细研究分析难以弄清的实际情况的基础上进行了坦率而准确的陈述。"

两天以后（29日，星期四），国会的民主党人发动了攻击。众议院海军事务委员会的会议以14比6击败了要求进行调查的动议。"委员会这样投票真令人遗憾，"明尼苏达的一位共和党众议员颇为反感地说，"罗伯茨报告基本上没解决什么问题。把罪责归咎于地方，但这并不是发生珍珠港事件的真正原因……"

众议院多数党领袖约翰·W. 麦科马克一直不断地向罗斯福报告争论的进展。他曾提醒说，海军事务委员会第二把手、少数党成员詹姆斯·W. 莫特要求把罗伯茨委员会的速记报告及文件拿到委员会上来。罗斯福反应激烈，在给麦科马克的信中说："如果你认为我把莫特找来训导一顿战争该如何进行的做法好，我可以做。"然而用不着这样做了，众议院多数党领袖把莫特的要求束之高阁。参议院里要求调查的类似提议也被扼杀了。

看来一切都置于控制之下。那天晚上史汀生写道，在记者招待会上向他提出的有关珍珠港问题，"回答得很顺利"。但是批评并未从此停止。一周之后，杂志也开始评论了。《美国新闻》的戴维·劳伦斯明确地指责罗斯福应对未能协调好防务负责，他的陆、海军参谋长应该确切地知道金梅尔和肖特已采取必要的预防措施。劳伦斯希望这两位指挥官不要成为华盛顿失职的替罪羊。该刊在后面的一期里公开指责当局压制国会调查。

至此，罗伯茨的报告显然只是为更大规模的调查打开了大门。这一调查很难说何时开始，但肯定是要进行的，因为文职人员和军界里的不满、猜疑和抱怨之声早已纷至沓来。"我实在难以想象任何一个令人尊敬的人在回忆他担任委员会成员时所干的事情，会不深深感到羞愧。"这些话是那位将太平洋舰队移交给金梅尔的 J. O. 理查森海军上将说的。他还说："在我一生当中，从未在这个国家里看到一件比这更可耻的事：政府里的文职官员竟无分担让日本人成功突袭珍珠港的责任之意……"

"我坚信，总统意识到对珍珠港造成的损失时不知所措了，命令设立了罗伯茨委员会。他认为这样就能把公众的注意力集中到珍珠港上，从而保住自己的乌纱帽。"

那些位高权重的现役海军上将们对理查森表达的愤慨颇有同感。海军新上任的首脑金上将后来写道："据我看，这个委员会并没有抓住真正该抓的东西，而只是找了个'替罪羊'来承担珍珠港灾难的责任，以满足大伙的要求。例如，既没有问过金梅尔将军什么重要问题，也没给他正当机会为自己辩解。事实上，他跟肖特将军都由于政治上的需要而'被出卖了'。"对珍珠港事件真相继续进行掩盖是经过总统批准的，其借口是揭露全部真相将不利于战争努力。然而这里却可能还有另外一个动机：罗斯福是否耍了什么花招？

第四章

"你应将自己安顿在一个僻静的地方，让时光老人来帮你解决问题。"

1942 年 1 月 25 日—1944 年 2 月

1

当金梅尔在 1 月 25 日得知肖特将军提交了退役申请时，他跟妻子已在加利福尼亚的长滩。直到此时，这位上将对于退役连想也没想过，但他把肖特的申请看作他应该采取类似行动的一种"建议"。第二天，作为一种爱国行为，他提出了辞呈，同时宣称愿意"履行可能指派的任何职责"。

数天后，他接到斯塔克的一封私人来信。"我让部长和总统看了你那封非常好的信，你表示不要考虑你，只应该考虑国家。"斯塔克还说，华盛顿的普遍情绪是，在对金梅尔的前程未做出明确决定前，"你最好别再担任任何临时职务"。

金梅尔大惑不解，斯塔克后面写的话也未消除他的疑云。

我想让你知道，我们将努力按你信中的意思解决这一问题，也就是只要对国家有利便行。我能说的就是这些。

我们了解你希望尽早明确解决，我可以保证，我们会尽可能考虑你的。

即使这样，金梅尔也随即在 28 日告知诺克斯部长："我坚持退役的请求，但只服从于海军部的决断，以对国家、对军队有利的原则来确定何时退休。"

那天下午，总统在与史汀生私下商议时，面授了处理金梅尔和肖特退役请求的办法。他命令陆军和海军采取相同行动，指示说："等一周左右，然后宣布这两位军官已申请立即退役，对他们的请求正在考虑中。"再过约一周之后，宣布申请已批准，但并不妨碍今后的军法诉讼。

当然，军法审判金梅尔和肖特会暴露出罗伯茨报告的不公正，应不惜一切来避免，所以，这种诉讼是不可能被说成是"不泄露军事机密"的。

史汀生完全同意罗斯福的行动计划，以至把它当成是自己的，并且是他将这一计划付诸实施。他让诺克斯了解这一做法。"我告诉他我跟总统商定了怎样处理金梅尔和肖特，他表示同意。"

虽然每个人都认为不能搞军法审判，但当局不想让公众批评不让审判。另外，它不想刺激公众或金梅尔和肖特，使他们指望或要求进行审判。接受退役请求的条件如何措辞最为棘手。所有有关人士在用词上绞尽脑汁，最后同意这样写：同意退役"并不表明宽恕犯罪或对今后惩处措施有何限制"。

金梅尔和肖特的退役都是通过信件通知的。给肖特的信于 2 月 18 日在俄克拉荷马城交给了他本人。金梅尔在第二天上午 11 时 5 分收到了给他的信。他不知所措，甚至斯塔克在三天后发来的生日贺词也无所帮助。斯塔克说："我希望你在莫测的形势下鼓足勇气，这样能使你勇敢地思考，明智地行动和忍耐……你要保重，让勇气来说话。上帝会给你力量、智慧、镇静、勇气和希望的。"当天晚些时候，斯塔克又劝他："在事情明朗之前，你应该退隐，让时光老人帮助解决问题。我认为他会的。哪怕没什么别的理由，就凭他总是如此这一点就够了。"

金梅尔的答复表明，他还不打算隐居。他对批准他退役的措辞很有意见：

美国的耻辱

我随时准备接受自己行为造成的种种后果。在战争进行之时我不想为难政府。然而，我确实感到，在公众面前对我的处罚已差不多到了极限。全国各地不负责任的人天天写信斥责我，甚至扬言要杀死我……我一直保持缄默，只要能忍就打算这样做下去……但我确实认为，为了伸张正义，海军部不应再做任何会激起公众对我攻击的事情。即使你认为我已犯了大错，我也有资格受到某种尊重。

　　斯塔克在收到此信前写了另一封信，用金梅尔的绰号"穆斯塔法"称呼他。信中说，来年将是艰难的一年，需要气魄以进行勇敢思考和采取明智行动。"我不必告诉你，我对叫赫斯本德·金梅尔的人及构成其心灵的坚强材料有充分的信心，不管道路多么崎岖，他也能渡过难关。"

　　金梅尔的请求被弃之一旁，退役申请将公之于众。就在此时，因支气管炎卧床数日的总统在2月25日召史汀生和诺克斯到白宫，对他们说，在斟酌形势后，他认为"人民的情绪"要求对金梅尔和肖特进行军法审判，他希望他们俩主动提出要求。这样军法审判能被延迟到"符合公众利益"时再进行。为什么要严惩这两个夏威夷的司令官？仅仅为了平众怒，他们就该受到惩处。

　　总统完全改变立场使史汀生目瞪口呆，但除了执行命令外无计可施。他召见同样震惊不已的马歇尔。这位参谋长向他的军法署署长请教，后者反对发布金梅尔和肖特将受到军法审讯的声明。并无任何法律允许这两个官员请求军法审判；这种审判必须先有宣过誓的指控和具体内容。史汀生在掌握了情况后，想法儿在总统那里达成一种妥协：在公布退役的同时也宣布，已决定指控金梅尔和肖特因玩忽职守而应进行的军法审判，"要到公众利益与安全允许时"才进行。

　　2月的最后一天，陆军和海军同时宣布了这一决定。但是，罗斯福和史汀生之间旨在平息关于珍珠港事件争论的妥协，激发起了全国各地对金梅尔和肖特的阵阵义愤和憎恨。一个新泽西州人问总统："恕我直言，但也是无数可能不善表达的国人的意见，金梅尔和肖特先生无疑完全应被处死和遗臭万年。

然而你为什么要保护他们免遭罪有应得的惩处，哪怕是晚一分钟呢？"有好几千人抗议给这两个犯有玩忽职守罪的司令官每年 600 美元的退休金。众议院军事委员会主席安德鲁·梅在肯塔基州派克斯维尔演讲时，不也曾敦促枪决这两个人吗？一个叫米克斯的耶鲁大学毕业生和前巡回法官劝告金梅尔"用手枪结束生命"，以表明自己是一个真正的男子汉，"因为你无疑对自己和美国人民都已毫无用处"。

这两个军官的家庭不断收到辱骂信件。金梅尔的三个儿子在父亲成为声名狼藉的卖国贼之后竟敢还在海军服役！惩处罪人的要求与日俱增。与此同时，也有越来越多的少数人把这两人视为当局掩盖自己失职而抛出的替罪羊。

虽然如此，就全国而言，太平洋上发生的事件使关于珍珠港的争执黯然失色。2 月下旬，日本海军在爪哇海域大败英、美、荷联合舰队。数日后，爪哇岛失陷。除了在菲律宾的两个防区巴丹和科雷希多之外，西南太平洋地区现已尽落日本手中。

到了 4 月初，日军把巴丹半岛的美菲守军赶到半岛之端，迫使 76000 名守军投降，其中有 12000 名美国人，这是美军军事史上投降人数最多的一次。在蒙受这一羞辱之前，麦克阿瑟被迫从科雷希多飞往澳大利亚，接着就发生了战俘从巴丹向拘留营的悲惨的死亡行军。5 月 6 日，科雷希多也告陷落。

不到一个月之后，从绝望中突然传来令人振奋的胜利消息。靠着一批珍珠港的密码分析家，尼米兹上将得知日本下一个主要海上进攻目标是中途岛。6 月 4 日，在历史上最大的海战之一的战斗中，勇猛的海军和海军陆战队飞行员击沉了四艘日本航空母舰。它标志着太平洋形势的转折。

2

那年 6 月，肖特将军去西点军校参加儿子的毕业典礼。在校长举行的游园会上，马歇尔将军穿过草坪来跟肖特一家谈话。他们聊了 5 分钟早期一起

美国的耻辱

服役的情况，但对珍珠港或肖特退役只字未提。

这时，金梅尔住在纽约城布朗克斯维尔，在老友弗雷德里克·R. 哈里斯将军负责的造船厂工作。金梅尔的工作是为从未听说过船坞的太平洋地区绘制干船坞的蓝图。业余时间，他开始为终将到来的军法审判作准备。他请求海军部长允许他查看有关袭击珍珠港的档案，诺克斯允许他研究档案，并可得到他所需要的任何复制件。

他的两个儿子曼宁和汤姆是在太平洋服役的潜艇军官。汤姆是个上尉，此时在澳大利亚。他的潜艇 S-40 号在历经艰险后逃到了珀斯，当它正在港内机动时，一艘荷兰客轮开进来了，这是从爪哇开出经长途跋涉后幸存的几艘船只之一。南希·库克森在这艘船上，她是多年前在开往中国的"亚当斯总统"号上认识年轻的金梅尔的。她是一家马来西亚橡胶种植园顾问的女儿，陪同四个孩子逃出战区。她对一位朋友说："我认识潜艇上的那个人，他是汤姆·金梅尔。"

一天下午，库克森去珀斯邮局发电报向父母报平安。碰巧汤姆也去那里给家里发了一份三个字的电报："安而瘦。"三个月后，他们结了婚。1942 年 8 月下旬，他们乘一艘丹麦船前往美国。当这对年轻的夫妇到达布朗克斯维尔时，汤姆对他受到的奇怪欢迎大为吃惊。父母以为他不支持父亲，因为他从未对珍珠港争执写过只言片语。此时，他才知道父亲已被解职。听到关于罗伯茨报告、关于发动痛恨他家的攻击运动以及斯塔克如何对父亲落井下石的种种情况后，他简直目瞪口呆了。

到了下半年，也在海军当军官的金梅尔的三子内德在停泊在斯卡

肖特将军

帕湾的"兰杰"号军舰上偶遇斯塔克,他现在是驻欧洲的海军司令。内德对父亲与斯塔克之间存在恶感一无所知,原以为斯塔克会热情地拥抱他,因为他孩提时就与斯塔克相识。但这位将军表情冷漠,只说了声"哦,你好",然后就结束了谈话。

3

盟国对中途岛海战的胜利欢欣鼓舞,数周后却因北非的托卜鲁克落入隆美尔之手变得沮丧了。7月2日,传来消息,克里米亚的塞瓦斯托波尔被希特勒的军队攻陷。同一天,英国第八集团军被迫退到亚历山大城下。倘若在苏联的德军打通道路进入高加索跟隆美尔会合,如何是好?到那时,德军跟日军实现更为糟糕的联手,也就只是一个时间问题了。

然而,在世界的另一边,美军对日本最南端的前哨基地所罗门群岛的瓜达尔卡纳尔岛的进攻已经开始。8月的第一周,11000名海军陆战队员登上瓜岛。尽管日军不顾一切地试图通过地面袭击和海上轰炸驱逐登陆者,美军仍然扩大了战果。

这年秋天,在所罗门群岛发动的猛烈的陆海战役与德军对斯大林格勒的进攻,吸引了政治家和公众的注意力,使关于珍珠港的争执未成为国会选举中的一个主要议题。当局屡屡想整那些战前直言不讳的孤立主义者而未成。共和党人在众议院新增了44个席位,在参议院新增了9席,变为37席,足以让对方搞不到三分之二的票数。在众议院,民主党的多数优势减少到只多出两个席位。这些情况损害了自由主义者和新政支持者的利益,而促进了早在约4年前就开始的共和党人与南方民主党人之间的联合。

1942年11月到1943年夏天是盟国获得重大胜利的时期之一。在太平洋,血流成河的瓜岛战役以残存日军拼死一逃而告结束:麦克阿瑟挥师横越新几内

美国的耻辱

亚，直趋莱城。

希特勒在北非和斯大林格勒的胜势变成了灾难性的失败；陆军元帅冯·曼斯泰因在库尔斯克附近发动的大规模坦克进攻受阻，东线的主动权现已决定性地属于苏联人。1943 年 7 月 10 日，英美军队在西西里登陆，半个月之后，对轴心国的第四次打击来临：墨索里尼被迫辞职，遭到逮捕。

4

到了 1943 年秋天，金梅尔将军确信，他必须全力以赴为自己辩护。他向哈里斯将军提出辞职，准备前往华盛顿。哈里斯极力劝他重新考虑，华盛顿的那些人将会毁了他。

"这次我必须碰碰运气。得依靠自己，我决心已定。"诺克斯已经同意让他查阅海军部有关珍珠港事件的全部档案。

现在的问题是找一个好律师。已有几个律师主动表示愿意干。"我有一种感觉，即他们是当局密派来的，蓄意破坏我可能做的任何努力。"

金梅尔在自己"山穷水尽"之时，终于找到了一位海军上校——罗伯特·L. 拉文德，此人是个熟悉审判程序的职业律师，他因经验不足而不肯做金梅尔的首席辩护人，但他认识一个经验丰富的人，名叫查尔斯·B. 拉格，属于波士顿罗普斯—格雷—贝斯特—库里奇和拉格法律事务所。

罗普斯—格雷是新英格兰最有声望的事务所之一，查尔斯·B. 拉格是个在全国极受尊敬的律师，是马萨诸塞州最高上诉法院首席法官的儿子，毕业于阿姆赫斯特和哈佛法学院。1930 年，赫伯特·胡佛任命他为美国司法部部长助理。其诉讼活动充分体现了他那非凡的精力和能力。在任职三年中，他亲自在索赔法院为不下 75 个案件进行辩论，并参与最高法院 35 个性质不同的案件。他不根据别人写的辩护状来发言，而是积极参与每份辩护状的起草、编排、案例选择及文风。他赢得了最高法院诸位法官的尊重，其中巴特勒法官的评价是，他具有"一个辩护者的灵性"。

拉格自 1933 年重新个人执业，他提出证据的技巧和说服力使大量案件胜诉。他讲话生动，笑声富有感染力，以机敏和精心拟定的进攻计划能左右审判庭。总之，他正是金梅尔需要的那种斗士。他带着公文包走进审判庭，就好像它是一件武器，他说出的"我反对"有如清脆的枪声。

1944 年初，金梅尔应邀来到波士顿。一进拉格办公室，就看到墙上挂着一张罗伯茨的签名照片，使他感到困窘。金梅尔用两个小时谈到他个人自珍珠港事件以来的遭遇。"我不宽恕罗伯茨委员会，也不宽恕罗伯茨先生本人，而是用我能用得上的一切咒骂语言痛斥该委员会，尤其是罗伯茨先生。"这种痛斥使拉格面露不满。

金梅尔没被吓住，他说："如果你相信我告诉你的话，我愿意请你做我的代理人。如果你不相信我，就不劳驾你了。"拉格没有犹豫，他说："我接你的案子。"然后进而说："我得问一些让你为难的问题。""请吧，"金梅尔说，"我无所隐瞒，任何问题都难不倒我。"

"我们会相处融洽的。"过了一会儿，金梅尔把罗伯茨称为"狗崽子"。

"将军，"拉格反对，"请不要这样骂他，他是我的老朋友。"

金梅尔保证："在我听到你也这样骂他之前，我将不再骂他。"

在返回纽约的火车上，金梅尔和拉文德大部分时间都在看东西。将军在第 125 大街下车时说："拉文德，这将是珍珠港事件以来我能回家睡觉的第一个晚上。"

待到这三人再次见面时，拉格已经看过了罗伯茨委员会的审查记录。这位律师说："你对罗伯茨的看法是对的。"

几天之后，金梅尔长期等待的机会突然降临。2 月 12 日，诺克斯写信给哈特将军，命令他询问证人，以获得宣过誓的有关日军进攻珍珠港情况的证词。鉴于这件事与金梅尔将军利益攸关，哈特受命"通知他听证会的时间和地点，他有权出席，有权带律师，有权提出询问和盘问证人，提出跟询问有关的事情，并得以根据自己的要求自己作证或表态"。虽然这不是一次军法审判，但这是首次允许金梅尔讲述他所了解的经历的情况，而且是在律师的帮助之下。

九天之后，金梅尔又遇到好运，海军密码机构 Op-20-G 的负责人劳伦斯·萨福德上校来到金梅尔在纽约的办公室。几年前，萨福德曾在金梅尔指挥的舰上干过枪炮官，时间不长。金梅尔将军曾评价说："他发出的炮弹狗屁不是。"且对他说："萨福德，你不是干这行的料，所以我打算把你调走。"自此以后，萨福德不仅创建了海军通讯情报机构，而且造出了一台新的密码机，使当时现有的密码机望尘莫及。他才华出众，富于创新，被认为是海军第一流的密码分析专家。

萨福德透露，当国会要求军法审判金梅尔将军时，他期望被传作证。为了准备证词，忆起往事，他查阅了经自己办公室之手的有关截获的日本电文的秘密档案。他说，使他大为惊奇的是，他首次发现这些电文从未发给过金梅尔。在此之前，萨福德一直谴责金梅尔玩忽职守，这时他因未让将军看到这些至关重要的情报而怒不可遏。

人们可以想象金梅尔听后如何激动。当萨福德对他讲当时发自东京的电文表明战争不可避免和迫在眉睫时，金梅尔在拍纸簿上记了下来，但他兴奋中夹杂着怨恨，在得知 12 月 6 日和 7 日接收到的 14 部分电文内容时更是如此。华盛顿为什么不让他知道？而他们竟敢指控他玩忽职守？① 萨福德一口气讲了三个小时，最后表示不得不走了。他解释说，他来纽约参加妻子的画展，必须回画廊去。他的妻子是一位才华出众的艺术家，但脾气不好，盛气凌人。萨福德本人是个专业人员，性情温和，狂热地献身于自己的工作。当他有点儿弯腰曲背快速走过海军部大楼的走廊时，他那纤小的秘书费瑟斯小姐紧步其后，手里拿着拍纸簿记下他的最新灵感，这种情景令人难忘。他现在愿冒损害前途的风险而来揭露真相。

金梅尔把他用铅笔写的记录带给拉格，拉格也认为萨福德的证词将是最重

---

① 内德·金梅尔回忆说，萨福德揭露的这些东西使父亲"怒发冲冠"，"天啊！他变成了一只老虎"。

要的。这位律师承担着一种不同寻常的责任，他的首要职责是以最有利于自己当事人的方式来保存和记录这种新材料，还必须使萨福德不致毁了自己的前程，使上校不致受到惩罚或承担责任。此外，国家利益也要超乎一切地加以考虑。在为当事人辩护时，决不能向日本人泄露出他们的密码一直在被破译。

因为哈特调查将秘密进行，拉格建议萨福德"彻底披露截获的电文的存在和内容。这样，在未来任何的诉讼中，金梅尔的代理人能够要求查看这些档案，使之能用于进一步的合法调查"。

金梅尔终会有上法庭那一天的，他的命运取决于一位来自新英格兰的精明律师和一位仗义执言的上校。

第二部　潘多拉之盒

第五章

二楼上造反

1

　　人们不知道，围绕珍珠港事件许多可笑的事情之一是，罗斯福当局在整个 1941 年内把许多未告知金梅尔和肖特的机密情报毫无保留地给了英国。日本最安全的密码，亦即东京用来和各驻外使馆联系的密码，已被陆军通讯部队威廉·F. 弗里德曼领导的一个小组破译，弗里德曼当时是首席破译专家。美国参照日本的密码机原型仿造了八台，四台在华盛顿，其中陆、海军各两台；在菲律宾的卡维特有一台；其他三台在伦敦。但夏威夷一台也没有。日本正是用这种美国人称作"紫"的密码，把有争议的 14 部分电文于 12 月 6 日发给了在华盛顿的野村将军。金梅尔或肖特哪怕是在日本发动进攻前几小时得悉它的内容，便能减少美国的损失，日本的进攻兴许就会严重受挫。

　　当金梅尔的情报官得悉卡维特有"紫码"机后，便要求华盛顿提供一台。1941 年 4 月 22 日，海军情报局远东处处长阿瑟·H. 麦科勒姆中校拒绝了这一要求，他说："如果你们掌握了外交密码，你们每天的判断工作可能会大受裨益。然而这将会带来难以解决的保密等问题……你们肯定能得到想要的材料。但是，在政治领域中采取行动总的说来取决于政府，而不是由海军舰队来定……换句话说，纵然你和你的舰队对政治饶有兴趣，但你影响不了它。"

英国人一获悉"紫码"已被破译，便要求华盛顿的英美联合陆海军委员会提供一台密码机。英国参谋长会议同意送一台德国的"谜"密码机作为回报。经过多次讨价还价，两台"紫码"机于1941年元月送到了伦敦。然而，英国拒绝交付"谜"密码机，理由是英国情报机关隶属于外交部，因此，由英国参谋长会议签订的任何协定都是无效的。

当这件事向海军通讯局局长利·诺伊斯少将报告后，他大发雷霆，指责作战计划局局长里奇蒙·凯利·特纳少将与这一骗局有关。特纳虽然细瘦，但有着长下巴和浓眉，让人看来可怕。他是个好斗的爱尔兰人，脾气火暴，人称"暴君特纳"。他用刻毒的话语反唇相讥。这样，在海军大楼第二层里便结下了怨，在那年初秋达到了高潮。诺伊斯温文尔雅，网球打得很棒，颇受海军圈子里女士们的青睐。他跟恼人的特纳对着干，使旁观者大吃一惊。诺伊斯在海军学院时就以"小题大做"著称，还有个藏电报的习性，只让收电人一瞥了之。甚至当收电人正在电报上签阅时，诺伊斯就会因过分热衷于保护机密材料而将电文抢走。这种行为使特纳更为恼怒，他会公然蔑视地怒骂："这个诺伊斯！去他的！去他妈的机密！"

特纳与诺伊斯的冲突因一件更为重要的事情而加剧。这件事发生在特纳与海军情报局新任局长、原驻伦敦的海军武官阿兰·柯克上校之间。柯克是少数几个级别低于特纳而敢于顶撞他的人之一。特纳对这种做法极为不满，令他特别愤怒的是，他获悉柯克以让金梅尔经常了解到有关日本外交的动向为己任，给他送过一份截获的"紫码"电报。特纳认为这是难以容忍的干涉。于是向斯塔克告状说海军情报局妨碍他工作。他本人的任务是对敌人的意图做出评估报告，并对有关可能的敌国的所有情报做出解读、评估和发送。海军情报局不过是一个情报收集机构。斯塔克十分敬重特纳，有人在私下里说他被特纳所左右。在这件事上，这位笑嘻嘻、好说话的海军作战部部长站在了特纳一边。

　　纵然特纳走了上层路线，柯克仍然认为应当让金梅尔不断了解情况。1941年7月，他把10份译自"紫码"的电报给了金梅尔。马歇尔将军怕这样做会让日本人察觉到绝密密码已被破译，便硬要斯塔克不再散发这种情报。

　　更为糟糕的是，这样做并未向金梅尔进行说明，以使他以为没有什么重要的情况了。相反，还不允许他看檀香山和东京之间用日本领事的密码源源不断拍发的电报。

　　9月24日，一份马凯电报公司的电报送到檀香山努阿努街的日本领事馆。收件人是总领事喜多长雄。尽管电报上署名丰田，表示是外相丰田贞次郎发来的，但喜多知道这封电报是海军情报局小川上尉打来的。电报上标有"特急"字样。

　　破译后的内容是：

　　　　今后如可能，请报告下列航线过往船只的情况（要是你喜欢用缩写词，我们不反对）：

　　　　1.（珍珠港）水面大致分为五个小区。

　　　　A区：福特岛至军火库之间的水面。

　　　　B区：福特岛以西及以南水面。（这个区从A区看是在福特岛的背面。）

　　　　C区：东海湾。

　　　　D区：中海湾。

　　　　E区：西海湾和航道。

　　　　2. 关于军舰和航空母舰，希望你能报告锚泊的（这些不是很重要）、系泊在码头、浮标边和在船坞内的。（简要标明型号和等级，如果可能，希望你能说明一下何时在同一码头的同一边停泊有两艘或更多的舰只。）

　　喜多把海军少尉吉川猛夫叫来。此人冒充领事官员，实际上是夏威夷的日本海军的唯一间谍。吉川解释说，小川正建立一套珍珠港的坐标系统，以便向轰炸机驾驶员和鱼雷机飞行员提供舰只的精确位置。

这份电报当天就被美国陆军最近在谢夫特堡设立的 MS-5 监听站截获。但肖特将军未被批准阅看"魔术"电文，他甚至对该监听站的存在也一无所知。负责该站工作的少校并没有得到破译设备，他的任务仅仅是把截获的电文原封不动地空邮至华盛顿。由于原定两天后起飞的下一班泛美班机因天气恶劣而取消，这份重要电文是由船运送的。10 月 6 日，电报送达华盛顿，三天后被陆军通讯情报处破译。

当天这份情报就转给了海军。柯克意识到这可能是空袭珍珠港的轰炸计划，便敦促发给金梅尔。正如过去几个月里经常发生的那样，特纳反对这样做，甚至当国外情报局局长 H.D. 博德上校支持柯克时，特纳也不发慈悲。特纳告到斯塔克那里，这位海军作战部部长再次支持了他。这份截获的电报，也就是后来被人们称为"轰炸计划"的电文，从来没送给金梅尔。几天后柯克和博德被调离情报部门，另任新职。

接替柯克上校当海军情报局当年第四任局长的是西奥多·"平"·威尔金森，他 1909 年在安纳波利斯海军军官学校时便是尖子。他个子高，仪表堂堂，在墨西哥战争中因"靠技巧和勇气带兵"而于 1914 年在韦腊克鲁斯获得荣誉勋章。他文质彬彬，聪明睿智，但在情报方面完全是个门外汉，跟特纳和睦共事的希望立即便烟消云散。特纳对他采取公开敌视的态度，或许特纳因自己在 08 级中排第五名而威尔金森却是低一年级的第一名而耿耿于怀，他公然控制海军情报局，毫不客气地欺负这位新人。特纳趁威尔金森缺乏经验，把他的权力抓到手里。海军情报局和海军通讯局原来直送斯塔克办公室的密码译件现在须先经特纳批准，这实际上使他具有生杀大权。同时，也给了他机会：只把他让看的情报送给威尔金森和诺伊斯。①

---

① 二层（海军大楼二楼）上的不和在 1942 年瓜达尔卡纳尔岛附近的萨沃岛战役时依然如故。萨沃岛之战也许是美国在海上遭到的最丢人的失败，至今仍争论不休，美国海军的将士们回忆起来仍积怨未消，感到耻辱。此役伊始，指挥两栖作战部队的特纳上将发出了绝望的呼救。他的老对

美国的耻辱

海军情报局低层人员的命运因他们跟通讯局局长诺伊斯有分歧而变本加厉。萨福德中校像柯克和博德一样,也对"轰炸计划"电报感到关切。他认为,显然应把电文通知珍珠港第十四海军军区通讯保安队队长约瑟夫·J. 罗彻福特少校,而且也应把日本领事密码的破译密钥告诉他,以便今后当场破译截获的信息。他起草了一份给罗彻福特的指示,但是诺伊斯将军干脆给否决了。诺伊斯愤愤地说:"军区司令官该怎么干得听我的!"

几个星期后,罗彻福特的10月份月报来了,最后一段要求给予指示。萨福德再次想照办,又遭到诺伊斯拒绝。

尽管二楼上由于竞争和目的相左造成了混乱,但由于一批富有才能的下层军官的努力,工作仍干得很出色。其中一人回忆道:"那是一所古怪的疯人院,由疯子统治着神志清醒的人。"这批忠心耿耿的人包括萨福德、弗兰西斯·雷文上尉、普里斯科特·柯里尔少尉、乔治·林上尉和阿瑟·麦科勒姆中校。麦科勒姆是远东情报科科长,他在日本长崎出生,了解日本人,会日语。他之所以未卷入"轰炸计划"电报之争,是因为他当时在英国,在回家途中飞机失事,他是两名幸存者之一。然而,像萨福德和其他人一样,他也认为太平洋地区的指挥官们没有得到足够的情报。他在12月1日提醒特纳和斯塔克,认为"战争或者中断外交关系已迫在眉睫"。他问道,是否已让菲律宾群岛的舰队司令哈特"高度地警惕"?纵然立即得到了肯定的回答,麦科勒姆也不放心。由于特纳盛气凌人地与人为敌,诺伊斯又天生爱保密,究竟给了太平洋地区多少情报还很难讲。12月4日,麦科勒姆因坚信与日本的战争迫在眉睫而起草了一份简明的电文,以向从加勒比海到菲律宾的所有司令官们发出警报。他拿电文去找威尔金森,就知道威尔金森会批给特纳,而特纳一看它便

(接上页)手、当时负责空中支援大队的诺伊斯将军三番拒绝派航空母舰和驱逐舰支援特纳。"这两个军官彼此怀恨在心,"萨福德后来评论说,"特纳在华盛顿稍占上风:如今诺伊斯报了一箭之仇。"诺伊斯数周后因指挥无能,损失了航空母舰"黄蜂"号而被解除指挥权。

博德上校也被萨沃岛战役给毁了。在临时指挥"芝加哥"号时,他大意地从这场重要战役中消失了。他后来自杀身亡。

会动手修改。特纳见他时面带愠色,把 11 月 27 日发给金梅尔的战争警报拿出来给麦科勒姆看。

"天哪,"麦科勒姆说,"你用了'战争警报'这几个字。我不知道还有什么比这更平淡的了。不过我希望把我的一份也发出去"。

"那好。你要么按我们改过的发出去,要么拿回到威尔金森那里,我们再辩论辩论。"

麦科勒姆看了一下他那份已经被淡化了的电文,泄气了。他拿回给威尔金森。威尔金森说:"把它放在我这儿等一等吧。"这份被阉割了的警报一直未发出去。诺伊斯碰巧看见了它,用带有自己特点的口气评论道:"我认为这是对总司令聪明才智的侮辱。"他是指金梅尔。由于自 11 月 27 日以来一直未收到任何警报,金梅尔觉得戒备可以解除了。

2

1942 年 1 月 1 日,萨福德被提升为上校。但两个星期后,在罗伯茨委员会到达华盛顿的那天,他被召到诺伊斯的办公室。诺伊斯告诉他,他的职业生涯实际上已结束了。诺伊斯解释道:金将军觉得他的工作太多,一个人处理不了,想把他的工作分成几份,萨福德保留最小的部分,搞密码破译研究。18 年前他当上尉时就做过这项工作。萨福德在一份未发表的备忘录中写道:"诺伊斯没讲任何理由,对萨福德的工作表现也未提出批评。"诺伊斯的说法跟头天的一份书面指令相矛盾。这份指令责成约翰·R. 雷德曼中校建立并领导一个无线电情报与欺骗处。这份指令明目张胆地置下列事实于不顾:这样的组织早在 17 年前就在萨福德领导下建立起来了,到 1942 年 1 月 15 日已有下属约一千人。

萨福德吃了一惊:"但是别无他法,只能认命。战争正在进行。美国由于最高官员们大大低估和不屑正视形势而使国家遭到严重打击。"威尔金森的助

美国的耻辱

手同情萨福德，他说："你跟我们的舰只被炸翻了个儿一样，也落水了。"

或许萨福德并不知道，他的倒台是诺伊斯的助手约瑟夫·里泽·雷德曼策划的。雷德曼这个精明的官僚那年 2 月当上了海军通讯局局长，他一直不喜欢萨福德那种随便、无序的工作方式，而不管萨福德的成绩如何。在珍珠港事件之前，司令部一直没注意萨福德古怪的管理方法。但是，雷德曼认为，随着美国投入两洋作战，需要截获和破译德国 U-boat 潜艇的密码。Op-20-G 甚为严密，以保护即将通过大西洋的护航船队。所以雷德曼上校，这位高效率的专家，通过活动让他弟弟接任了萨福德的大部分工作。

整个工作在富有成效的雷德曼上校领导下进一步展开。监听组织跟盟国的机构一起，从宪法大街的一栋旧楼迁入一所前女子学校的红砖建筑群中，这所学校坐落在内布拉斯加大道与马萨诸塞大道相交处。[①] 在这里，萨福德被排挤到一个办公室中，在那儿他基本上只能"小打小闹"。

萨福德后来写道："尽管被打入冷宫，萨福德还是努力为大西洋战争做出了重要贡献，并且在某种程度上减轻了金将军的一个严重错误。"萨福德过谦了，他的贡献在许多被埋没的战争壮举中是最重要的。他不仅发现了一个使美国付出了无数生命和船只的愚蠢错误，而且避免了那种不必要的毁灭性损失。从 1941 年初起，他就怀疑美英高层之间的联络密码 —— 海军 3 号密码的安全性，"这种密码跟日本舰队的密码 ——JN25 一模一样，只是比不上日文的复杂和模糊所起的保护作用"。当萨福德在小办公室里"小打小闹"时，他证实了自己的怀疑：德国人已经破译了美国还在使用的海军 3 号密码。他肯定，德国潜艇之所以能在大西洋给盟国海运造成骇人听闻的损失，是因为敌人正在"毫不含糊地读释"美英之间一切有关护航船队和路线以及反潜战的通讯。

他提醒过他的上司，但他们并不认真对待。那年夏天，他曾警告过一位英国技术专家，但也没有引起重视。萨福德感到绝望，终于采取了行动。他

---

① 如今海军安全司令部的原址的对面就是新建的日本大使馆。

在很短的时间内成功地设计出了一套密码系统。就是把英国 X 型密码机与美国的 ECM 系统（电子对抗装置，由陆军通讯情报处的密码破译专家弗里德曼发明）"婚配"起来，以挫败德国人……萨福德使两种机器向一个共同点会合，成功地发展了第二种密码原理，这种原理可以使这两种完全不同的密码机相互通讯。他在八个月内设计并做好了两台机器所必需的转接器的工作模型，它们由于简单和比较便宜，无须任何工具就可在几秒钟内安装和拆卸。"最重要的是，当两台机器拆开后，仍能以原来独有的密码原则工作。"

签生产联合密码机的合同之前，萨福德在那年 11 月敦促临时使用弗里德曼设计的 ECM 系统，这个建议向美国参谋长联席会议提出后遭到了拒绝。

即便如此，大西洋上可怕的损失使固执的萨福德开始用骗取的材料试制自己的密码机。在以后的四个月内，大约有 200 万吨船只被击沉，而德国人仅付出了 50 艘潜艇的代价。很显然，如果不把邓尼茨的狼群战术搞掉，德国就会赢得大西洋战役的胜利。然而，尽管萨福德的新系统已经完成，但仍然未能投入使用。1943 年 10 月中旬，英国驻华盛顿军事代表团的一名高级密码专家私下拜访了萨福德。他说："你对海军 3 号密码的看法是对的，它要不得。正如你所预言的，德国人一直在破译它。我们很丢脸，而你现在在伦敦已是身价倍增。"

几天后，弗里德曼也私下拜访了萨福德。"马歇尔将军刚才获悉，由于德国人已经破获海军 3 号密码，一艘英国运兵船被击沉，900 名美军士兵丧生。他大发雷霆，要追究这件事，指示我把情况私下里调查一下，看看谁应负责，应采取什么样的紧急措施以防再遭此类损失。"

萨福德把真情一股脑儿倒了出来：罗伯特·戈姆利将军是如何同意英国建议，把海军 3 号密码用来作为英美海军通讯密码的。戈姆利在担任驻伦敦特派海军观察员后，于 1940 年 11 月把这件事作为他上任后的几把火之一。斯塔克又是如何未跟诺伊斯商量就同意了这一决定；诺伊斯又是如何不肯要斯塔克重新考虑此事，甚至允许萨福德去跟斯塔克谈谈此事；他本人又是如何努力提醒其上司而未能成功的。萨福德回忆道："我还告诉弗里德曼，应受谴责的

美国的耻辱

三个人（戈姆利、诺伊斯、斯塔克三位将军）后来都因无能被解职，大吵大闹是不会有什么好处的。”

跟弗里德曼的一席谈话结束了萨福德的失望。1943 年 12 月，他的“联合密码机”终于在大西洋投入使用，邓尼茨的狼群战术不再管用了。

3

几个月前，萨福德还有空去搜集有关珍珠港事件的材料，他想在军法审判金梅尔时使用。“我认识到我将是重要证人之一，而我的记忆很模糊，因此就开始搜寻可能找到的材料，来写出一份作为证词的陈述。正是此时，我首次仔细研究了罗伯茨调查委员会的报告，发现它未提到‘风’电报，或是那份由麦科勒姆写的、经我看过而且我认为已经发出去的那份电报。”

至此，他都认定金梅尔玩忽职守，理应受责。但现在他开始怀疑，或许将军并未像人家让自己相信的那样得到所有有关日方意图的情报。“风”电报指的是所截获的日方最重要的电报中的一份。1941 年 11 月 19 日日本外务省用领事密码指示其驻外代表，一旦与美国、英国或俄国的外交关系恶化，将广播假天气预告，所有的密码本都要销毁。如果信号是“东风，有雨”，就意指与美国中断关系；“北风，多云”则指与俄国（原文如此，下同。——译者注）中断关系；“西风，晴”，指与英国断绝关系。

当这份电文于 11 月 28 日在萨福德的办公室译出后，海军大楼二楼的全体人员都接到通知，要留意“风”密码电报的动向。所有窃听站都得到指示，要报送全部这类天气报告。萨福德清楚地记得，他大约在 12 月 3 日或 4 日见到过一份写有“东风，有雨”的电文。他以为这份电文已经转给了金梅尔，但在档案中未能找到所谓的“风”指令，这引起了他的怀疑。再有，进一步研究罗伯茨委员会报告使他相信，金梅尔成了替罪羊。萨福德意识到自己对上将不公，便用过去使海军放弃使用 3 号密码的热心和干劲，全力以赴作进一步调查。他翻阅了所有档案，询问了许多同僚。到 1943 年 11 月中旬，他开始怀疑有人故意不把这份情报告知金梅尔；金梅尔不仅是替罪羊，而且也是一场周密策划的陷害阴谋的牺牲品。12 月，他发现了更多的材料，这些材料实际上证实了他的怀疑。他在 12 月 22 日给阿尔温·克雷默少校写信，想摸清更多的情况。珍珠港事件前，海军情报局曾把克雷默借给 Op-20-G 领导翻译部门。由于萨福德不懂日语，他得依赖懂日语的克雷默。

这时克雷默在珍珠港工作。萨福德先叫他"亲爱的克雷默"，然后讲自己正在"准备一份"秘密报告，内容包括 1941 年 12 月初以来所发生的种种事情。他对克雷默说：

> 我认识到你的回答将受到检查，所以你必须出言谨慎。我也会十分小心地表述所提的问题，以防我的信落入他人之手。由于我的信留有副本，所以只需提出问题序号和简要答案就可以了，这样，局外人就看不出什么名堂来。

他随后问克雷默，是 12 月 6 日的什么时候把截获的日方情报交给总统——他称之为"R 先生"的，赫尔（H 先生）是否跟他在一起？S（斯塔克）和 W（威尔金森）两位将军是什么时候知道这份电报的？克雷默是在 12 月 7 日早晨什么时候到达海军大楼的，是否有人给 K 先生和 S 先生（金梅尔和肖特）打过电话或用别的方式通知过他们？"那份天气预报原件"哪里去了？档案里没有。当然他指的是那份"风"指令，即"东风，有雨"。

萨福德继续努力调查。还金梅尔清白犹如一场十字军东征。一天天过去了，还没有接到克雷默的回答。最后到了 1944 年 1 月 17 日，他收到了寄自夏威夷的一份备忘录。克雷默透露，他是 12 月 7 日上午大约 9 点钟把那份日本电报的第 14 部分拿到斯塔克那儿去的。这向萨福德表明，有足够的时间——大约三个半小时，来把警报发给金梅尔，然而，直到攻击发生后他才知道。萨福德坚信自己有"铁证"证明金梅尔是被陷害的。之后，萨福德把

1943 年 12 月 25 日《星期六晚邮报》上的一篇文章摘要送给了金梅尔，该文出自 J. 布赖恩第三之手，讲的是第三舰队司令哈尔西海军上将。布赖恩写道："作为安纳波利斯的同班同学，哈尔西对金梅尔几乎是宗教般的虔诚，他为金梅尔成为替罪羊而感到震惊。当罗伯茨调查委员会问哈尔西为什么似乎只有他准备好了日本来袭击时，他的回答是：'由于一个人——金梅尔将军。'哈尔西一退休就致力于给金梅尔平反，是不会使他的任何一个朋友感到吃惊的。"这份剪报颇合时宜，因为克雷默刚接到命令，调任哈尔西的幕僚。萨福德在文章的空白处打上了下述内容：

亲爱的克雷默：
请在适当时机将上述内容作为介绍信给哈尔西将军看。请他放心，他的壮志一定会实现，用不着退休后才看到金梅尔被彻底平反，但我们需要哈尔西的帮助。请毫不犹豫地把一切都告诉他。

三天后，即 1944 年 1 月 22 日（原文如此。应为 20 日。——译者注），萨福德给克雷默写了一封长信。"调到哈尔西上将那里去，对你和你的事业来讲都是好事。我可以看出其中有上帝之助……至于把真相告诉哈尔西将军，要耐心等待合适的时机，然后一干到底。把他愿意听的情况都告诉他；把你拥有的一切文字证明都拿给他看。运用你自己的判断力，不要硬来。"他让克雷默谨慎、细致、耐心。"我刚开始把这边的事情整理好。海军作战部里的任何人都不可信，过早行动只会引起那些陷害金梅尔和肖特将军的人的警觉，也会使克雷默和萨福德遇到大麻烦。然而我们不能缺少哈尔西将军的支持、军衔和声望。"克雷默将告诉哈尔西，萨福德"有压倒一切的证据能证明海军作战部和总参谋部有罪；他手里还有一份大约 15 名可靠证人的名单"。

由于害怕他们的信件会被那些试图掩盖真相的人"偷拆"，萨福德还送了一套简明密码供今后通讯之用，这有点像侦探小说的味道。1 号指罗斯福，2 号赫尔，3 号斯塔克，他自己是 8 号，而克雷默是 10 号，天之子（即日本天皇）是 109 号；还有表示各部门、密码、情报、城市（如珍珠港是 92 号），甚至日期（如 1941 年 12 月 6 日是 136 号，12 月 7 日是 137 号，12 月 7 日东部标准时间 13 点 25 分是 138 号）的数字。

　　萨福德准备好豁出去揭露真相，他于 1944 年 2 月 21 日到达金梅尔的办公室，先被哈里斯将军审查了一番。将军问："你在他身边干过吗？"他没有。"你是他的私人好友吗？"

　　"不是的，先生，只不过认得而已。"

　　"那你为什么想见金梅尔将军？"

　　"因为金梅尔将军是海军史上最肮脏的诬陷阴谋的受害者，我有证据为凭。"

　　"如果是这样的话，"哈里斯说，"你可以见他。"

　　　　　　　　　　　　　　　　　　　　　　美国的耻辱

第六章

哈特调查

1944 年 2—7 月

1944 年 2 月 1 日，尼米兹采用跳岛战术，从塔拉瓦一直打到位于马绍尔群岛中央的夸贾林礁。他的下一个目标是大胆地跳到马里亚纳群岛，新的 B-29 超级堡垒式轰炸机可从该群岛起飞轰炸日本。

1

金梅尔刚把有关萨福德揭露的事实的记录送给拉格，对于哈特调查还是不放心。把案件公之于众果真是最好的办法吗？它不太可能是一场自由、公开的审判，不过是听证取证，而且会使他以后得不到应有的陈述机会。拉文德和拉格也这么认为，于是决定他不应参加。光萨福德的证词就应能为公正的审判打下基础。金梅尔给诺克斯写信说："我觉得应给我以迅速、公开的审判；并应通知我指控的性质和原因，至今这两件事一件也没做。"他补充说，哈特调查的范围将会受到限制，"它不会是自由的、公开的，并且不具有我要求的性质”。

诺克斯回答说："公众的利益不允许在此刻进行迅速、公开的审判。同样的道理，哈特将军的调查不会是'自由、公开的'。因为要涉及一些非常机密的事情，公开它们不利于战争努力。"总之，哈特调查将继续进行下去，并且他希望金梅尔能参加。

在拉格帮助下，金梅尔回信详细解释了为什么这样做是不可能的。光是证词记录是"完全不够的"。同时，不提出正式的指控，他"也无法去做准备并有效地盘问在哈特面前作证的证人，也不可能促使我代表自己提出证据……"只许海军的人作证人也是不公平的。"由于本案的性质，陆军的人和平民一样，显然都跟珍珠港袭击的一系列事情有关。"在他和拉格的心目中，诺克斯本人、史汀生和马歇尔当然都是这类关键的证人。

哈特调查于2月22日开始。在此后的四个月时间里，他在华盛顿、旧金山和太平洋地区记录了40位海军军官的证词，其中多数是将军。所作证词对金梅尔特别不利的将军是特纳，他4月7日在珍珠港会见了哈特。自从来太平洋就任太平洋舰队两栖部队司令以来，他一直以难于打交道著称，并跟金在海军中以"最招恨者"齐名。但他却是一位杰出的战术家，并被提升为海军中将。大家有所不知的是他酗酒越来越厉害，虽然迄今为止他都能及时醒过来并以通常的高效率工作。

他说他对袭击珍珠港"一点儿也不"觉得奇怪。他和斯塔克及其他高级助手都认为空袭的"可能性很大"，而且他还曾多次提醒过金梅尔。"由我的办公室签发的此类信件和电报不多，因为我们觉得（这也是海军作战部部长的政策），不必在此类事情上唠叨没完。这个问题归该管的人，即舰队总司令管。"他指的就是金梅尔，11月27日的"战争警报"足以让金梅尔提防任何突然袭击。特纳的证词等于是对金梅尔的起诉书，跟金梅尔的幕僚们宣誓后作的证词在哈特面前交锋了。

在国内，要求公开审判金梅尔和肖特的压力与日俱增。4月11日的记者招待会上，有人就国会延期审判金梅尔一事询问诺克斯部长。从前做过报人的诺克斯惯于随便发言，他当场回答说，他现在"闹不清楚"了，想听听海军军法署署长在法律方面有什么意见。军法署署长听了一定是战栗不已，由于担心海军会在本案中丧失主动，他马上以诺克斯

诺克斯走访珍珠港美国舰队新任司令

的名义起草了一份新闻稿，说是已收到金将军的一份备忘录，备忘录正式声明："正在世界各地前线服役的相关海军军官，不能为出席与珍珠港有关的军法审判而离开作战岗位。"这份新闻稿指出，金梅尔很久以前就签了弃权声明书，"现在已无必要对国会在此问题上采取的行动做出解释"。

金梅尔以为这份最新声明是不给他出庭机会的又一花招。他写信给长子曼宁说："我想你已经注意到了诺克斯最近在华盛顿耍的手腕，以及他有关军法审判自相矛盾的声明。我认为从这一团乱麻中已可弄清楚，当局绝无让肖特将军和我走上法庭的意图。"

2

金梅尔现在又有了一位代理人，名叫爱德华·哈尼菲，原来在拉格的法律事务所做事，现为海军中尉，经海军人事局局长允许来协助拉格。1936年哈尼菲在圣十字和哈佛法学院毕业，到格鲁·罗普斯法律事务所工作。他十分崇拜一起共事的拉格。在去布朗克斯维尔的路上，他看了罗伯茨调查委员会

的报告。这份报告对金梅尔极为不利，使他觉得替其辩护将会很困难。但是，跟金梅尔将军谈了几分钟后，哈尼菲改变了看法。这位将军行动之干练以及忧伤、深邃的目光感染了他。"我对自己说，'罗伯茨调查报告有问题。因为这不是那种会因疏忽而犯罪的人。'"

在深入此案的背景时，哈尼菲会见了理查森将军。将军说，他打算讲个故事，这个故事上尉可以认为是一个比喻。"你权且把自己当作最伟大的国家的领导人，看见并认定地球另一边的一个强国正在发展成为对西方文明的一大威胁。假定由于种种原因，你的危机观并未被你的选民、你的人民所接受。你看到整个西方文明将会毁在这个对手手中，而你发现，你的人民当时了解的情况不足以使他们认识到这一点。假定你知道拯救西方文明的唯一办法就是打垮这个国家，而这就需要一场对外战争，而你的人民对此毫无心理和军事准备。可以假定你为激励你的人民对危及文明的根本危险采取一致行动所需要的就是一个事件。在这事件中你显然处于被动的、难以出击的和毫无准备的状态，而对方则是发动了没有任何借口和道理的直接侵略行动。假定你看到这种可能性露出了地平线，而且你认为它是拯救文明、激励民众和摆脱困境的解决办法。可以想象，你不会想造成一种说是谁放第一枪的局面。你要求一旦发生这种事件，你肯定不会被认为是侵略者，那么，其结果便会促使你的人民意识到自己正面对来自极权主义势力的可怕威胁。现在请你想想吧，我说这甚至不是一个假设。它是一个寓言，当你研究材料的某些内容时，别忘了这个寓言。其中可能有些能给予启发。"

与此同时，哈特的调查在继续进行。哈尔西将军坚定地为他的朋友金梅尔辩护。"我不认为向我们充分提供了关于日本人在干些什么的情报，我感到我们是在盲目地干。我个人认为（纯粹是个人的看法），他们在华盛顿比我们在外地知道的情况多得多，而这些情况本来是应让我们知道的。"他是否与金梅尔讨论过这件事？"我隐约记得，我们曾经就此进行过讨论，并且咒骂他们不让我们获悉情报。"

哈特于 4 月 17 日结束了在夏威夷的调查，起程返回华盛顿。29 日，最重要的证人萨福德上校在海军大楼向哈特将军做了汇报。首先，他们的谈话是非正式的。当萨福德谈到"风"指令并且说所有的情报副本如何全被销毁时，将军板起脸来。"这种说法不足为凭，我刚从前面的办公室来，我看到了你说的'风'电报。请不要讲一些你无法证实的话。"

这一来，萨福德终于能确认也有别人见到过"风"指令了，为此大受鼓舞。他同意从证词中撤回关于电报被毁的话，但坚持他在宣过誓后正式作证，讲他在 12 月 3 日那天怎样准备了一份电报，警告金梅尔危险迫在眉睫。"在起草电文前，我打电话给麦科勒姆中校并问他：'你们海军情报局的人是否把警报发送给了太平洋舰队？'麦科勒姆说：'我们正在极尽所能把消息告知舰队。'麦科勒姆特别强调了两个'我们'。我在发送这份电报时，已经超越了由业经批准的作战计划和海军通讯局与海军情报局协议规定的职权范围。但是我做了，因为我认为麦科勒姆无法把这份电文发出去。"

哈特问，珍珠港各单位是否有什么材料能使他们可以通过自己的努力获得这一情报？回答是："没有，长官，他们没有这种材料，也不可能获得这一情报。"

哈特不想继续这样询问下去，但萨福德坚持要详述有关"风"电报的情况。他讲了麦科勒姆如何在 12 月 4 日引用了"风"指令，起草了一份长电报，在报尾明确警告说，战争将一触即发。威尔金森上校批准了这份电报，当着萨福德的面跟诺克斯将军谈这件事。然后他问道："你对这份电报怎么看？""我认为这是对总司令聪明才智的侮辱。"诺伊斯说。

"我不这样看，"威尔金森回答说，"金梅尔将军是个大忙人，要想的事很多，

1944 年初独自开始调查的托马斯·哈特上将

有可能不如你我看得清楚。我认为只有把警报发给总司令才算正当；如果我能让前面的办公室发出去，我就打算发。"

萨福德解释说，珍珠港事件发生时他以为警报已经发了，直到两年后他仔细研究了罗伯茨调查委员会的报告，才意识到那份电报一直未发。他记得，"'风'指令是12月3日晚收到的，但他第二天才看到。海军预备役上尉A. A. 默里满脸笑容，拿着一张纸走进我的办公室说：'给你！'把'风'电报递给了我。我记得它是一张黄色打印纸原件，在重要的'风'字下面画了线，并在尾部写有克雷默的说明"。他给了我一份名单：一部分是必定看过"风"指令的人；一部分是听说过这份电报的人；再一部分是应该还记得这份电报的人。

"我最后一次看到'风'电报大约是在1941年12月14日，当时克雷默正把12月初散发的文件集拢起来，经我检查后给海军通讯主任。据我当时理解，是供罗伯茨委员会作证据用的。"

虽然这些情报无法公之于众，但还是都被记录了下来。尽管哈特很勉强，但一旦金梅尔有说话的那一天，是会对他极有帮助的。

哈特调查的结果在战争结束前不能公布，处于海军和当局最高层之外的人只能揣测其重要性。哈特未提出任何报告，但他给在伦敦的斯塔克上将写了信，说他获悉的情况使他对海军部在珍珠港灾难中扮演的角色产生了某种怀疑。

总统告诉哈特的情况也使他在余生中感到不安。他后来在一次录音采访中说："我曾对总统讲，日本人对麦克阿瑟将军和他的部队定于（1942年）4月1日做好开战准备这一说法听得太多了。总统回答说，马歇尔将军在（1941年）11月就向他保证：驻菲律宾的陆军部队已准备就绪！现在我知道那天诺克斯部长曾向全世界说过，我们的舰队已准备好对付日本人。但我怀疑马歇尔将军是否真的说过。不管怎样，我现在引用总统的话：'如果当时了解真相，我会把日本人再哄上一大段时间的。'"

美国的耻辱

第七章

陆海军俱乐部
1944 年 6—10 月

　　1944 年 6 月初，意大利投降，盟军控制了地中海。在东线，只剩下德军能抗击红军的进攻多长时间的问题了。美军对德国中部和东部燃料工厂的昼夜轰炸极大地危及了希特勒的整个军火生产计划，而且盟军正为在法国进行一次大规模登陆做最后的准备。

　　在太平洋，一支由 535 艘舰船组成的舰队正接近塞班岛。这支舰队载有 127571 名士兵，其中大部分是美国海军陆战队。

1

　　在哈特的调查结束之前，拉格就意识到，为"防止整个事情被搁置、埋葬"而发起进攻的时候到了。对金梅尔和肖特起诉的时限快要到了。如果不延期，他们俩可能永远得不到他们所要求的公开听证了。拉格认为情况异常，他的当事人（即被告）急于同控告他们的人对簿公堂，而当权者们显然希望事情不了了之。另外，在法律上也有不清楚的地方，就是国会给予延期是否经受得住攻击。"金梅尔若不援引起诉时限，可能被认为他无力去纠正一项司法上的缺陷，"哈尼菲后来评论说，"除了金梅尔和肖特，没有其他人放弃过时限令的权利。"因此，拉格断定，国会不仅有必要进一步延长时限，"而且应同时指示陆、海军部长分别对珍珠港劫难进行调查。"

"将军，现在到了十字路口，"拉格对金梅尔说，"如果我去一趟华盛顿并促成延期法令的通过，我们将置身于风口浪尖之上。另一种情况是，他们将不再过问此事，你也就不再受公众口舌的困扰了。"

金梅尔是个斗士。他说："我决心要让美国人民知道真相。我授权你全力以赴去干这件事。我已准备承担后果，困窘、误解、坐牢及其他任何事情。大胆去干吧！"

这样，拉格和哈尼菲便于4月中旬去了首都。拉格亲自拟订了文件要点；次日哈尼菲对序言部分进行了润色，然后又进行了严谨的、最后的修饰。哈尼菲把草稿带到最高法院图书馆，在手写定稿前又研究了一番。由于没有打字机，他只好把稿子拿到马萨诸塞州参议员沃尔什的办公室去，当时沃尔什是海军事务委员会的主席。"使我大为惊骇的是，"哈尼菲回忆说，"当文件弄好并要送到众议员（杜威）肖特的办公室时，沃尔什却让一个在其委员会工作的海军军士文书去送。我暗自思忖，如果这位年轻人碰巧把文件改投别处，海军部长和陆军部长就会发现一名海军中尉正准备在这个敏感问题上打官司，他很快就会调我出海去。"但是，送文件的人却直接送给了肖特众议员，肖特随之公开要求再度延长限制令的时限并对两位司令官进行军法审判。

5月24日，一位参议员打电报给金梅尔，询问他对延长限制令的态度。金梅尔回答说，他希望尽快进行军法审判。"珍珠港事件以来我一直希望如此，且在给海军部长的信中也这么说了。我要求的是自由、公开的审判。我现已准备就绪。"他等待海军部送他上法庭已等了两年半了。"在珍珠港事件之后的关键岁月里，我明白了我为什么不得不默默地忍受着罗伯茨委员会的报告及报告的公开阐释强加给我的耻辱。现在，我们的武装部队在全线展开进攻，我

美国的耻辱

感谢我的家人、朋友和公众将此予以澄清：我要求军事法庭在最近的可行日期开庭审判。"他被罗伯茨指控犯有渎职罪。"我要求以一种正规和公开的方式回答这一指控……在耻辱的阴影下度过一段拖长的、无法下定论的时光令人难以忍受。公众有权利知道事实真相。我有一个美国公民出庭的权利。"

次日，他收到了参议员霍默·弗格森拍来的电报。弗格森是来自密歇根州的共和党人，他打电报问的是同样的问题，金梅尔给了他一个类似的答复。该参议员的反应是，他提出了一份把 6 月份到期的法令延期的法案，希望这样会迫使在入秋之前立即进行审判。围绕建议中的延期之争有可能给共和党人和反对新政的民主党人提供把白宫同珍珠港劫难联系在一起的机会，这个机会最有可能在时机最佳的时候——总统选举前数月内来临。

6 月 5 日，众议院围绕众议员肖特的决议案的辩论显出了希望。当来自北卡罗来纳州的一位民主党议员反对任何战时调查时，"呸"声四起，"丢脸！可耻！"声响成一片。"主席先生，"一位来自伊利诺伊州的共和党员慷慨陈词，"为什么已经过了两年半，还非得要把珍珠港事件的真相保密？会不会军法审判金梅尔将军和肖特将军将揭示这样的事实：我们的军方及海军指挥官们并没有疏忽大意，而疏忽大意的是政府中的部分文职头头们？……政府害怕军法审判揭露出来的事实会引起不利的舆论反应：处理'国家事务'比这场战争更重要，而且随着大选临近，政府决心要掩盖珍珠港事件的真相。"

这场辩论于第二天（6 月 6 日）便泄露了出去，一批民主党议员试图利用那场使国人触目惊心的"霸王"战役来煽起一场爱国的反击。"这将是众议院议员们了不起的贡献，"纽约州的伊曼纽尔·塞勒说，"……如果我们不再就这个法案继续审议而丢弃它的话，这对于我们武装部队中那些勇敢无畏的指挥官及其统率下的小伙子们来说是一份很合时宜的礼物。"但是共和党人及其反对新政的同伙对这种论调置之不理。甚至政府的支持者们也意识到这是一场将要失败的战斗，杜威·肖特要求立即进行军法审判，延长限制令三个月的提案以 305 票对 35 票的压倒多数获得通过。

一周之后，参众两院通过了一项联合决议，指示陆、海军部长立即着手调查与 12 月 7 日的灾难有关的事实。最后金梅尔和肖特将出庭（亦即如果总统不否决这项法案的话）。富兰克林·罗斯福知道国会的脾气，他再次证明他是一位政治大师。他在一次正式讲话中说，他相信国会"无意使调查以一种妨碍战争努力的方式进行。凭着这种信任，我已经批准了这项议案"。这暗示，是史汀生和詹姆斯·V. 福莱斯特尔（五周前接替死于心脏病的诺克斯任海军部长）而不是他，正试图阻碍对金梅尔和肖特的审判。他无疑考虑到了即将来临的总统大选，在这场大选中，共和党人很可能使珍珠港事件成为一桩主要问题。

2

7 月 8 日，陆军珍珠港委员会成立，乔治·格鲁纳特中将任主席。但海军直到 13 日还没有选出自己的成员，13 日这天，金梅尔给拉格写信说，他仍然认为对事件的全部调查尚不充分。"缺乏行政部门、陆军和海军部的公平调查，是不会把事实弄清楚的……海军调查法庭在调查陆军部和海军部时能走多远，将取决于调查人员的素质和有关机构给他们施加的压力。如果他们执拗地调查某些方面，海军调查法庭很可能会中止调查。"

同一天，海军调查法庭最终落实了人选。前总军法官、亚洲舰队司令奥林·G. 默芬海军上将任主席，另两人也都是很有名气的退役将军。担任过三届总统助手的阿道弗斯·安德鲁斯曾领导东部海疆防御指挥部，在战争最初几年里负责保卫东海岸。爱德华·C. 卡尔布富斯 1934 年至 1942 年（只缺一年）一直担任海军作战学院院长，最同情金梅尔，深信他不应独自一人对珍珠港事件负责。

陆军委员会的三位成员依然积极尽职尽责。曾是二等兵的格鲁纳特是马歇尔的密友，且很受陆军部器重。因坚信肖特玩忽职守，他要求为陆军部辩白。陆军航空兵代表沃尔特·H. 弗兰克少将是该委员会中唯一的西点军校毕业生，他也坚信肖特必须承担后果，因为在日本人进攻前他肯定得到了足够的情报。第三位成员是亨利·D.拉塞尔少将，挑选他真有点奇怪。他在1942年5月被解职之前一直统率着一个国民警卫队师。他极度厌恶马歇尔，指责他在战争期间坚持反国民警卫队的政策。他钦佩肖特，但一直不愿在委员会中供职。他一想到要卷入有关陆军在这场劫难中的责任的争论便赶紧退缩，他这次只是为了能给肖特一个更公正的审判才答应下来。

7月17日，委员会中的海军成员开始做调查准备。一周后他们宣誓就职，准备于7月的最后一天开始按部就班地进行调查。

金梅尔将军已经在华盛顿同拉格、拉文德和哈尼菲做最后的准备。迄今为止他只得到了萨福德一句不支持的话：在秘密海军档案中有有关截获的日本的电文。如果确实存在，那么现在该是出示这些电文的时候了。他去了一趟海军部长福莱斯特尔的办公室，很幸运的是，碰巧那天金将军为代理部长，在金梅尔请求允许他派一名助手查一下档案时，金欣然同意。"诺克斯先生既已允许你接触所有档案，我找不出任何拒绝你的理由。"

同一天下午，金梅尔派拉文德去查找失踪的电文。"我很清楚他们大概要找的东西，"拉文德回忆道，"但是当我被领进一个房间，看到那里有一堆厚达两英尺半的截获的电文时，我大吃一惊。"他查找的时间有限，而萨福德却给了他这么一大堆截获的电文。这里的负责人——以前是金梅尔的一名下级军官——帮了很多忙。拉文德从他认为早就应该给金梅尔的电文中挑了差不多43份富有代表性的电文。"我放松地坐在椅子上，察看着这些挑选出的电文，然后再看看其他几堆电文，当意识到手中的这些电文对金梅尔和死去的舰队官兵意味着什么时，我便感到恶心。"

那天晚上，拉格和哈尼菲与拉文德在威拉德饭店一道用餐。"我发现了这些电文，而且还有别的。"他对他们说，但他仍然对已发现的材料感到恶心，以至于连饭也吃不下去。

这些电文对哈尼菲产生了同样的影响。"当战争和残杀尚在继续时，我心中的嫌恶无以言表。我仔细考虑过，为什么熟悉其潜在敌人最秘密图谋的美国政府最高领导人会不让驻扎在远方、可靠忠诚的指挥官们知道这些材料，他们凭着身临险境的武装部队中同胞的血肉之躯，孤立无援、奋不顾身地守卫着防御工事。这是一系列难以置信、荒诞不经、无与伦比的错误，还是在搞什么邪恶的计谋？"

第二天，马歇尔的代表给海军通讯处主任打电话，严词抗议拉文德涉足秘密档案。他说，有命令禁止进行这种查阅。那位主任说他未接到这种命令时，这位代表连忙解释说，他的意思只是指应该禁止这种调查的命令。

即使这些电文被单独存放并予以证实，其副本也未给拉文德，而是置于海军通讯局的监管之下。拉格别无选择，只能坐等调查法庭开庭。那时他希望得到截获的电文的要求将会成为一桩有案可查的事。

斯塔克将军也在为辩护做准备。他被解除海军作战部部长之职后，被差往英国任美国驻欧洲海军部队司令。"这种派遣似乎当初就已定好了，因为总统为了政治上的原因，希望让斯塔克离开华盛顿。"① 金将军在他的自传中这样写道。但是斯塔克坚信他的"明升暗降"与金本人有关。通常，性情十分平和的斯塔克并非记仇之人，但在这件事上，他不能原谅金，因为是他——斯塔克挑选金出任大西洋舰队司令的。虽然他在欧洲的新职务是个要职，但斯塔克还是觉得他有点耻辱地被匆匆赶出了这个国家。在向自己以前的助手哈罗德·克里克中校道别时，他已变得萎靡不振。克里克一家都是将军的密友，斯塔克把他们的孩子当成自己的孙子。"他受到了伤害，失望至极，精神崩溃。"克里克太太回忆说，她过去常常同他打高尔夫球。

在英国，斯塔克负责制订诺曼底入侵的后勤计划，此次战役的成功部分应归功于他。当得知海军调查的消息时，他很惊讶，当他同戴维·里奇蒙上尉到达华盛顿时还没有做任何辩护准备。里奇蒙是法学院毕业生，没什么实践经验，他将协助哈特将军，哈特主动要求做斯塔克的辩护人。军法署署长派

---

① 金在战后写道："我一直不明白，罗斯福怎么，抑或为什么撤了斯塔克将军的职，而不是马歇尔将军。在我看来，他们俩同样可疑。"

美国的耻辱

了几位律师来帮忙，但他们热情不是很高，斯塔克把他们打发走了。"我不怎么太高兴有律师，"他对哈特和里奇蒙说，"那样看上去似乎我有什么事情要隐瞒。我没有什么要隐瞒的。我可能对所有这一切都不记得了，但我没有任何事情要隐瞒。"

两个听证会都于 8 月 7 日上午开始，在相距几百码相连的陆海军司令部中进行，有人认为它像陆海军俱乐部的附属建筑物。陆军珍珠港委员会比他们的海军同僚们晚了一小时召集会议，第一位证人是乔治·卡特利特·马歇尔——这个国家最受尊敬、最令人钦佩的军事领袖。

马歇尔承认，有关 1941 年 11 月 27 日给肖特的那份有争议的"战争警报"的电文，他的记忆"很模糊"，因为那天他正在北卡罗来纳的演习现场，直到晚上才返回。对肖特说他只是在为阴谋破坏作准备的答复，他也记不清了。当弗兰克将军问对这位夏威夷人的回答是否满意时，他说："首先，正如我告诉你们的，我对这件事记得不太清楚了。我对此事第一次确切的反应会与心里的'回顾'相混淆。"

几分钟后，他的老对手拉塞尔将军开始向他施加压力。马歇尔非常熟悉美国有关对日本的外交政策吗？"是的，先生。"他认为那种政策更确切、更有力吗？"我认为，对此我无可奉告。首先，我不是很了解这个问题。其次，作为一名军官，我不愿就美国对外政策发表自己的看法。"又问了他几个问题后，他突然宣布："我得走了。我有点急事。"

令人难以置信的是，当一百多万盟军部队正试图横扫法国之时，这位参谋长却被传唤出他在五角大楼的办公室去作证。[①] 其他陆海军军官们发现他们在此关键时刻被牵扯进两起冗长的调查中，也是一件憾事。民主党人正在把浪费时间和精力的帽子扣在共和党人身上，然而，正是民主党政府导致了这种浪

---

① 五角大楼始建于 1941 年 8 月 11 日。1943 年 1 月 15 日竣工后，陆军的人员就立即搬了进去，海军的高层官员们七年之后才离开军需大楼迁入五角大楼。

费。如果罗斯福在 1941 年时呼吁人民以国家利益为重，等到赢得胜利时再进行所有判决的话，也就不必对珍珠港事件作任何浪费时间的调查了。但这届政府总觉得有必要确定是谁的过失，并且拿两位善良的人做替罪羊。这不光在老百姓中，而且也在陆海军里引起了义愤，进一步的调查是不可避免了。

四天之后，肖特出庭作证。他说他对马歇尔警告的答复很简单，即华盛顿一直要他的司令部保持警惕以防阴谋破坏活动。在那次历时很长的会上，肖特一再重申自己的观点，并无过分辩解。但是，他那充满失望和愤怒的感情是如此雄辩，以至于拉塞尔要不是有两位同僚，就会产生动摇了。

海军的调查越来越多地被指控感情用事。金梅尔表面上对斯塔克很冷淡，自从他认为贝蒂溜之大吉却未损毫毛，让他一人独受谴责以后，他就断绝了与斯塔克的私人联系。尽管受到了伤害，斯塔克还是在会影响他的老朋友的证词中小心谨慎，什么也不说。他依然钦佩金梅尔，并在他 1941 年 12 月 17 日完成的最后一份述职报告中写道："我一直认为，金梅尔将军在能力、诚实和品德方面是一位杰出的军官。我现在还是这么认为。"

在每次听证会上，拉格都要徒劳无益地请求把已证明的截获的电报用作证据。8 月 11 日，拉格变了一种新花样，他让金梅尔念了一份陈述：他被告知军法官已经收到代理海军部长的一封信，拒绝向法庭出示海军部档案中的某些材料。金梅尔提出，如果这种材料保密性高得不能向法庭出示，那么何不要求法庭成员独自查验一下呢？

金梅尔与拉格交换了一下意见。"我不想在这个问题上坚持这样做，"金梅尔说，"也不想进行任何无理取闹，但我认为我必须强调这个事实，即我一直要求的这份材料对于正确审查目前正在作证的证人斯塔克将军是非常必要的，我一直要求在法庭记录中肯定地载明，为了此时能出示这份证据，我已用尽了各种手段。"

默芬将军呼吁继续作证，但金梅尔打断了他。"我只提一个建议——代理部长的决定现在已成事实。已决定拒绝向法庭出示这份材料。"

"是拒绝你，先生。"军法官哈罗德·比塞梅尔中校打断了他。

金梅尔坚持他的措辞。"为了获得正确的裁决，在我看来，拒绝我和军法官几乎不比拒绝这个法庭重要；而且那是我在此问题上所做的每一份证词的责任。至于他们在这个问题上如何进行，我倒想恭听法庭的决定。"

比塞梅尔依然固执己见。"军法官凭着身为他们的法律顾问，愿向法庭建议：金梅尔将军的要求——要亲眼看看海军部档案中的这个证据，是不合常规的，是非法的，因为也不允许其他有兴趣的团体或军法官进行例行的询问，而且法庭将接受记录中未提来源的材料。"

"我承认特殊条件要有特殊程序。"金梅尔说。

默芬将军对此已十分明白，他命令法庭调查继续按斯塔克的证词进行。他对 12 月 6 日发生的任何事情都记不清了。"你能回忆起值完班后离开办公室是什么时候——下午或晚上的什么时间？"

"不，我记不得了。"

"你能回忆起星期六（12 月 6 日）晚上你在干什么吗？"

"不，不记得了。我记不清那天晚上我在干什么。我记得……我在家，但不确定。回忆不起来了。"

"你能回忆起在华盛顿时间晚上 9 点至 10 点之间，你在家里或其他什么地方收到过由一位军官信使送来的重要情报吗？"这是指发自东京的那个 14 部分情报，这份情报中有 13 部分于当晚送给了一批军官。

"不，我记不得了，那天晚上的这类事我一点儿印象也没有。"

阿道弗斯·安德鲁斯将军并不是一位富有同情心的听众。传闻安德鲁斯曾因未被提升而指责过斯塔克。

这台戏由下一位证人 R. E. 舒伊尔曼少将继续演下去。舒伊尔曼以前是斯塔克和国务院之间的联络官。当有人问他 1941 年 11 月 25 日是否被认为是日美之间谈判的截止日期时，他拒绝回答，理由是这将泄露不利于公众利益的情报。他声称他有拒绝透露国家机密的权利。

在法庭允许舒伊尔曼的声明之后，拉格又尝试了另一种方式。"你回忆一

金梅尔的主辩律师查尔斯·拉格

下你是否从海军情报局得到过这样的情报：当初确定的截止日期在后来某个时候又延长了？"

"这种问法同刚才一模一样，我同样拒绝回答。"舒伊尔曼说。法庭也说他不必回答这个问题，但拉格加强了攻势。要得到截获的日本电文的时候到了。"我认为金梅尔将军有权在这份记录上说明这样的事实：他从这证人中觅求情报，不止一次地涉及几项情报。对这位证人的询问对金梅尔将军来说正受到阻挠，因为，除了以我昨天下午询问斯塔克将军的方式，就几个不同的情报线索提几个问题外，我看不出有什么其他办法完成这次调查。"

法庭重申，基于安全方面的原因，不能再以这种方式提问了。

拉格以稍有差别的措辞问了同样的问题。舒伊尔曼再次声明他有拒绝透露国家机密的特权。法庭也再次告诉他没必要回答。拉格现在借机提到了"风"电报。"你回忆一下是否在，或大概在 11 月 26 日这天收到过海军情报局的情报，这份情报有确凿的证据证明日本人有向英美两国发动一场进攻的意图？"

舒伊尔曼再次提出抗议。他威胁说，如果再这样提问，他就离开法庭。默芬再次支持了他。

当拉格心平气和、不屈不挠地继续询问时，事情开始变得明朗起来：这位波士顿的律师正试图从法庭记录中捞到许多，以迫使拿出截获的电文。"你还记得在 12 月初，即 12 月 3 日或 4 日收到过海军情报局有关日本将向英美两国发动一场进攻的情报吗？"

这就直接提到了"风"电报，而这时军法官舒伊尔曼才意识到拉格正在干

美国的耻辱

什么。"我必须反对这个问题，"他说，"因为代理人正把他试图取得的那种明白无误的情报写进记录中，尽管他知道基于两个原因这是可以拒绝的：一是国家安全原因，二是它超出了直接审问的范围。"深为头痛的舒伊尔曼要求法庭休庭。年轻的里奇蒙不知道"魔术"之事，问哈特这般小题大做若何。"你最好待在那儿看看事情会怎么样。"哈特说完便离开了法庭。

几分钟后重新开庭，宣布军法官的反对不能成立，但舒伊尔曼不必回答最后一个问题。

拉格坚持按他的方式继续提问，因为这对他的委托人的利益来讲是十分必要的。"在 12 月 4 日或 5 日，"他问舒伊尔曼，"你记得收到过海军情报局的情报，说夏威夷的日本领事正向东京提供有关美国在珍珠港的战舰数目、在港口的位置方面的情报？"

军法官基于前述同样的理由再次予以拒绝。拒绝不能成立。舒伊尔曼再次申述了自己的特权。法庭再次告诉他不必回答。这似乎陷入了僵局，但拉格在提问中巧妙地获得了许多记录在案的情报。他一直坚持的提问方式也给了默芬、卡尔布富斯和安德鲁斯三位将军多次停下来进行思考的机会。

海军部仍拒绝拿出一直未提交给金梅尔的那 43 份至关重要的截获的电文，拉格建议这位将军给福莱斯特尔部长写封信，要求：由于这些情报反正无法拿出来作证，就应当着拉文德上校的面把这些情报封存好直至可以公布。金梅尔自己把这封信寄给了海军作战部的部长助理。

与此同时，调查仍在继续。金梅尔的参谋长威廉·派伊海军中将于 8 月 19 日作完证后，来到了金梅尔的临时办公室，在那儿有人交给他一份哈特调查时萨福德上校所做的证词。

平常十分稳重的派伊看着看着激动起来。"在这儿！在这儿！"他大声叫道。

"什么意思？"金梅尔问。

"哈，这就是你去年 4 月份告诉我的。我当时认为你发疯了。我相信这件东西一直使你深受苦恼以至于快要发疯了。"所有这些情报都被扣住不给夏威夷的司令官们，这对派伊来说真是难以置信，他无法相信这是事实。"有一个人，"金梅尔写道，"我成年后一直很了解的人，当我把发现的证据告诉他时，他断定说我发疯了。我一有机会就用无可争辩的证据使公众相信这些令人难以置信的事实。"他和拉格都认定，他们必须不惜一切代价把截获的电报弄出来。

此时有消息传到海军部说，美国潜艇"锯盖鱼"号在菲律宾群岛的巴拉望岛附近触雷，指挥官曼宁·金梅尔上校随艇沉没。金指示沃尔特·德莱尼少将——金梅尔的一位密友告知金梅尔将军。他到达金梅尔办公室时，将军正和哈尼菲讨论一份陈述词。德莱尼说他得到了一些坏消息。"是曼宁吗？"金梅尔问，德莱尼点头之后，他几乎面无表情，只说了一句："事情终于发生了。"但后来他对儿子内德说，"猪崽子"——他指的是罗斯福——"杀死了我儿子！"

他急匆匆赶到布朗克斯维尔去安慰妻子，但几天后又回到华盛顿在陆军委员会作证。

3

自从肖特作证以来，军需大楼那边几乎再没有添柴加薪。人们都在谈论他们不大清楚的有关 11 月 27 日"战争警报"之事，以及 7 日早晨未引起注意的雷达报告。但未见有什么新发现。

金梅尔 8 月 25 日露面时引起了一阵兴奋的骚动。他告诉陆军委员会，尽管有错误的报告，但他和肖特一直合作得多么好。在作证即将结束时，格鲁纳特将军问他还有什么话要说。一直陪伴金梅尔的哈尼菲上尉怀疑陆军委员会对截获的电报之事一无所知，是在瞎干。于是他和金梅尔准备了一份金梅尔此时读的这份证词。他说，掌握在陆海军部手中的那些事关重大的情报一直未提供给肖特和他本人。在华盛顿，他们获知日本人已决定 11 月 25 日为截止日期；一天之后，一份最后通牒送到了日本。当金梅尔读到有关其他秘密电报的部分时，他注意到法庭内连针落地的声音都听得清。"所有这些情报都没给肖特将军和我。"12月7日——发动进攻的准确时间也被获悉。"如果我们在进攻前至少两三个小时得到这个情报——这是相当容易办到的，我们本可做很多准备。"

格鲁纳特感谢了将军。他说，委员会曾得到某种暗示：这种情报确实有，但至今还未弄到手。拉塞尔对金梅尔以前的证词不屑一顾，但这份证词却引起他的高度重视。他一手托腮，然后抬头问，将军会给委员会提供这份情报的来源吗？

"我将遵从强加于我的限制，尽可能予以合作。"金梅尔在想："他们都知道去哪里弄到这份情报……都是他妈的混蛋。"

由于他最后一封给福莱斯特尔的信一直没有回音，金梅尔便询问什么时候能收到回信。他被告知他的信已被误投。将军会很友好地再呈上一封信吗？他又写了一封信，重复了他希望得到那43份电报的要求，像第一封信一样，是以私人名义发给金的助手理查德·爱德华中将的。"迪基，"这次他说，"它不会对你这个该死的家伙有半点好处，你可以告诉部长办公室的那帮家伙，丢了我的信不会有任何好处，因为从今天起我要每天从这里发一封信，直至得到回信。"他的声音传得很远，金梅尔相信50码内所有人的都听到了。很快一名小职员跑来了。"将军，这是你的信。"真是个不同寻常的巧合，第一封信恰好找着了。

一天后，金梅尔被告知，那43份电报将按要求当着拉文德上校的面予以封存。由于这样做既不能满足金梅尔的要求，也无法如拉格的意，后者建议演一场戏。8月27日举行的海军调查会结束后，金梅尔和拉文德步入走廊，两人开始讲话。金梅尔用足以使房间内所有人都听到的大嗓门说，既然那些情报显然不可能拿出来，那么他将不得不举行一次记者招待会，使人们知道对本案十分必要的重要信息正被压住。

这个诈术成功了。第二天上午，军法官宣布，他有些文件，很想把它们拿来作证。拉文德永远不会忘记当那些截获的电报被列入法庭记录时默芬、卡尔布富斯和安德鲁斯三位将军的反应。"嘿,我从来未见过三位军官——三位能干的将军听到别人朗读那些文件时脸色一下子变苍白了……默芬将军把他的铅笔重重地扔到桌上,铅笔弹起差不多有十英尺高。卡尔布富斯将军一个劲儿地发抖,而安德鲁斯上将——我从未见过有人看上去那么可怕。从那以后,我们得到了所要的材料。"哈尼菲记得,默芬——一位瘦长的老头说:"耶稣基督,我们要休会了!"说完扔掉手中的铅笔。"他不能相信这个事实。"

金梅尔从未向肖特提起过截获的电报之事,因为他怀疑他的代理人托马斯·格林准将是马歇尔的人。但将军一离开法庭,便给格林挂了电话,他只是想知道肖特在得克萨斯。"该死的他为何不出来维护自己的利益?给他拍个电报,告诉他我找他有事。"

肖特一回到华盛顿,金梅尔就把截获的电报的事告诉了他。"肖特,"他然后说道,"马歇尔是你的敌人,你难道还没有发现?他正竭尽所能欺骗你,并且从一开始就做得井井有条。我从所见所闻中知道的就是如此。如果你还和他黏糊,你就会陷入非常艰难的困境中。我可以把这告诉你。"

29日,在海军大楼上演的戏到了决定性时刻。劳伦斯·萨福德上校戴着一副角质边眼镜,当他就座证人席四下观望时,看上去颇似教授,一点儿也不令人生厌。出完庭,赶在哈特调查前,萨福德赶忙查找有关截获的电报的档案,竟然找不到14部分电报在何处。他问密码处值班的保管军官,截获的有关珍珠港的电报存放在哪里。回答是,克雷默翻阅了档案袋,要求把它们放在保险箱里。萨福德立即清查克雷默存放的档案,除了"风"指令外都找到了。为方便起见,萨福德复印了几份,然后把原件放回到恰当的档案中。

萨福德把有关"风"指令之事详详细细地告诉了海军委员会。他极度紧张,高声讲话时,眼珠不停地转来转去。"我认为那是一种成癖的敏感忧惧。"哈尼菲回忆说,他猜测这种机警源于多年与密码打交道之故。

第二天有人问,斯塔克为什么在12月7日上午不给金梅尔打电话,当时一位下属曾提过此建议。"打电话对我来说纯粹是事后诸葛亮,我错在没有做更大的努力让他们提高警惕。"这是一次不同寻常的承认，然后他对此做了特别说明。"……我后悔当时没有拿起电话，而不管是否保密，在事情明了后通知他们。"这种后悔就是珍珠港事件后的全部东西吗？"是的，这都是事后诸葛亮，这种后悔是在寻找我本可以做而没做的良心。"

然而，当一分钟后有人问他，让金梅尔详细了解与日本有关的事情的进展情况是否合适时，他的立场软了下来。"我未曾考虑过。总的来说，我给他提供的一直是我认为对他有用的情况。"

然后斯塔克承认，他对于那份在海军情报局和通讯局引起轩然大波的"风"电文原件一无所知；他甚至无法回忆起 11 月 26 日赫尔送给日本人的那份重要照会。

这次听证会后，斯塔克向哈特透露：他真希望他是刚刚涉足，真希望已经表达了自己的想法。"或许我已经累了，"他补充说，"抑或这部分麻烦正是我对金梅尔的一片深情和忠诚，正是我要求分担他的责任，并尽可能保护他的真正愿望；并且我竭力做到百分之百的诚实，这样我有时把事情弄得多少有点糟了。"

三天后，乔治·马歇尔沿着走廊从军需大楼来到海军法庭。他走进法庭时，出现一阵低沉的骚动。例如，戴维·里奇蒙就十分敏感。"我不知道马歇尔将如何接受一名上尉的盘问。"他对哈特说。

"嘿，我这儿有四颗星。开始进行吧，你想问什么就问他什么。如果有什么麻烦，我会支持你的。但你要继续下去。"哈特与军法官进行初次交锋后，已不再想盘问了，便指示里奇蒙接着干。

拉格意识到对付马歇尔必须十分小心谨慎，因为这不是在民事法庭上。如果他当着一群军官的面过于咄咄逼人地向一位被陆军最高军衔的光环所笼罩的人施压，他将铤而走险，会危及金梅尔一案。同时为了挖掘出事实真相，他不得不一针见血，毫无遗漏。

他耐着性子不断询问马歇尔有关 12 月 6 日和 7 日发生的一系列事情，但马歇尔只是说他想不起来 6 日晚上他在什么地方，且对 7 日的事情也很模糊。

对于拉格提出的有关 11 月 26 日赫尔的照会和 11 月 27 日给夏威夷的警报这两个尖锐问题，这位参谋长三次都想不起来了。一次用"不，我不知道此事"回答，三次用了"我回忆不起来了"，五次用"我想不起来这件事"来作答。

一位多么冷静而精明的证人！哈尼菲想。在这冗长的问答中没有显示一点憎恶之意。马歇尔和拉格显然是在辩论，而且没有明显的胜利者。但如此老练地回避这些问题，却并未使他的信用增强多少。

4

陆军委员会自 8 月 29 日以来，在旧金山的普鲁西迪奥一直对涉嫌与一名有嫌疑的德国间谍汉斯·威廉·罗尔有联系的小西奥多·怀曼上校进行取证。怀曼在 1940—1941 年任檀香山的区域工程师，负责包括飞机库、跑道和航空警报系统的建造等许多活动。他的证词相互矛盾、毫无定论且枯燥乏味。陆军委员会于 9 月 5 日推迟了这种乏味的审问，计划把工作转向瓦胡岛的谢夫特堡事件上。

海军调查法庭也计划马歇尔作证结束后去夏威夷。拉格将留在华盛顿，而拉文德和哈尼菲将陪伴金梅尔将军。在飞机飞往夏威夷的途中，机内人员之间洋溢着友善。在大多数成员入睡后，哈尼菲与安德鲁斯将军长聊起来。安德鲁斯最后问，上尉对罗斯福的无条件投降原则如何看。"将军，如果要老实地回答您，我认为这是一个悲剧性的错误。"令他大吃一惊的是，安德鲁斯说，"我太赞同你了。我认为这是一项灾难性的政策"。不言而喻，这是一位有独立见解的人，哈尼菲想。这对金梅尔案来说是一个吉兆。

第二天，海军调查人员在珍珠港的海军船坞开始工作。拉格已指示哈尼菲，在克雷默被法庭、军法官或斯塔克的代理人弄糊涂或胁迫之前见一下他。拉格想弄到新的证据，而且因为证人没有任何所有权，哈尼菲有权不拘礼节地盘问他。早晨，按日程安排，由克雷默询问哈尼菲，拉文德在走廊内等候。

金梅尔挑选的辩护律师罗伯特·拉文德（左二）

上校走下电梯时，两位律师作了自我介绍。"我们不知道在这次调查中还有没有别人盘问您，"哈尼菲说，"我们有一些问题问您。"

克雷默很乐意交谈。

"你是否曾见到，或是否还记得一个代号'风'的密码？"

"见过。"他毫不犹豫地肯定说。

"在这个密码指令中你记得最清楚的话是什么？"

他未加停顿地说："东风，有雨。"哈尼菲和拉文德坚信克雷默讲的是真话。他刚从战区回来，无人提示或吓唬过他，且他说话毫无拘束。

几分钟后，克雷默在证人席上作证时讲了他是如何在 12 月 3 日或 4 日看到了那份"风"指令的。他把它交给了上司，"从此之后由萨福德上校负责。我相信萨福德上校当时直接去了诺伊斯将军的办公室"。

他能回忆起日语的单词来吗？"Higashi no kaze ame，我十分有把握。翻译过来就是'东风，有雨'。那是简单的日语。但是，那句话的意思是指关系紧张或中断关系，甚至也可能暗示与东部的一个国家即美国交战。"拉文德和哈尼菲十分高兴。他在这儿的证词同在走廊上说的一样直截了当。

克雷默确信这份电文打在了电动打字纸上，这表明它来自一个美国的监听站。他补充说，他是从值班军官那里得到"风"指令的，这位军官从电动打字机上接到了这份电文。

难道克雷默就是那位去过通讯官那儿并说过"在这儿"的那个人？

这一次克雷默把他过去的军衔告诉了萨福德。"我认为我陪着值班军官到萨福德中校的办公室去时是那么说的……我一获悉他已知情便离开了萨福德中校的办公室，而且我相信他立即去了诺伊斯将军的办公室。我知道诺伊斯将军对这份特殊而直白的密码（"风"指令）兴趣甚浓，因为他以前指示过我揭开这种纸牌游戏，以便他能够把它交给某些高级军官和部长（诺克斯），所有人都认为应不分昼夜地马上把这些字告知那些人。"

"当收到那份'风'电报原件时，据你所知，它是否送给了海军作战部？"

"我确信送去了，先生。"这就是斯塔克声称一无所知的那份情报。克雷默解释说，那是"一封我们已寻找多日的电报，一封我们多日来做出了许多专门规定希望把它弄到手的情报"。

到 9 月 13 日，海军委员会也完成了在夏威夷的工作，起程回旧金山。两天后，他们为了询问"暴君"特纳将军而在联邦大厦碰面。首先，将军声明他对有关"风"指令一事一无所知，但后来他又纠正了自己的说法。"诺伊斯将军给我打过电话。到底是哪天或哪天的什么时候，这我记不清了。我认为是 12 月 6 日。他说了类似这样的话：'风'电报来了，或者类似那样的话。"有人告诉过斯塔克这封电报的事吗？"反正我没有告诉他。我想是诺伊斯将军告知他的。"

特纳难道没想到，这份电报如此重要，应该立即采取行动将其转达给金梅尔？"没想过，我推测他知道了此事。"

而后，一份令人大为惊讶的情报送了上来。拉文德问，特纳是否知道金梅尔当时并未收到截获的那份日本外交电报。"我从未收到这样的电报。"他一直认为金梅尔当时看了所有截获的电报。

还有更多的电报要拿来。特纳重申，他曾认为日本对夏威夷发动一次空袭是可能的。所以空袭发生后他"一点儿也不"感到惊奇。"我知道我们的航空母舰在港外，我想凭着给出的警报，我们将会赶在他们返回之前用我们的陆基飞机和航空母舰给他们痛快一击。"

很显然，特纳的嘴已把不住门儿了。熟知他的人不知道他是否又喝醉了。

军法官被特纳的话弄糊涂了，因为自11月27日以来，金梅尔一直未接到任何警报。"哼，将军，如果您硬这么认为，"他问道，"您是否与海军作战部部长讨论过这种可能性？"

特纳并未回答这个直截了当的问题，而是踱来踱去。首先，他承认海军部知道金梅尔没有足够的巡逻飞机，而后又承认日本人对珍珠港的进攻本来就不可避免。"我认为这种毁灭性的影响本可以减轻许多，但我相信没有办法阻止攻击的来临，除非运气好。"

三位将军一定被这位前海军作战计划局头头的此番话弄得目瞪口呆。特纳不仅认为对珍珠港的空袭可能性极大，而且承认金梅尔既无足够飞机进行正常的搜索，亦无足以避免空袭的武力。拉文德和哈尼菲发现盘问特纳实无必要。他的证词不会对他们的代理人有什么好处。

第二天上午，诺伊斯将军在联邦大厦被约见。他混淆事实，否认曾收到过"风"指令，而且对任何人都未曾谈及过这件事；之后他又指责说，特纳将军一定知道金梅尔当时没有得到截获的电报。"我记得特纳将军问过我们是用什么装置截获电报的，而且有人向他做过全面解释。"这次听证会在下午12点30分结束，把以后的计划留到华盛顿去做。

5

9月19日，史汀生为在陆军委员会作证做准备，其作证的时间可能是下星期一。"快中午时马歇尔将军来了，他和碰巧在场的麦克洛伊与我一同谈论了同一个问题，马歇尔把他在陆军委员会和海军委员会作证的进展情况告诉了我，我也把我挖掘到的有关我自己的证词的事告诉了他。"下午，他出席了一个有美英科学家参加的会议。"会议持续了三个小时，相当冗长、紧张。我们用一部分时间请格罗夫斯将军讲了讲情况。"同格罗夫斯——这位曼哈顿工程的监督人谈的显然是关于原子弹的事。

25 日是星期一，海军调查法庭在它开始的地方——宪法大街结束了调查，但陆军委员会并没有完事。第二天，史汀生在五角大楼被询问。"粗略地说，在与大陪审团的关系上，我好像处于区检察官的位置上，"他对他们说，"并且，由于我的身份变成一名证人，我不得不十分谨慎地'注意我的步伐'，即对任何人都不采取支持或存有偏见的立场——这些人后来可能继续反对或关注你的报告中所赞许的行动。"

格鲁纳特海军上将说，委员会完全理解他的立场，又加了一句："委员会不是胆小鬼！"

拉塞尔将军咄咄逼人地盘问有关给肖特的那份警报的情况，表明他认为这件事仍不明白。然后他又问史汀生在警报送出去之后是否设想过从日本航空母舰上发起的空袭。

"嗯，我想过它是几种可能的袭击之一……"

"那么你对 12 月 7 日的空袭就不感到吃惊了？"拉塞尔追着问。

"哦，从某种意义上说，我对于即将发生的任何攻击都不感到惊讶；但我当时更加小心地注视着事态的发展，因为我对正在西南太平洋进行的那场攻击的情况知道得多。"

史汀生对三位将军给他的这种待遇是不会感到高兴的，但那天晚些时候他给罗斯福写了一封表示慰问的信。"我很抱歉地获悉……你一直为与陆军委员会在其报告中发现的情况有关的传言感到忧虑。"那天早晨，他在委员会花了两个半小时，"且我认为他们对于这些推测中的一些问题是满意的。虽然永远不会说出，但我在听证会结束时感到他们对我对一系列事件的叙述很满意。我拥有一种据我所知其他任何证人都不具有的优势：我一直把我参加的会议逐

　　　　　　　　　　　　　　　　　　美国的耻辱

日记载，并在那段关键的日子里进行了整理，以便于使我的证词都有记录可查，这样就可以避免记忆错误造成的危险。对我个人来说，很难想象有比这份已入档的记录更能表明密切合作的情况及急于要求警告我们的前哨站攻击就要开始的了。凭我的记忆，你那段时期工作非常辛苦，如果你现在为无知或恶毒的谣言所伤害，我会十分痛苦的。"

陆军委员会于星期五（9 月 29 日）回到了军需大楼。那天上午 10 点半，马歇尔重新回来作证承认，12 月 7 日他并未考虑要给肖特打电话，而且假如他曾考虑过，他肯定先打电话给麦克阿瑟，然后再通知巴拿马运河。此外，根据他自己的经验，打一次电话是要花很长时间的。"做别的事就会很匆忙。"而且要是正在外面等着作证的肖特在场的话，他会发现插一句这份"急"电直至攻击发生后数小时才到达是不怎么费劲的。

下午，肖特露面了，显然他已把金梅尔的警告记在心里，因为他现在不把马歇尔看作朋友和保护者而是看作敌人。他在陆军委员会面前把金梅尔证词的最后一部分全搂落了出来。"他写了一份证词，我倒很想念给委员会听，然后对此评论一番。"

肖特的代理人念着金梅尔的证词。这份证词透露，有相当多的有关战争已迫近的情报既没有转给金梅尔也没有给肖特。

"我认为金梅尔本来是不会准备那份证词的，"肖特说，"除非他掌握了确凿的材料。我一直无从使用那份材料，而且从念金梅尔的证词中看出，似乎还没有人向委员会提供过那份材料。"那天，他给陆军部长写了一封信，要求查寻一下陆军部的档案；如果在那儿找不到，就应要求海军部提供。

"将军，"弗兰克说，"你正在让委员会为你工作吧？"

"我希望我正在使委员会处于这样的位置，在这个地位上，我想，他们应该考虑周全，这不该是一次片面的调查；但这是我的观点中一些十分重要的内容。"

弗兰克展开了攻势。"你在这个委员会的记录中是否发现有什么东西已经表明，该委员会未曾试图引导一场不公平的调查？"

"没有，我没发现；在该委员会的记录中什么也没发现——现在，他们可能已经做了；委员会也许有获得金梅尔将军所记得的所有事情的办法，但我认为，如果他没有可以支持它的材料，他是肯定不会做这样的证词的。"他是那样的悲伤，话都变了调。如果委员会有这样的情报而不记录在案的话，那么他希望给史汀生的信能使这份情报为他所用。"我不知道委员会掌握着什么未记录在案的材料。他们可能已得到了我正在要求的所有东西。"他愤愤地转向弗兰克。"你的证词说我正试图让委员会为我工作，这种说法不公平。我确实希望他们在委员会面前得到所有的东西，这对全面了解本案是十分必要的。"

"那正是我们在努力做的事。"弗兰克说。

委员会的反应是，在下周一前要么以个人名义、要么以一份签名的声明给马歇尔送一份需要回答的问题单。1941 年 12 月 6 日在陆军和海军部里是否有这样的情报："攻击的命令即刻就会下达"？假如这位参谋长在 11 月 27 日至 12 月 7 日之间获悉了这一情报，那么实际上在夏威夷给陆军武装部队的警报是否只会给阴谋破坏活动提供安全保障呢？为什么在 12 月 7 日没有用电话警告肖特？从 1941 年 10 月 21 日一直到 11 月 27 日这段时间给肖特送去过什么警报？还有其他许多问题，但没有一个是直接询问截获的日本电报是否应该拿出来并让委员会做记录的。

6

星期六，9 月的最后一天，鲁弗斯·"多哥"·布拉顿上校被传唤到委员会。严肃、有能力且细心——如果不是卓越的话——勤奋的布拉顿 1941 年担任陆军情报局远东情报科科长时是非常能干的。他负责日本事务，对所有的日本东西都有兴趣，他的这种兴趣源自他在日本度过的三个很长的学期。作为一名学者和士兵，他潜心钻研过日本人的历史和习俗，而且日语说和写都很好。他和奥蒂斯·萨德勒上校——一位安全局的高级情报官，因为 1941 年秋从东京发给日本领事的那份"轰炸计划"情报也卷入了一场小麻烦。与卷入二楼抗命事件的海军同僚一样，他们也觉得这份重要电报应该转给太平洋地区的司令官们。在海军未被允许把警报发送出去后，这两位西点的上校想法通过一条特殊渠道把他们的警报转给了麦克阿瑟的主任情报官斯潘塞·艾金。这份情报使麦克阿瑟的情报官查尔斯·威洛比将军提高了警惕。他后来写道："……这不再是一起外交上的好奇事件；坐标方格是精确标明目标位置的标准方法；我们的战舰突然变成了'目标'。"斯潘塞·艾金从一开始就坐卧不宁。"我们得出了自己的结论，并且菲律宾——美国部队在日军登陆之前占领滩头阵地。"这就是不给金梅尔和肖特的那份情报。

萨德勒和布拉顿在这件事情上的卷入及随后发生的一系列事件使他们众叛亲离。蓄着浓密络腮胡的布拉顿在 1942 年初就把他的关注告诉了伊凡·D. 耶顿上校，耶顿这位远东问题专家刚刚被分派到陆军总参谋部。耶顿在他未出版的回忆录中写道，布拉顿认为，"他曾给了情报官（迈尔斯将军）和参谋长以足够的警告，他们本可以在办公室而不是在家里美美地睡上一觉。他很清楚，这份证词会被马歇尔认为不忠，并且可能意味着所有提升的机遇全没了"。

布拉顿在作证

1943 年下半年，白宫命令陆军情报局研究日本从 1935 年到珍珠港事件这段期间的战争准备情况。布拉顿的记录中这么说。"这份命令送给参谋长的那天上午，"耶顿回忆说，"我发现布拉顿坐在桌子边，一手托腮，低头看着那份远东报告手稿。越过他的肩膀我可以看见旁注及画线标明的单词和短语。'是谁催交这份报告的？'我问。'老头子本人。'他回答说。马歇尔在编辑过程中删除了所有对他最不利的内容，留下的太笼统，很难把直接关注日本意图的原因解释清楚。我督请布拉顿，为了保护自己，他必须立即把全部材料影印一份，并且把这个证据存在安全地方。"他这样做了。

布拉顿——一位老于世故者，神采奕奕，谈起话来像一位大学教授。他那张脸使同僚回想起一位"友好的硬汉子"。他已被马歇尔的特别调查员卡特·克拉克上校盘问过，那个星期六当他面对陆军委员会时一定很恐惧。他讲了他是如何于12月7日上午8点半至9点之间收到那两份截获的日本电报译件的。这些译件很快一目了然，当时因其如此重要，他给马歇尔的官邸打过电话，只想告知他现在正骑虎难下。"我要求他的传令兵立即出去找他，并且尽早给我打电话，因为我有一份重要的电报要送给他。"最后他在10点到11点之间的某个时候接到了马歇尔的电话。"他说要去办公室向他汇报，因为他正在去那儿的路上。大约11点25分，他一到，我便在他的办公室里向他做了汇报。"

整个周末，陆军部都在讨论如何处理肖特将军要求把秘密材料向委员会和他自己的代理人公开这个问题。一位参谋告诫马歇尔，如果这个要求因国家安全的缘故被拒绝，"政治家们就可能会对我们的动机产生怀疑，这会使总统难堪的"。这句忠告可能对马歇尔产生了作用，他建议史汀生给肖特发封信，允许他的代理人"当着委员会一位成员的面"审查记录。史汀生于星期一便照办了，那天马歇尔将第三次在委员会出庭作证。

在他前面的证人是萨福德上校。萨福德讲了金梅尔是如何设法获准查找档案，从中寻找大约60份截获的日本电报的——他是指拉文德找到的那43份电报——还讲了这些文件是如何经过许多努力后才在海军调查时被拿出来作证的。

"那时候是谁代表官方监管这60份电报呢？"弗兰克问。是海军调查法庭的记录员，萨福德答道。"如果这两个委员会都要求得到这 60 份电报的复印件，那么这个要求应向谁提出？"向海军部长。然后有人又问萨福德"风"指令是否在这些电报中。"它仍然下落不明。"他讲了他是怎么发现档案中缺少这份电报的。他还讲了克雷默是如何告诉他有关 12 月 6 日至 7 日那份日本 14 部分电报的传递情况。

"你刚才把他的话引以为据，那么他是什么时候说这番话的？"拉塞尔问。

劳伦斯·萨福德

"珍珠港事件一发生，克雷默便于 12 月 8 日或 9 日作了供述，当时我同他进行过详细讨论。我要求得到那份供词。我同相关的每一位都谈过，以弄清我的人是否在任何方面都疏忽大意，也想搞清楚这件事是否在任何方面都是我们的错。我做过非常认真的调查。"拉塞尔相信萨福德的证词，也相信他的说法："风"指令被人故意毁掉了。"我个人认为这份电报因某种原因被人毁掉了，"拉塞尔后来写道，"马歇尔和斯塔克都不想让它公之于众。马歇尔了解这件事。"

下午，马歇尔带着委员会给他的问题的答案回来了。他讲了讲有关使用绝密情报的特别保密规定，那就是为什么他们在 1941 年在给肖特和金梅尔送电报的问题上不得不特别小心的缘故。

然后弗兰克将军问，12 月 6 日那份前 13 部分情报为何没在当天晚上送交马歇尔。

拉塞尔对今天马歇尔态度的转变感到很高兴。"他不再是喋喋不休的推销员，现在是一位有点生气的行政官员，他的回答因为只使用了尽可能少的词而显得十分轻率和直截了当。显然我批评马歇尔将军对委员会的态度一事已传到了他的耳朵里。"

拉塞尔接着询问。他说，委员会已获悉，进攻一发生就有一个情报官调查珍珠港事件。当时所发现的许多情况似乎没有转给陆军委员会，而且直到上一周委员会才知道这事。当然，他是指那批截获的电报。

马歇尔的密友格鲁纳特现在也参加了进来。他说，情报官证人完全有机会把该材料提供给委员会，但都未这样做。"现在，很显然他们要么忘记了，或回忆不起来了，要么他们不把我们后来得到的材料告诉我们。"

马歇尔闪烁其词。"哦，我不知道。"他既没见过也没同情报官迈尔斯将军谈过。

格鲁纳特讲了讲陆军委员会是如何设法从海军委员会那里刺探情报的。"当然，也很自然，委员会认为如果他们从海军委员会中提出已被人提取的情报，除了知道正被提出的情报外我们还能知道什么呢？"

"还有那份相当重要的情报。"弗兰克补充说。

"嗯，我不知道。"马歇尔说。

"我不能想象那是故意的。"格鲁纳特说。

"我唯一能想到的与它有关的事情，"马歇尔说，"就是与这份绝密情报有联系的每个人在说起这件事时都十分小心谨慎。"

"那正是我要归咎的。"格鲁纳特说。

"而且很自然他觉得对此事无论说什么都不自由，除非他被特别授权。"马歇尔说。然后这次听证会就以一句"我想到的事情全讲完了"而草草结束。

布拉顿接着马歇尔作证。有人就12月5日发给夏威夷的一份电报之事询问布拉顿，他承认，正是那天上午他看到过那份电报但未能得到它。

"它就在那边的档案里，但他们不让你拿到，对吧？"

"是的，他们是不会让我把它拿到这儿来的，如果你是这意思的话，先生。"

"那好，你知道是谁发布命令不让把那些电报给我们的，上校？"

"不知道，先生。我的意思是，我不知道最上边的权力机关。"

避开那个问题后，布拉顿承认，他于12月6日晚上收到了那份长电报的前13部分的内容，并给马歇尔的办公室和国务院的值班官员各送了一份。他记得他把那份情报转至国务院的时间——大约在10点30分；但是他对何时把情报放到马歇尔办公桌上却一点儿也想不起来了。

布拉顿显然压力很大，在进一步询问了该电报的发送情况后，他最后说："先生，我正在努力回忆我是如何处理那几份送给迈尔斯将军、马歇尔将军和杰罗将军的情报副本的。我此刻无法核实或证明这件事，但我的回忆是，那三位军官6日晚上得到了给他们的情报。"

"你说的'三位军官'指的是谁？"

"马歇尔将军、迈尔斯将军和杰罗将军，"他胆怯地说，好像是一位证人回忆完后要被雷电劈死似的。突然，他似乎想起了所有的东西，"通常我去国务院之前总是先把副本送给他们。"这些会在晚上10点30分以前做完。

他是否在那天晚上亲自把一份副本送给了马歇尔？

"没有。我很少'亲自'送给他。我把文件封在一个袋子里交给了他的秘书。"

"参谋长的秘书叫什么名字？"

如果多哥·布拉顿以前一直为前途担心的话，那么在那天他一定脸色苍白。"史密斯上校，比德尔·史密斯，现在是中将。"他说。是的，他就是12月6日晚上收到给马歇尔的那份副本的秘书。

7

第二天，委员会的三位成员为了公开那份秘密材料增加了压力。拉塞尔只看出一个不拿出材料的理由："马歇尔及其总参谋部的亲密助手们不想让陆军珍珠港委员会知道他们据有这么多重要情报，这些情报没有一份送给了夏威夷群岛上的肖特。"

那天格鲁纳特为此做了一些十分明确的事。"我是否可以不经某些高层同意而请求陆军部所属部门出示档案并提供知道此事的人员？"他问马歇尔的代理人。回答是"可以"。格鲁纳特立即回了一封绝密信，说明委员会已证实陆军部存有这些截获电报的档案。"有人要求，所提之档案应让委员会审查……"如果不允许这么做，格鲁纳特请求"把那一决定以书面形式告知委员会"。

第二天，格鲁纳特的要求被批准了。陆军委员会终于得到了"魔术"。在10月6日最后一次询问证人时，这个"魔术"被及时记录下来，并成为O. K. 萨德勒证词的特色。和布拉顿一样，萨德勒的军衔仍和1941年时一样。①

萨德勒告诉陆军委员会，诺伊斯将军于12月5日早晨给他打过电话，告诉他："萨德勒，电报到了！"这就是"风"指令，诺伊斯不敢肯定该指令所指的敌人是谁。他认为，电报指的是日本将要同英国开战。"我要他把那句日本话说出来，他却不懂，但请我告诉一下情报官。"

萨德勒把所有这一切都向迈尔斯将军做了汇报，"然后我去看杰罗将军，他是作战计划局局长。我按照诺伊斯所说的大意告诉了他。他认为我们不应该把这份电报送到夏威夷去。我不是单指夏威夷，而是指巴拿马、菲律宾群岛和夏威夷。他说，'我认为他们已经得到许多通知。'这件事就这样搁下了。然后我又去了总参谋部，跟〔比德尔〕·史密斯上校谈了同一件事情。他问我干了些什么，我告诉他我已经同作战计划局和情报官谈过了；他不想进一步讨论这件事。"

拉塞尔问，为什么萨德勒如此关心，竟至来回跑了"两英里"同杰罗和史密斯讨论这件事？"我肯定战争即将来临，而且会来得很快。"前一天，即12月4日，在"防御通讯委员会"举行的一次会议上，财政部长助理问他对战争

---

① "我们对他们究竟为什么一直是校官一无所知，"拉塞尔说，"但我们确实还记得，在我们的一次非正式谈话中，有些军官说这种例子很显然。如果一名军官想受到终身迫害的话，他只需好好猜一猜珍珠港事件就足矣了。"

　　　　　　　　　　　　　　　　美国的耻辱

迫近如何看，"我说，我认为他们将在48小时内开战。转向雷德曼上校——他代表诺伊斯出席会议，问他看法如何，他说同意萨德勒上校的说法。"

陆军珍珠港委员会的听证会就这样结束了，现在的任务是写报告。海军委员会的听证会还在进行，而且已将其报告于10月19日呈交给了海军部长。这份报告与罗伯茨调查委员会的调查结果完全相反。金梅尔并未从华盛顿收到所有可用的情报，他不能为他无法预知的事情而受遣责。然而，斯塔克将军"没有展现大家期望他做出的判断：他没有把其掌握的有关日本形势的重要情报转给金梅尔将军"。

第二天，陆军珍珠港委员会的报告出来了。令拉塞尔十分高兴的是，两位同僚一直支持他的结论。即使这种调查有可能"削弱人民中的许多人目前仍对军队所抱有的信任"，他们也没有从真理退却，对此他感到十分满足。拉塞尔本人对于马歇尔可能怎么想并不在意。"他对我无计可施，或者不会帮我任何忙——而这一点也不影响我。"

尽管陆军的报告声称肖特为实施防卫计划做过"认真而真诚"的努力，但仍有人批评他仅仅采取了防范破坏活动的警戒措施。他也被指控未能与金梅尔达成共识以实施陆海军联合防御计划。但这些指控与法庭对马歇尔的指控相比，仅仅只是轻微的责备。法庭指控马歇尔将军：

（1）没有把有关国际局势和可能爆发战争的情况全部通告肖特。

（2）未能对肖特的电报予以说明：他只是为防止破坏做了点准备而没有采取任何实际行动。

（3）未能在12月6日晚和12月7日晨警告肖特：与日本的谈判几近破裂。

（4）虽然战争威胁日益迫近，却未能在11月27日后调查并决定肖特司令部的准备状况。

但是最尖刻的批评是在一份补充绝密报告中。马歇尔和陆军部因为在战争迫近之时把其掌握的大量情报只给了夏威夷那么一点点而受到非难。"由海军部或陆军部送给夏威夷的情报实际上不过是这些情报中的一小部分。除了1941年11月27日送来的那份关于'注意事项'的电报外，以这种情报为依据的夏威夷却未曾得到任何指示。为了使夏威夷的司令官们明确方向，把充足的情报安全送来本是可以办得到的……"

许多至关重要的情报分送给了陆军部、海军部和国务院，"却没有送往战场，尽管陆军委员会的报告对个别电报总的说法可能有例外"。只有华盛顿的高层获得了这种情报。

这份报告又用几页讲了有关"风"指令及对14部分情报草率处理的情况，结尾部分罗列了马歇尔的渎职过失：

在12月4日和6日之间没人怀疑战争会在下周六和星期天，即12月6日和7日发生。

直到1941年12月7日晨，除了最后那份命令日本大使馆于12月7日1点钟——炸弹落在珍珠港的正点时间，把那份长电报的第14部分连同前13部分的内容提交上去的电报外，日本人打算要做的一切事情对美国来讲都已大白天下。

那年10月20日，五角大楼充满着愤怒、愤慨和震惊。这种情绪甚至在白宫也感觉得到。由于罗伯茨调查委员会的报告被陆军和海军的调查戏剧性地改了过来，故新的调查结果将不得不封起来直至其可以被驳倒为止。而且两个多星期后全国要投票选举总统。

那天晚上，詹姆斯·福莱斯特尔确实公开透露过，海军调查法庭的报告已经提交给了他。他告诉新闻界，目前至少暂时还得置于机密状态。为了建立一套安全保密系统，他已要求金将军查清这种材料有多少已经给目前的军事行动造成了很大影响。

拉格给福莱斯特尔发了这样一份电报：

我请求立即公开海军调查法庭的调查结果，因为它关乎金梅尔有罪还是无辜。近三年来，他一直因珍珠港劫难而忍受着公众的责难。他一直要求军法审判但屡遭拒绝。对他的做法是不合美国人习惯的。您给默芬将军的信已于10月20日向新闻界公开，在这封信中您暗示，现在已过了三年，海军法庭发现的事实可以作为"机密"或"绝密"扣住不放，因为公开它们将会妨碍战争努力。公开证实金梅尔无辜还是有罪的法庭调查结果肯定不会影响到战争。过去的不公现在无法补救，绝对的公正和常理要求立即公开有关金梅尔无辜还是有罪的法庭调查结果。

但是，在全知的华盛顿的圈子里无可置疑的是，海军会发现所有材料都是绝密的，对珍珠港事件的掩盖将继续下去。

第八章

"你不必为金梅尔将军火中取栗"

1944 年 6 月—1945 年 9 月

1

　　在陆军和海军调查开始前一个月，一个与珍珠港略有联系的事件看起来好像将危及罗斯福赢得第四次总统选举的努力。这是一宗奇怪的秘密案件，在美国的经历中史无前例。一个驻伦敦使馆的年轻美国密码官员 1940 年 5 月 20日被英国警察抓获；在大使约瑟夫·肯尼迪默许下被逮捕。这位官员名叫泰勒·盖特伍德·肯特，随后根据 1911 年官方保密法，以窃取官方文件罪在老贝利秘密受审，判处在英国牢狱服刑 7 年。

　　肯特外形轮廓分明，年轻英俊，生于一个著名的弗吉尼亚家庭。他是戴维·克罗克特的后裔，出生在满洲，父亲是驻这里的美国领事。他先后在普林斯顿的肯特学校、巴黎大学、马德里大学和乔治·华盛顿大学受过教育，六年前开始进入领事行，被派往莫斯科担任一个密码职员，他对大使威廉·C.蒲立特的急电以及对美驻波兰大使安东尼·德雷克塞尔·比德尔从华沙转来的敦促波兰人抵制希特勒的电报惊讶不已。对肯特来说，这完全表明，美国外交家正"积极参与欧洲敌对联盟的形成……他们没有接到任何命令这样做"。

作为一个孤立主义者和一个反共分子,他开始考虑能用什么方式把这种情报透露给美国参议院或新闻界。1939年10月,他被调到伦敦,之后不久看到了丘吉尔和罗斯福之间的秘密通信,通信不符合外交礼节,绕过了英国外交部,此时,他透露情报给美参议院和新闻界的决心更大了。这些电报比他看过的任何文件都更令人震惊。美国总统和英国海军大臣共谋推翻首相张伯伦,以便结束张伯伦搞的"虚假战争"。他们两人致力于一场对纳粹主义的真正全面战争。电报也表明,罗斯福与艾登、达夫·库珀以及"战争党"的其他成员接触,这些人强烈反对张伯伦试图与希特勒达成妥协的和平。

1940年春天,丘吉尔成为首相之后,这种秘密通信仍在继续。肯特确信,罗斯福将把美国拖进战争,除非他的行径暴露无遗,所以他认为无论自己付的代价有多大,做此事乃是其责任。他新近结识了一个名叫安娜·沃尔科夫的俄国流亡女人,1917年革命时她父亲是驻伦敦的海军武官。她与肯特一样憎恶共产主义,她把他介绍给A. H. M. 拉姆齐上校,拉姆齐是第一次世界大战的英雄,议会中的托利党成员,同样反对共产主义。他也确信,许许多多的犹太人已阴谋从内部接管英国。

肯特给拉姆齐看了罗斯福—丘吉尔通信的一些复制件,拉姆齐认为,它们可以成为议会中的一个议题。这将不仅暴露丘吉尔反对张伯伦的阴谋,而且还向关心和平的美国公众揭露出他们的总统正秘密致力于实现那种目的。在这点上,肯特失策了,他让安娜·沃尔科夫借走了一些电文。在受审时,肯特证实,他认为她会把这些电文带给拉姆齐。

肯特被捕的前两天,一名伦敦警察厅官员通知肯尼迪大使,他的一个密码员"由于与一伙被怀疑进行亲德活动的人联系密切,已成为伦敦警察厅注意的目标",其中一人是安娜·沃尔科夫,她被认为与德国人有联络。这就提出一个问题,即肯特是否通过沃尔科夫,把涉及总统的机密电报给了德国人。因为肯特是美国公民,享有外交豁免权,文件是美国财产,所以这位伦敦警察厅的人想知道怎么办才好。

肯尼迪没有与华盛顿商量，就取消了肯特的豁免权，然后请求赫尔允许这样做。两天之后，发来一份"非常机密的电报"表示同意。与此同时，肯特尽管受到严重指控，但仍被允许履行公务。

5月20日上午，他在格洛斯特路47号的寓所被捕。两名伦敦警察厅的侦探和一名英国军事情报部门的官员搜查了这个房间，在未锁的食橱和一个棕色皮包中发现约1500份机密文件的复制件。肯特被捕，很快被带去见肯尼迪。大使问，肯特怎么会对他的国家失去忠诚呢？肯特坚信他的行动只是防止自己的国家被拖入一场灾难性的战争，所以"处之泰然"。接着肯尼迪问他为什么带走所有这类材料。沉默寡言的肯特说，他这样做是因为它们是"重要的历史文件"。

现在，由于自己政府的选择，肯特成为一个不享有任何美国人权利的英国政治犯。直到两个月后，他才终于在鲍斯特里特治安法庭秘密开庭时正式受到指控。肯特后来说："我认为最初不存在什么把任何指控强加于我的意图。我确信这样做是由于美国官员的压力。"这很有可能，因为他被捕三天之后，英国内政部曾发布驱逐令，表明英国愿意把肯特驱逐出境。

但是这将意味着罗斯福1940年准备再次竞选总统之时在美国进行审判。因为此时在美国进行秘密审判是不可能的，公开开庭泄露的事情有可能意味着罗斯福的失败。但是在英国，根据官方保密法，所有审讯均可秘密进行。是年10月，肯特被押解到老贝利，他谈到对美国外交政策幻想破灭，罗斯福对人民不是坦率直言，人民"不是什么都知道，他们只被告诉半真半假的情况，而不是不折不扣的真相"。他对看到的电报震惊不已，决定向美国参议院或新闻界揭露罗斯福的诡计；他最后认定能够做到这一点的唯一方法是通过拉姆齐上校。

难道他不认为他忠诚于上司肯尼迪大使吗？他回答他是忠诚的，但这不是他的唯一职责。"你认为对谁负有另一种职责？"

"噢，夸张地讲，那就是对美国人民。"

"你认为二者之中哪种职责更为高尚？"

　　　　　　　　　　　　　　　　　　美国的耻辱

"自然是对美国人民的职责。"

尽管肯特承认他让拉姆齐和沃尔科夫两人借走了一些文件，但根据官方保密法很难判他有罪，除非能够向陪审团证明沃尔科夫是一个外国间谍。表明这一点的唯一证据是一份被截获的写给"哈哈勋爵"的信，他在德国通过电台散布反英宣传；这封信包括对犹太人进行更为强烈的攻击的建议。另一证据甚

美国驻英国使馆的密码官员泰勒·肯特（右）

至更不足信：在意大利参战前，沃尔科夫与意大利驻伦敦使馆的一名武官关系过密。英国副检察长乔伊特伯爵后来承认，"没有证据表明她把任何机密情报给了这个武官"。即便这样，根据官方保密法中的特殊规定，即这种间谍可以是有理由受到怀疑从事有损于国家安全或利益的行动的任何人，因此，沃尔科夫被法庭指控为"外国间谍"。乔伊特承认，"安娜·沃尔科夫未被任何国外势力雇用，也从未从任何国外势力那里收取报酬"。

她还是被定为外国间谍；肯特被裁决有罪，判处 7 年监禁。他依然坚信他是一名忠诚的美国公民。他承认犯了法，"但一种行为的动机或目的是最为重要的"。虽然英国声称他的行为损害了国家利益与安全，但肯特从不认为它是对自己国家利益与安全的根本伤害。恰恰相反，绝大多数美国人不想卷入欧洲战争。

从一开始，肯特的母亲安妮·H. P. 肯特夫人就为让其儿子回美国而斗争，因为在美国，他可根据美国法律受审，但她致罗斯福和国务院的信并未得到任何满意的答复。直到 1944 年 6 月，关押肯特的消息才偶然被透露出来，它是在一名英国议员问到有关拉姆齐的问题后才传出来的，当时拉姆齐未受指控已被关押了 4 年。当时披露，肯特给了拉姆齐一些罗斯福—丘吉尔的机密电报。一个美国记者发出了这一出乎意料通过英国新闻审查官检查的报道。结果是 6

月 19 日在华盛顿引起轩然大波,伯顿·惠勒在参议院慷慨陈词:"我不能理解一个美国公民如何在英国秘密法庭上受审。""如果我们逮捕了这里英国使馆的一名成员,力图在美国秘密法庭上审判他。"情况将是如何,"英国政府自然会立即抗议,我们就不会在秘密或公开法庭上审判他了"。

参议院外交关系委员会主席、来自得克萨斯的民主党参议员汤姆·康纳利回应说:"国务院说,英国政府在起诉前,把文件交给了美国政府,我们的政府审查了文件,得出结论说,肯特应该被起诉,并取消了他的外交豁免权。"康纳利说他对肯特不抱丝毫怜悯。"拍着胸脯说,'我们将在美国法庭上审判美国人',好倒是好,可是现在,我们发现一个正在搞阴谋的人,根据英国法律,他被定为有罪。我不会对他抱有丝毫同情的。"他还宣称,所谓的丘吉尔—罗斯福私人通信的传闻纯属流言蜚语。

一位共和党参议员反驳说:"这不是谣传,我感到惊奇的是,英国新闻审查官让信通过了检查,既然通过了,我想它就得到了英国政府的许可。英国议院无人否认这些话。"另一位共和党人说,在 1940 年总统竞选活动之前,报道说丘吉尔和罗斯福之间的秘密谈判"反反复复"地保证,美国的年轻人不会被卷入海外战争。

康纳利辩解道:"在战争结束前为什么我们不能团结一致呢?为什么我们不能阻止这种后方的诽谤和攻击呢?"此话话里有刺。

参议院的激烈辩论在众议院引起反响,一个共和党人宣布,罗斯福和当时的海军大臣丘吉尔"持续通信,目的是使我们卷入目前这场战争"。他也披露了两年多前肯特母亲告诉他的情况。"那时我得不到有关事实真相的准确材料,但是如果这种情况纯属杜撰,实情就应该记录在案,就不会对军方的努力造成任何伤害了。"

民主党人对秋季总统竞选准备的关注波及到了大西洋彼岸。维斯康特·哈里法克斯在给英国外交部的一份备忘录中强调,国会中的孤立主义者已经从泰勒·肯特案件中挑起一场相当大的争执。"如果有关肯特——拉姆齐案件的任何事实能够无损安全地公之于众,它将大大有助于澄清真相,否则在这

美国的耻辱

一问题上存在着很大危险：总统和丘吉尔先生所谓的背着美国国会和人民串通一气使美国不可避免地卷入战争，将引发为有损我们利益的选举争执，未来继续使记者和历史学家的论著疑云难消。"

国务院收到许多询问泰勒·肯特是否受到公正对待的来信，感到有必要在9月初发表一个声明，其多数内容是准确的，但由于声明把怀疑和确凿事实不明智地混为一谈，读起来好像是一本惊险间谍小说，而不是一份严肃的国务院报告。例如，在一点上，它声称警察已"证实，被发现的文件中有些被转交给了一个外国大国的代理人"，以此暗示肯特是个间谍。

肯特夫人向国务卿赫尔提出抗议。她写道，"除了他的母亲，没几个人对泰勒·肯特本人感兴趣，但一亿三千多万美国人急欲了解，在和平时期，即租借法案和其他法案提交给参议院的前一年，它们已经'在美国总统和英国海军大臣'之间策划好了，这一点是否属实"。

翌日，前大使肯尼迪对这一事件火上浇油，他刚刚拜访过富兰克林·D.罗斯福。1940 年，肯尼迪在一次紧要关头的广播讲话中支持罗斯福。在接受斯克里普斯 - 霍华德报系记者亨利·J. 泰勒的一次单独采访时，肯尼迪提到了肯特审判中从未涉及的事情，所做的毫无根据的断言远非国务院声明中的内容能与之相比。

当问到肯特如何和为什么把秘密情报转交给德国时，肯尼迪回答说："据说肯特与俄国姑娘安娜·沃尔科夫的友谊大大影响了他的态度，但显而易见，她没有进入德国的安全和正常渠道……肯特就通过意大利使馆到达柏林，主要用意大利外交邮袋把我们的秘密带出英国。你想想，直到肯特被捕时意大利才参战。如果我们处于战争状态，我是不会赞成把肯特移交给伦敦警察厅或同意把他监禁在英国的。我将建议把他押回美国，处以极刑。"

他还戏剧般地杜撰说，在肯特寓所发现"一个锁着的箱子"，装着 1500份用不能破译的电码写成的电报的复制件。

那天晚上，美国在世界各地的外交突然停顿了。我打电话给在华盛

安妮·肯特夫人为使儿子获得自由不知疲倦地奔走

顿的总统说，我们的绝密电码在任何地方都绝非安全。我告诉罗斯福先生，德国人和意大利人，据推测还有日本人，已经完全掌握了过去八个月内出入白宫和国务院的各种问题、决定以及所有其他事情，而这正是这场战争史上关键性的时期之一。

结果是，就在法国陷落之时，美国政府关闭了它的秘密通信系统，停止了与各地美国使馆和公使馆的私人接触数周。在此关键时刻，虽然极其重要的决定时时需要做出和传达，但任何电文都不能被总统、赫尔先生或其他任何人发出或接收。这种状况从两周持续到一个半月，直到一种新的无法破译的密码在华盛顿设计出并由世界各地的特殊信使使用……

无人"陷害"肯特。英国判其在怀特岛上服刑 7 年是极其宽大的。使肯特免于一死的唯一因素是，他是一个美国公民，我们尚未处于战争状态。

这种编造事实和虚构，被泰勒称之为"迄今为止在这场战争中破获的最重要的间谍案"，成功地终结了共和党人企图使肯特成为一个选举问题的努力，也消除了公众对肯特所抱的任何同情。这个人也许出于对一个富有魅力的女间谍的爱情，成为背叛祖国的十足的间谍（其实，她已到中年，被一位观察家描述为他所见过的"最丑的女人"）。

肯特设法致电母亲：肯尼迪谎话连篇。事实也是如此。肯特用意大利外交邮袋偷运美国机密的说法纯属推测，其根据是沃尔科夫认识一名意大利使馆的雇员。在审讯中，肯特甚至没有被指控为与她共谋。在老贝利出示的一封

美国的耻辱

信中，检察官宣布他无意指控肯特"参与或知道她与德国联系的企图"。

说肯特造成外交停顿是另一种捏造。在肯特被捕后的那些天里，肯尼迪本人就发出了最终会被国务院公布的非常机密的电报。此外，把用来发拍丘吉尔——罗斯福电文的电码描述为"不能破译"和"我们的绝密电码"，更是荒唐可笑。这是众所周知的非机密电码，自1918年以来就被德国人和其他大国轻而易举地释读，美国外交部门的官员对之非常熟悉，在20世纪20年代末，一位驻上海的年长领事就用格雷电码发出了他的退休讲话。

<h1 style="text-align:center">2</h1>

虽然肯特一案成功地销声匿迹了，但珍珠港事件仍然是大选中最具爆炸性的问题。由于民主党副总统候选人判断错误，这一争执在8月下旬达到高潮。8月26日《矿工》双周刊上，参议员哈里·杜鲁门呼吁加强陆海军，他首先认为，珍珠港遭攻击暴露出"存在责任分散的危险"。他接着暗示，在这次遭攻击前，肖特和金梅尔相处并不融洽，并断言无论什么时候，"金梅尔将军都未询问或接到有关陆军履行其极为重要职责的方式的情报"。他还指责说，除了在训练和演习期间，金梅尔从未进行过远程空中侦察。肖特将军也从没弄清楚海军如何执行这一任务。

金梅尔致信杜鲁门说，他的断言因以罗伯茨报告为据，所以是错误的，罗伯茨报告并未包括珍珠港大劫难的基本事实。"我建议，在有关珍珠港事件的真相彻底揭开之前，你应力戒重复基于从来就经不起公众推敲检验的根据的指控。我只不过要求结束在这件事上的无稽之谈和半真半假的报道，直到整个经过大白于人民，我确信，他们将对真相惊愕不已。"

金梅尔的信一直没有回音，但它的公布则激起争论的爆发，共和党人和反政府力量纷纷替他辩护。作家鲁珀特·休斯在电台发表讲话，把金梅尔和肖特的困境称为美国的德雷福斯案件，"德雷福斯在魔鬼岛流放了4年。金梅尔和肖特12月将在炼狱度过三年"。政府正在掩盖全部事实真相。他认定,"当然,如果托马斯·E.杜威当选,真相就会开始大白……使德雷福斯摆脱阴森恐怖的处境,需要一个新的法兰西总统"。

众议院的共和党人遥相呼应,一个共和党议员指责说,杜鲁门这个可能的"副总司令"自己重新挑起了关于珍珠港事件责任的问题,而且"在全部事实大白之前,就在承担责任上过早做出判断"。现实要求充分披露与珍珠港大劫难有关的争执。

数天之后,另一名共和党人指责说,肖特只是根据华盛顿送来的情报行动的。"大量证据表明,在这次遭攻击前的72小时,澳大利亚政府通知华盛顿的美国政府,说澳大利亚的侦察机看到日本一支由航空母舰组成的特遣舰队直奔珍珠港而来。"

众议院多数党领袖麦科马克给予反驳。他说,"此类危言耸听的谣传像大多数政治辞令一样,不能漠视不睬,一笑置之"。他代表官方否认华盛顿接到过所谓的澳大利亚警告。"就好像存在着一个无底洞,廉价的政治从里面炮制出不可饶恕的战争谣言。"

为了反击这种谴责,两天以后,一个共和党人查阅了档案,看到西德尼·格雷夫斯上校的一段陈述,格雷夫斯是1918—1920年美国赴俄部队指挥官的儿子,他声称听到当时澳大利亚驻美大使欧文·狄克逊爵士在1943年12月7日华盛顿的一次宴会上讨论这种警告。狄克逊大概是这么说的,"在珍珠港遭攻击前约72小时,我收到我国海军情报部门的火急警告,即一支日本特遣舰队正行驶在海上,澳大利亚应做好准备,以防遭受进攻;24小时后,这一点被情报部门随后的判断所证实,这支特遣舰队显然不是驶向澳大利亚水域,可能是受命进攻某些美国属地"。

狄克逊断然否认说过此类话,在9月22日的记者招待会上,罗斯福就这件事开了个玩笑:"还会有许多类似的事情,许许多多——上午、中午和晚上——直到11月7日。"罗斯福虽然满不在乎地成功消除了狄克逊一事的疑云,但仍然关切可能在大选日前出现的其他谣言或指责。总统新闻秘书斯蒂

美国的耻辱

芬·厄尔利已经告诉他，查尔斯·拉格正向参议员罗伯特·塔夫脱和共和党全国委员会提供有关珍珠港事件的真相。白宫也收到大量来信，强烈要求政府停止隐藏真相，揭露华盛顿在这次灾难中的责任。一位公民写道："美国人民要求在 1944 年 11 月 7 日之前公布有关珍珠港事件的真相。哈里·霍普金斯在这次攻击前调走了珍珠港需要的 250 架海军飞机吗？"

据史汀生讲，罗斯福最担心的是"陆军珍珠港委员会"恰在选举前"提出一份不利的报告"。令人奇怪的是，"总统对海军的调查毫不在乎，但对陆军的调查颇为焦虑，急欲使这次调查推迟到选举之后结束"。但陆军委员会再过数周就要行动，史汀生深知阻止不了，只能希望陆军委员会搞出的材料不会包括政治上具有破坏性的内容。

谣言四起，杜威已经掌握了关于珍珠港事件的许多事实，将在随后的重要讲话中予以披露。在这件事上采取行动的不是总统，而是乔治·马歇尔，他担心泄露机密材料将危及"紫码"的安全。9 月 25 日，杜威被安排在俄克拉荷马城讲话。就在这一天，马歇尔草拟了一封致杜威的警告信，把它交给金将军，并附有一张便条，"国会中最近的一次讲话具有致命性的含义，我现在更知道杜威本人要说什么了。当然这封信使杜威处境不利，我讨厌这样做，但舍此之途，别无他法可以避免很可能使我们大祸临头的东西"。他进而写道，整个局势"充满了火药味，一触即发，但我深深感到有些事儿不得不做，否则将一塌糊涂，造成我们在太平洋，可能还有欧洲的重大损失"。这封信得到金的赞同，马歇尔决定由自己的心腹助手卡特·克拉克上校持信前往。

那天晚上，杜威发表了使民主党人处于被动防守的强有力讲话。他声称，罗斯福有责任说明在珍珠港事件之前数月"我们防御计划的骇人听闻的状况"。美国对战争措手不及，毫无准备。

翌日下午，卡特·克拉克身着便服到达塔尔萨，与杜威的会面被安排在塔尔萨旅馆的一个私人房间。克拉克确认了在交出马歇尔的信之前只有他们两人在场。"噢，绝密，"杜威说，"这的确是绝密，是不是？"他开始看信：

除了金将军（他赞成），其他人都不知道我给你写信的事，因为国会对珍珠港事件的政治反应使我们进退维谷，处境两难。

我必须告诉您，下文高度机密，以致我被迫请求您在不把其内容透露给任何人的前提下接受它，然后退回此信，或者不重复阅看，把信退回捎信者。

杜威抬起头来，问克拉克："你是正规军军官吗？"他回答是。克拉克能保证他是马歇尔派来的吗？他保证是。在这点上，克拉克报告，州长说他不想对已知的有关珍珠港事件的事保持缄默。"然后他问我是否被授权代表马歇尔对他说话，如果他读完全信对我说，他已有了与信中内容相同的材料，将不受保持缄默的义务之约束。"

克拉克回答说他没有这种权利。杜威接着说："我难以想象只有马歇尔将军和金将军知道此信。"他也不能想象马歇尔在接近一个"反对党的候选人"，并提出这样一个建议。"马歇尔不干这类事。我相信富兰克林·罗斯福是整个事件的幕后人。"信一直放在他的膝盖上，他拿了起来，"让我再看一下前两段的内容"。他开始看信，随即放下。"我没有重复阅读，因为我看到了文字密码。如果这封信仅仅告诉我，我们在珍珠港之前破译了日本的一些密码，并且至少其中两种仍在使用，我看此信是毫无意义的，因为我已知道此事。"他停顿了一下，然后问道："情况就是这样，我清楚，是不是？"

克拉克回答道："州长，我在这件事上只不过是一个信使。"

"噢，我清楚，富兰克林·罗斯福知道全部真相。他清楚珍珠港之前发生的一切。他应该受到弹劾，而不是再次当选。"他递过信说，"星期四我在奥尔巴尼，届时我会很高兴接待你，或者马歇尔将军愿意派来详细讨论密码之事或整个珍珠港大劫难的任何人。"

马歇尔将军写了第二封信作答，要求杜威仅仅同意不要泄露他尚未搞清楚的材料。马歇尔写道，他之所以在这件事上固执己见，仅仅"因为军事危机十分严重，致使我觉得采取某种行动保护我们军队的利益是必要的"。

美国的耻辱

9月28日，在奥尔巴尼的州长官邸，克拉克转交了这封信。但杜威拒绝看信，除非他的私人顾问也能阅看。然后他建议克拉克给马歇尔挂个电话，克拉克说他不想从州长府邸打电话，但愿去付费公用电话亭。杜威说："哦，是这样！我给马歇尔挂个电话，此前我与他通过话，这总可以了吧。"他先与马歇尔交谈了几分钟，然后把电话交给克拉克。马歇尔授权上校把信交给杜威，在他的私人顾问在场时从法律意义上讨论此事。片刻之后，杜威放下信说："唉，打死我也不信日本人仍在使用这两种电码！"

克拉克向他保证说日本人仍在使用，其中之一是美国情报的生命线。杜威理解了"紫码"对战争努力是多么至关重要，理解了马歇尔要他帮助保密的最后呼吁。"从前文你就会明白，如果目前有关珍珠港事件的政治辩论泄露给敌人，不管是德国还是日本，都会造成种种严重的悲剧性后果，它们将对我们掌握的至关重要的情报来源产生怀疑。"像来自印第安纳州的众议员福里斯特·哈尼斯最近在国会发表的此类出格讲话，将向日本人清楚地透露出我们正在破译他们的密码。"我对你交底，是希望你能保持清醒，避免在时下的政治竞选中对我们造成悲剧性的后果。"

杜威还是认为，罗斯福政府要对珍珠港事件负责，但尽管某些共和党人急着要他披露他在密码事情上所知道的一切，但他承诺过要把这一问题置于总统竞选之外。他信守了诺言。

不让公众知道的另一个问题是罗斯福的身体每况愈下。在民主党全国大会上拍的一张照片表明，总统面容憔悴，无力地张着嘴。因为亨利·卢斯现在毫不掩饰地支持杜威，《时代》周刊和《生活》杂志屡屡暗示罗斯福身体虚弱。然而在该月初，卢斯做出也许会使罗斯福赢得总统选举的一个决定。《生活》杂志的常务编辑让卢斯看了约200张即将刊登的罗斯福的照片。卢斯回忆说："从其中约一半的照片看，他是一个行将就木之人。我们决定刊登那些不太糟糕的照片。试图采取相反态度说明我们是公正的，或略为公正的，或好意的，从而违反了与读者达成的告诉他们真相的契约。其实，真相就在照片上。"卢斯承认，美国新闻界的严重失职是，"我们没有表明罗斯福是个快要死的人"。

这年年初以来，有关罗斯福身体的谎言一直来自白宫。3月，在贝塞斯达海军医院对罗斯福体检的确诊是"高血压、过敏性心脏病、左心室失去功能和双肺液。罗斯福常年咳嗽，脸色灰白，双手明显颤抖，嘴唇与指甲发青"。然而一个月之后，他的私人医生罗斯·麦金太尔将军向《时代》周刊记者保证，罗斯福身体健康。"考虑到年龄因素，他最近的体检与12年前的那次一样，表明他是健康的。"

所以在11月7日，参加投票的美国公众并不知道，陆军珍珠港委员会和海军调查委员会不是把珍珠港事件的责任推诿给金梅尔和肖特，而是让华盛顿来承担。选民们也不知道，候选人是一个行将就木之人。结果罗斯福总统在36个州获胜，得到432张选举人票。杜威仅仅在12个州获胜，得到99张选举人票。民主党人在参议院比其对手多得7个席位，双方竞争仍然胜负未决。在众议院，比数是242对185，民主党占优势。孤立主义者汉密尔顿·菲什和杰拉尔德·奈是罗斯福的心腹之患，他们被击败肯定使罗斯福尤为高兴。总统从海德公园返回首都时，尽管大雨如注，还是受到了数万人的欢迎。罗斯福心情愉快，说他希望记者们"不要在报纸上宣布我想使华盛顿成为我余生的永久住所"。

3

到了选举日，麦克阿瑟指挥携带十余万吨物资的大批部队在莱特湾登陆。在随后的莱特湾海战中，美军击沉了约30万吨的作战舰船，这实际上终结了日本帝国海军。

在欧洲，盟国相信胜利在望，准备直捣西格菲防线，并不知道希特勒准备在阿登地区发动突然反攻，并打算到达安特卫普，歼灭30个美国和

　　　　　　　　　　　　美国的耻辱

英国师。

选举前的那天上午，福莱斯特尔和史汀生就珍珠港事件谈了一个半小时。史汀生在日记中写道："我们互通了各自调查委员会的报告要旨，我欣慰地发现，海军并不打算美化他们的人，福莱斯特尔看来是以一种十分合作的精神对待此事的。"到了下午，史汀生"终于振作起来，实际上决定了我在珍珠港事件上的决心"。史汀生做出决定后，"禁不住嘴"，告诉军法署署长和陆军珍珠港委员会助理记录员，他打算推翻该委员会的调查结果。"令我宽慰的是，我发现他们与我的意见一致，非常乐意构画出它的提纲。事实上，我认为到了这天下午长谈结束之时，我们在此问题上最终达成了完全一致。在我看来，达到这种程度真令人欣慰。"

在海军司令部，金将军在海军调查报告上签名以示赞同。在报告中，斯塔克被指责没有一直使金梅尔保持消息灵通，金梅尔则被指责没有充分注意到

海军调查委员会成员正在宣誓

海军调查委员会成员在珍珠港同尼米兹上将（背对者）交谈

形势的危险。"因为军事法庭的审判并未得到所引材料的支持，用适当的行政处理把这两个官员降职，即使没有上面的判决以后也不会再犯错误了。"虽然金尚未看过海军调查委员会的起诉，而且他认为金梅尔只是一个替罪羊而已，但他还是签了名。

陆军部长在两名助手的协助下，努力使陆军委员会的报告最终得到认可。到了下个星期一，他就可以这样写道："感谢上帝的仁慈，到了这天结束时，我们完成了。"他深感忧虑的是陆军委员会的结论中对马歇尔的"刺耳之语"。"这是所有麻烦之源。"虽然马歇尔在整个陆军和政府中极受尊重，但对他的指控将使其地位毁于一旦。结论同样谴责了史汀生和罗斯福。马歇尔只是最近才看了这一报告，感到沮丧失望。11月14日，他告诉史汀生，委员会耸人听闻的结论毁了他在陆军中的影响。"我告诉他那是一派胡言，忘掉它吧。"

当天晚些时候，史汀生与福莱斯特尔在海军部共进午餐。饭后史汀生拿出其声明草稿，福莱斯特尔看了一遍，然后递过由金签署的批文。两位部长

美国的耻辱

得出结论，它们的"区别不是很大，两个部门在衡量形势的标准与观点上无任何冲突"。

20日，史汀生征求负责陆军公共关系的亚历山大·瑟莱斯将军的意见。瑟莱斯先看了史汀生的最新草稿，然后陆军部长让他看了陆军委员会的结论。瑟莱斯此前不知此事，所以十分震惊，以致"他的第一个反应是试图隐瞒这些调查结果。他担心海军会设法在背后操纵我们对结果的公布，他们自己则逃避责任，使我们承受由此而产生的全部压力"。瑟莱斯虽然同意史汀生的说法，但不能肯定他们能否"担负起公之于众所造成的后果"，这无疑将引来对马歇尔的批评。"这很自然，并不出乎意料，但要我独自承担责任当然是沉重打击。瑟莱斯通常给予支持，他的判断总是有根有据，这对我是另一种难以承受的猛击。"

史汀生因为仍未得到海军的消息，整个晚上也是烦躁不安。他已经给福莱斯特尔看了自己的报告，但他的这位部长同事却说什么一无所知。"所以这天早上，我打电话给他，说在面见总统之前我想了解他们的报告，或者至少知道他们打算做什么。"史汀生知道福莱斯特尔上周已见过罗斯福，他怀疑两人"或多或少"已经通了气。

福莱斯特尔透露，他尚未完成报告，但在史汀生见罗斯福之前会把它送来，当报告临近中午送来时，史汀生确实吃惊不小。"在全部正文前页、序言和事实陈述之后，只有他说的一句话，即由于现在的形势和环境，对任何海军官员进行起诉都不符合国家利益或诸如此类等等。我的团队和我立即再次开会，决定面对这种情况，如果海军公布之，面对人民将对提到的大人物进行种种推测时，我们对自己的人民直言不讳和坦率批评的报告为什么要全部公开并带来不利呢？"

此时去白宫的时间已到。史汀生与总统在楼顶房间共进午餐，罗斯福的女儿安娜·伯蒂格陪同。"这当然使我们有点拘束，不能深入交谈……所以在午餐期间，我静坐一旁，听着别人侃侃而谈。"最后罗斯福提起那份珍珠港报告，说"我认为说得越少越好"。

史汀生猜测，总统肯定看过和同意福莱斯特尔的草稿。"我告诉他，那个计划使我完全无法履行我的建议，因为当海军不很坦率时，我们无法义无反顾，坦率直言。"史汀生解释了自己的计划，认为直言不讳是最好的政策。然后把陆军委员会的结论交给了总统。

罗斯福非常认真地看了一遍。他说："哎哟，这真是糟透了！真是糟透了。"他认真和详尽地研究了史汀生的报告，说报告很好，但仍然认为奉行福莱斯特尔的方针将更加万无一失。

当史汀生表示担心国会将掌握文件和事实后，罗斯福说他们应该不惜一切阻止这种情况发生，也必须拒绝使报告公开。"他说，这些报告应该封起来，我们的意见应该随之一道密封，然后发一个通告，它们应该只能根据战后总统批准的国会两院联合决议才能开封；这一决议意味着这样做是符合公众利益的。"

史汀生很不高兴地离开白宫。他在白宫的影响力显然消失了，他知道，哈里·霍普金斯阴谋反对他，理由是他身体有病，年龄偏大。对他刺激最大的是，选择了福莱斯特尔而不是他的方法。史汀生勉强遵照总统的命令，准备了一则较短的新闻稿，但坚持要包括如下内容：陆军委员会已经发现，"某些战场上和陆军部的官员没有以必备的能力履行职责，或者进行应有的判断……"他还点名批评了肖特。

在致总统的附信中，他写道："封存的草稿在结论上和自认为可以走的一样远。我只是说，我相信这些事实并非是对陆军的任何官员进行起诉的证据，认为它将不可避免地造成这种印象，即我正全力试图使包括肖特在内的所有陆军官员免遭批评……我不愿给人造成此种印象。"

这份建议的新闻稿和信由一名信使送到海德公园，史汀生指示他等候回复。但总统说他不能在当天回复，愿意与海军的立场进行对比，因为他想要陆海军两个部门协调行动。史汀生在日记中写道："他想协调的愿望……合情合理，但我为了放弃我认为是最明智的计划的东西已经走了很长很长的路，我认为现在该是海军前来见我的时候了。无论如何，我都不会同意他。实际上

它是一个良知问题 —— 对海军的方式的同意。 我禁不住想，如果我同意了，我将失去我最珍视的人民的尊敬，因为他们会说，我是在一种立场站不住脚的情势之中完全替整个陆军开脱。 如果福莱斯特尔不改变其说话方式，他将招致这种批评。"

尽管第二天是感恩节，史汀生还是照例去了办公室。 他在电话里与福莱斯特尔进行了交谈，发现福莱斯特尔"不像前些天送给我的声明草稿中表现的那样顽固不冥了"。 这位海军部长也赞成

接替诺克斯任海军部长的詹姆斯·福莱斯特尔

承认海军存在某些错误，但史汀生却心存疑虑，当听到海军部打算开脱包括金梅尔在内的每个人的责任时，这些疑虑更重了。 故而史汀生 24 日回了电话。 福莱斯特尔向史汀生保证，他准备承认某些海军官员有罪。 但史汀生脑海中疑云仍然未散。 在此事完成之前，他会"心神不定"。

在回家的路上，他看了军法署署长对陆军委员会报告的最新评论。 史汀生认为他是"一个真正的杰出人才"，因为他"毫不留情地对待陆军珍珠港委员会，十分详细公正地分析了他们的全部错误"。

这位军法署署长的备忘录主要是再次肯定了罗伯茨委员会的调查结果，也强有力地为马歇尔辩护，直截了当地宣称，委员会对这位参谋长的批评的调门无一是"公正的"。

对陆军的问题，福莱斯特尔比史汀生认识到的更为敏感。 如果海军批评斯塔克，这将对马歇尔产生不利影响。 然而只让金梅尔一人受谴责是不公正的。 他在 27 日的日记中写道："事后反思可能是人们通用的最容易的智能"，但他仍被迫得出结论，海军部的官员或夏威夷的官员均未对日本的进攻采取适当的预防措施。 与此同时，他必须维护海军的荣誉。

国务卿赫尔

所面临的两难处境显然使他压力重重，故当他在电话中与史汀生交谈时，后者留下了福莱斯特尔正在故态复萌的印象，因为史汀生在日记中特别提到，这位海军部长"正在回到他那办不到的声明的旧方式，或者更确切地说，一种其方式对我来说是不可能的声明。它是对我的又一次打击"。

那天宣布赫尔将被更为年轻的爱德华·斯退丁纽斯取代时，再一次打击又来了。"无论就个人还是官方而言，赫尔先生离职对我都意味着巨大损失。赫尔、诺克斯和我在这4年间密切合作，挽回了许多严重失误，现在赫尔和诺克斯都已离职。今晚我甚觉阴沉和孤独。"这肯定使他意识到自己的年龄——以及哈里·霍普金斯要除去他的不懈努力。

他与福莱斯特尔之间的不同意见在随后几天内得以解决。史汀生发现福莱斯特尔的最新草稿"活儿干得漂亮"。在11月的最后一天，他们见了面，以使两份声明"在这种形势下尽可能相同"。作了最后修改之后，两人打电话给在佐治亚州温泉的总统，大声念了各自的报告。罗斯福表示同意，并授权送新闻界发表。史汀生写道："现在我感到一下子如释重负"，然而仍感到没发表一个坦率的完整的声明是一个严重错误——"但是根据总统我们不应走得太远的指示，福莱斯特尔与我尽可能做到一致"。

这一次史汀生的政治本能超过了首脑。12月1日，对这两份声明的总体评价是消极的。报刊攻击政府继续隐瞒珍珠港事件真相。无数信件和电报涌向白宫。一个来自罗得岛埃奇伍德的人质问总统："你以为美国人是什么？就是愚昧无知和不会说话的牲畜吗？言论自由：新闻自由吗？……难道因为可能会影响士气现在就不能告诉我们珍珠港大劫难的责任吗？美国政府对这场劫难的责任进行掩盖，对士气的影响甚过过去三年里的任何一件事情。美国的思想家们，美国有千百万个思想家，不会赞成这种胡说八道的。因为一公布责任，今天无数的美国人就会感到震惊、羞辱、义愤，而我仅仅只是其中一员。"

约翰·奥唐奈在《纽约每日新闻》的专栏中写道，一种治安法庭的气氛笼罩着这一案件。国会中再次爆发了党派辩论。民主党人为两篇新闻稿辩护。战争期间还应公开什么？共和党人重复了对隐匿至关重要情报的指责。总之，显然在战争结束前，完全公布珍珠港事件的真相以及对之进行公开调查不可能变成现实。

拉格和金梅尔均未对这两篇新闻稿感到吃惊，因为金梅尔一直知晓海军大楼走廊里传播的种种谣言，而拉格曾详细核对这一材料，并做出了准确的预见。罗斯福—史汀生—福莱斯特尔的这种策略激发起这位海军上将的战斗精神，他立即要求面见海军作战部部长。在日本袭击珍珠港三周年之际准予接见正合时宜。金梅尔发现执拗的金态度友好，心怀同情，对待一位遭贬黜的海军上将就像他仍在圈内一样。由于怀疑消除，坦率直言，金透露，正是他向福莱斯特尔建议，贝蒂·斯塔克应被解除指挥权，列入退休名单，此事只有几个熟人知道。金梅尔在其有关此次会见的备忘录中写道："他虽然没有明确把它说成是一个事实，但强有力地暗示，调查法庭已经完全弄清楚了有关我的全部责任。"

金的直言相告，甚至透露出陆军委员会因为马歇尔在这场大劫难前数日内的"行动或无动于衷"而对之大加挞伐。史汀生本人对他的新闻稿"万分忧虑"。金承认，"公布认定马歇尔有任何错误的部分都遭到了否定"。他说，总统不仅拒绝了金提出的解除斯塔克职务的建议，理由是他目前正在很好地服役，而且明确表示马歇尔是不可取代的。"他丝毫不同意公布任何针对马歇尔先生的贬损之言。"事实上，罗斯福看了陆军委员会报告后一直"十分恼火"。

金宣称他还建议不要公布陆海军的调查结果，金梅尔随即单刀直入地问，海军调查的宗卷及结果将不会被窜改或销毁，金对此能做何保证？这位海军总司令愤然回答：他对这种问题感到吃惊，在任何情况下调查结果都决不会被窜改！金梅尔反唇相讥："你无须感到吃惊，诸如此类的事情已经发生，也许还会发生。"他谈到他听说斯塔克在海军调查时如何作伪证。"听到此事，我认为任何事情都可能发生。"

"你看过调查法庭的记录吗？因为每个人都看过，斯塔克的谎言在这里四处传播。他说谎这一事实无可置疑。"金对金梅尔直言不讳地询问表示震惊。

金承认未曾看过证词。金梅尔向他保证至少其他六个证人听到过斯塔克的证词。金梅尔说："我确信斯塔克是在宣过誓后对法庭说的谎，听了斯塔克的一番话，我对海军深感羞耻。"

4

对新闻稿接踵而来的批评迫使史汀生寻找反驳陆军委员会指责的新材料。他把这一工作交给亨利·克里斯琴·克劳森少校，克劳森曾担任该委员会助理记录员，入伍前是一名律师，曾任加利福尼亚北部行政区美国助理检察官，以后在金门桥修建期间担任总工程师的首席律师。"二战"爆发时，已经在陆军后备队的克劳森志愿提供法律服务，曾经为牵涉进俄亥俄一件空中丑闻的军事审判起诉，使此案件最终定罪。这种经历，加上手持参议员杜鲁门给陆军部写的推荐信，使他被分配到了陆军珍珠港委员会，目前是军法署署长手下的一位职员。军法署署长对陆军委员会的调查结果异议颇深，他交给克劳森一份未被调查的主要人物名单，要他穷追不舍。有争议的布拉顿上校和萨德勒上校是其中"要进一步询问"的最重要证人。

被史汀生挑选出执行这一新使命是一个机会。对克劳森来说，陆军部长是这场战争的大人物，而且他本人并非完全同意陆军委员会的报告，认为对马歇尔的指责过重。总之，按照史汀生的观点，克劳森是执行一种困难而敏感任务的非常合适的人选。

准备就绪后，克劳森1945年2月开始在华盛顿进行调查，焦点是"风"指令。摩西·佩蒂格鲁上校在珍珠港事件之前是布拉顿在情报部门的助手，他作

美国的耻辱

证说，"大约在1941年12月5日"，他现在想不起来的某人给他看了"表明日美关系岌岌可危"的"风"指令。他记下了这份"意味着任何事情都可能发生"的电报，而且应想不起来的这个人的要求，准备了一份发往夏威夷的电报。

卡莱尔·杜森伯里上校接着画押起誓，是他指示佩蒂格鲁草拟这份电报的，电文如下："联络指挥官罗彻福特立即通知第14海军战区司令有关东京发出的天气预报的广播。"

杜森伯里作证："我记得发这份秘密电文的原因是，情报官收到了被破译的截获的情报，尤其是'风密码'，表明美国面临危险。"

克劳森定期向史汀生汇报他取得的进展。3月初，他报告说，他正在使重要的证据大白，即肖特握有更多关于与日本的战争迫在眉睫的情报，而他对此不予承认。他知道"风密码"，而且得到了预先通知：日本人在进攻前夕将销毁使馆的密码和文件。

克劳森的上级确信现在已是中校的他正要找到推翻陆军委员会调查结果的线索，遂派他去珍珠港搜集更多的证据。

在雅尔塔，三巨头在战后世界划分上达成一致。胜利在望了。俄国人渡过了奥得河，美国人从突出部战役的失败中恢复过来后，渡过了莱茵河。在柏林，希特勒像鼹鼠一样成天钻在地堡中，做着黄粱美梦——在这最后时刻，英国人和美国人将如梦初醒，携手对不信上帝的红色俄国进行讨伐。

亨利·C.克劳森在作证

掩盖有关珍珠港事件真相的努力正在转到参议院中忠诚的民主党人身上。史汀生和福莱斯特尔两人把完全相同的议案送给参众两院军事委员会主席，议案禁止披露任何密码之事。3月30日，参议员埃尔伯特·托马斯在参议院提出了他的议案。

翌日，金梅尔在《纽约先驱论坛报》上偶尔看到有关这一议案的一则费解的消息。他立即打电话给在波士顿的拉格，然后匆匆忙忙整理好行装，离开他在布朗克斯维尔的寓所前往华盛顿。他在试图搞清楚将要发生什么事情时接到拉格打来的电话。他说，参议员弗格森在加勒比地区时，这一议案在参议院已获通过，并已经送到了众议院。

金梅尔孤注一掷，开始给众议员和参议员打电话，只是想了解，如果众议院步参议院的后尘，珍珠港事件就不会被完全揭露出来了。作为最后一着，他打电话给《华盛顿邮报》的出版人尤金·迈耶，后者是纽约的哈里斯海军上将介绍给他的。他来到迈耶的办公室时，这位出版人已让他的两个顶级作者到场。四个人讨论了这件事，翌日早晨，邮报的头条新闻对托马斯的议案进行了攻击。对民主党试图隐匿珍珠港事件真相的很有刺激的挞伐接着刊登在4月12日的那期上。"我们不再能依靠参议院使国家免遭对我们自由的剥夺，强调这一点实为憾事。"在议案通过前参议院仅举行了一次听证会，并且禁止旁听。"不是有气无力就是面色困倦，不是缺乏兴趣就是明显抱怨，参议员们同意了军事委员会主席托马斯的无稽之言。而这一议案将封住任何想公布最初是密码电报情报的人的口。其结果将是使这一著名时期的历史置于保密状态，因为整个这段历史都可追溯到一份密码电报。你会相信，如果这一议案通过，它不想让公众知道的几乎每件事情都首先将被置于密码状态。"

该日稍晚传来消息，富兰克林·德拉诺·罗斯福在佐治亚去世。这令朋友和敌人都感震惊，因为这是一个时代的结束。①

---

① 这一天，在驱车去住处的路上，麦克阿瑟对他的军事秘书邦纳·费勒斯准将说："嗨，老头子走了。这个老头子，如果有一条谎言够用的话，他就永远不会讲实话。"

拉格从波士顿赶来，在哈尼菲和拉文德帮助下，为他们在国会的朋友起草了讲话。讲话十分有力，以致参议院批准了弗格森提出的重新考虑托马斯议案的提案；此时，这个欲隐瞒真相的议案已经递交众议院，此事被炒得太透了，结果在众议院不能通过。金梅尔后来写道："我总是在想，假如富兰克林·罗斯福不是在 1945 年 4 月 12 日去世，我们是否会获得成功。"

4 月 18 日，福莱斯特尔会晤了新总统。他告诉杜鲁门，海军上将 H. 肯特·休伊特被挑选出继续珍珠港事件的调查。"我告诉他，我觉得对国会有义务继续这一调查，因为我不太满意我们的海军法庭提出的报告……"

休伊特的调查在六天前全国庆祝德国无条件投降时拉开了帷幕。虽然休伊特将军是这次调查名义上的负责人，许多询问由他进行，但真正的工作由福莱斯特尔的特别助理约翰·F. 桑尼特及其助手约翰·福特·贝彻上尉具体进行。

他最重要的证人是萨福德上校，他首先在海军大楼的 1083A 房间接受非正式盘问。一个颇有名气的纽约律师桑尼特问了许多有关萨福德以前调查的证词的问题，讨论了他的证词与其他证人证词之间的差异。

萨福德在一份要存档的机密备忘录中写道："我第一次见到桑尼特少校时，他与其说担任调查官员的法律助手，不如说是已故部长诺克斯和海军上将斯塔克的'辩护律师'，对我来说，这一点是显而易见的。他的目的看来是驳斥不利于华盛顿的任何人（对此前调查）所做的证词，诱使'敌对'的证人改变其陈述，引导他说出不能使证词被推翻的易引起怀疑的内容。他首先试图诱导我推翻我关于'风'指令电文的证词，使我相信我患有幻觉症。"

5 月 18 日和稍后的一两天，萨福德再次与桑尼特进行了非正式谈话。"在稍后的场合，桑尼特与第一次一样，试图劝使我相信根本就不存在什么'风'指令电文，是我的记忆出了问题，把'虚假的风电文'与我始终期待的东西搅在一起，我应该改变证词，以便使所有以前不一致的地方能自圆其说，并由此了结此事。在某些情况下，这种想法暴露无遗，在一些情况下，它是含蓄暗示，在另一些情况下，它未被说出，但显然就是其目的。"

萨福德清楚地记得在这三次谈话过程中，桑尼特使用了下述说法：

> "你是看来曾见过'风'指令电文的唯一之人。"
>
> "'风'指令怎能在美国东海岸收听到，而在更靠近日本的任何地方测听不到？"
>
> "是否曾存在一个'风'指令很让人怀疑。"
>
> "改变证词丝毫不影响你的诚实。"
>
> "在经历这么长时间后，记错此事决不意味着你的记忆力有问题。"
>
> "你提到的许多证人都否认知道有一份'风'指令电文。"
>
> "你不必为金梅尔将军火中取栗。"

但当萨福德 5 月 21 日正式出现在休伊特将军面前时，由各种启发、暗示、含蓄的恫吓和诱骗交替进行的聪明猛攻丝毫未对萨福德起作用。他重复了以前所做的证词，仅有几处些微改变。

萨福德离开房间时问休伊特，在这位将军的脑海中对存在一个"风"指令是否仍然存有疑虑。据萨福德的备忘录记载，休伊特面露惊色，还未等他回答，桑尼特就说："当然，我不处理这一案件，也不知道休伊特将军做何决定，但对我来说，所谓的'风'指令是否曾送出令人怀疑。"

休伊特思考了片刻，然后对萨福德说："你没有资格问我是什么意见，但我可以回答你的问题。除了你那没有根据的证词外，没有任何有关一份'风'指令电文的证据。我不怀疑你的真诚，但相信你是把含有'风'名字的一份其他什么电文与你期望收到的电文混淆了。"

就萨福德来说，他并不怀疑休伊特将军的诚实："但我的确认为，桑尼特把我给蒙蔽了。"

萨福德也确信，桑尼特对现为海军上校的阿尔温·克雷默故伎重演。同一天下午，他传克雷默来私下会商，让他看了许多截获的情报。但是，在萨

美国的耻辱

福德身上未起作用的东西在克雷默身上成功了，克雷默病后初愈，精神疲惫。翌日，他戏剧性地改变了在海军法庭做的肯定的证词，即他曾在 12 月初看到过"风"指令电文，其内容是"东风，有雨"。

他承认见过"风"电文，但现在不能回忆起所用之词。"正如我以前在珍珠港作证的那样，'Higashi no kaze ame'也许是特指美国，但现在我对此不能肯定，我认为那时我是肯定的。"他解释说，经过仔细考虑后，他改变了最初的说法。

"出于那种原因，我现在至少记得，那份电文涉及英国，可能还有荷兰，而不涉及美国，尽管它或许也与美国有关。"

此后不久，他承认，前一天下午，桑尼特让他看了许多电文，恢复了他的记忆。如果金梅尔及其律师被允许到场，对他们的询问是可以弄清楚与桑尼特这次非正式会面的详情细节的，以及是否给克雷默施加了压力以使其改变证词。

在随后的一次开庭中，拉格也激烈抗议休伊特宣布鉴于克雷默的证词，决定不传唤诺伊斯将军作为证人出庭；这位将军以前的证词足以有据。此外，根据萨福德自己的证词，看起来他只是"认为在 1941 年 12 月 4 日左右收到了一份与美国有关的'风'电文，克雷默上校和一名当值官员让他看了一下电文，然后送交诺伊斯将军……尚无任何其他证据表明收到过一份与美国有关的'风'密电"。

6 月下旬，休伊特召见萨福德，但丝毫未问有关"风"指令的问题。显而易见，在休伊特及其助手看来，这一问题已无足轻重。萨福德离开华盛顿前往马布尔黑德度假，7 月 3 日拜访了查尔斯·拉格。他谈了与桑尼特打交道时受到的严峻考验，相信同样的手段也正用于有利于金梅尔的其他证人，尤

领导进行特别调查的海军中将亨利·休伊特

其是罗彻福特和克雷默。

拉格问这次调查可能会有什么结果。萨福德认为，休伊特将提出替华盛顿开脱全部责任的报告，把责任分给肖特和"不可抗力"。至于他们是否会试图把任何判断错误归咎于金梅尔，他没有表示任何意见。

萨福德离开时问，假如他因此前做过的某些事情招致麻烦，拉格是否愿意做他的代理人。拉格在一份备忘录中特别提到，"他之所以提出这一问题，原因之一是，他与我的这种关系使他有可能合法地与我无拘无束地谈论利害攸关的事情"。

休伊特在其官方报告中得出结论："此次攻击之前没有截获任何与美国有关的密码（东风，有雨）电文。"斯塔克因为没有用截获的其他日本电文向金梅尔提出警告而受到批评，尤其在遭受攻击前那一周，但休伊特仍然认为，金梅尔"握有足够的情报"表明战争就要爆发。

金梅尔甚至在得知结论之前就牢骚满腹。他特别问休伊特他是否能够出庭，但遭到拒绝。休伊特致信金梅尔的传记作者唐纳德·布朗洛说："我仔细研究了早先各次调查中的每句证词，当然包括金梅尔将军自己的陈述。至于他出庭到案，我倒是很高兴听他陈述的，尽管坦率地讲，我看不出还有任何有价值的东西可补充他已经说过的话。然而，福莱斯特尔部长本人不同意金梅尔将军更多地露面。这是一个不幸的决定，因为其结果将会引发误解、怨恨以及一些原先友谊的丧失。"休伊特把责任推给了福莱斯特尔，提出了从未解决的一个重要之点。海军部长虽然拒绝允许金梅尔询问证人和聘请律师，但准予这位海军上将出庭作证，"不管是应他的要求，还是你自己主动提出来的"。福莱斯特尔私下里曾指示休伊特不要理会这种书面允许吗？抑或金梅尔将军主动提出的？

休伊特从不认为金梅尔无论如何是犯了玩忽职守罪，他在结论中，称赞金梅尔"精力饱满、坚持不懈、足智多谋，积极主动地致力于使这支舰队做好战争准备"。他既不想替海军部开脱，也不想使金梅尔当替罪羊。但当福莱斯特尔看了休伊特的报告后，他视之为证实了自己对海军调查结论的疑虑。

美国的耻辱

5

到了此时，在马歇尔的怂恿下，另一个人进行的调查正在进行中。萨福德在休伊特对他询问期间，提到一种第三方的说法：一位比斯尔上校"奉马歇尔将军的直接指示"销毁了"风"指令。他不大情愿地透露，这一说法来自威廉·弗里德曼，一个因破译"紫码"而很有名气的人。休伊特随后与弗里德曼进行了面谈，后者作证说他是从萨德勒上校那里听到这一说法的。

卡特·克拉克上校曾经把马歇尔的信带给杜威，这次他又被这位参谋长利用来查寻反驳这种指控和其他指控的证据。7月14日，萨德勒进而证实，他被告知要把电文销毁。"1943年的某个时间，在北卡罗来纳的布拉格堡，艾萨克·斯波尔丁将军告诉我某事，大意是，J. T. B. 比斯尔对他说，有关珍珠港事件的全部文件正在销毁或已被销毁。"

三天之后，即7月17日，斯波尔丁将军向克拉克承认，他曾与萨德勒讨论过此事，但首先想使之存档在案，当时他"完全相信陆军部长史汀生先生和参谋长马歇尔将军决不会牵涉进我将给予证词的事情之中，而且我现在仍然相信，两人无一清楚此事"。

在军队服过役的任何人都会理解这种小心谨慎的否认，之后斯波尔丁说，1943年他与J. T. B. 比斯尔上校在布拉格堡谈过珍珠港事件。斯波尔丁对迈尔斯将军和海军未能跟踪日本特遣舰队表示吃惊。"我对他们的无知或未能侦察到这种情况感到十分震惊！我记得我关于舍曼·迈尔斯的侃侃而谈，从职业方面我对他并不十分看重，我想我记得告诉他……我认为舍曼·迈尔斯是个'神气十足的小人'……"斯波尔丁也披露，比斯尔告诉他"某些电报已经收到，放在情报官的档案中，他认为十分必要将之销毁。我模糊地记得，这些电文贬损陆军部，由他（比斯尔）本人负责销毁。我还记得，它们是机密情报，总统、国会、公众、史汀生先生和马歇尔将军对之不了解是最好不过的了。我有种感觉，比斯尔销毁了它们，甚至连当时的情报官雷蒙德·李将军也不知道这些电文的存在"。

接着就轮到了现为准将的比斯尔作证。他承认与斯波尔丁讨论过珍珠港事件，进而证实听到迈尔斯被称为神气十足的小人，但否认说过任何电文已被销毁的话，也未曾听到任何关于电文正被销毁的事，除了1940年清理第一次世界大战的档案这个例外。

"你销毁了你称为极其重要的记录，因为如果众所周知这些档案还存在的话，将对陆军部十分不利，你告诉过斯波尔丁这样的话吗？"

"我没告诉过他。"

就陆军部而言，这种断然否认使这件事就此了结。但我们似乎有理由设想，如果比斯尔干了任何不合适的或非法之事，在任何情况下他都会否认这种断言的。人们可以正当地认为，他大概对老朋友斯波尔丁吐露了真情，而从未想到这一内情会受到官方的调查。

6

克劳森上校前往太平洋和欧洲。在美茵河畔的法兰克福，他6月初拜访了现为中将的艾森豪威尔的参谋长比德尔·史密斯。① 史密斯起初反对询问他。他对只是中校的克劳森"摆臭架子"，坚持此事应该上呈艾克（艾森豪威尔的

---

① 该年初，斯塔克的代理人里奇蒙上尉在马耳他碰巧与史密斯和马歇尔将军同乘一车。里奇蒙说："将军，我不知道您是否还记得我，但我曾与您在华盛顿市区发生过一点争吵。"马歇尔认为他以前在某个地方见过里奇蒙。"我是斯塔克将军在调查法庭的代理人，协助过哈特将军，问了您几个问题。"

马歇尔说："噢，想起来了。顺便说一下，他们使我完全卷入了那件事。"他记不起12月6日和7日周末发生的任何事情了。

史密斯插话说："将军，有一本包括全部事情的书。发生珍珠港事件后的第二天，您让每个人就能够回忆起的珍珠港事件前和当天发生的事情，各写一份备忘录，收集成单卷本。是我做的这件事。"

马歇尔想知道这本书究竟写的是什么，史密斯说，它仍然存放在参谋长办公室的保险箱中。

美国的耻辱

昵称——译者）。但克劳森不是能被吓住的人，他是在奉职衔比艾克更高的史汀生的指令行事。面谈期间，史密斯断然否认萨德勒上校声称的他曾在12月5日要史密斯和杰罗授权他发给夏威夷一份警告，但遭到两人拒绝。他还否认布拉顿上校的说法，即他在珍珠港事件前夕曾交给史密斯一份内容有13部分的电报。他说他在12月6日下午7时左右就离开了办公室，因此布拉顿交付电报时他不可能在办公室。

数周之后，克劳森在戛纳见到了杰罗，他也否认萨德勒的证词，而且他从未见过任何"风"指令。"如果我收到过这样一份电报或警告，鉴于其重要性，我相信我现在会回忆起这一事实的。"他同样否认布拉顿在12月6日晚上曾交给他那份13部分的电报。

布拉顿现在是柏林美国占领区参谋部情报机构的负责人。柏林美占区参谋长保罗·兰塞姆准将把布拉顿看作"一个能力非凡的官员，尤其十分胜任情报工作，在俄国不妥协造成困难的形势下，他在柏林工作得很出色"。

是年7月，布拉顿有一天正在环绕柏林的公路上，要去英占区司令部，这时一辆英国小车赶了上来，示意他停下。克劳森上校走出车，告诉了他这次使命的目的，他有权利询问布拉顿。他们刚在布拉顿的军营宿舍坐下，克劳森就发现他把这次询问所必需的文件遗留在了巴黎。他向陆军情报部门发报，要求派信使把这些文件尽快送到柏林，但被告知这种材料属于绝密，询问将不得不在巴黎进行。

布拉顿惊魂未定，去找朋友威廉·F.海姆利希中校，海姆利希是第15军作战情报部门负责人。布拉顿说了他如何不得不与克劳森上校去巴黎，担心也许回不来，然后详述了日本进攻前发生的事件，他在军需大楼目睹了这些事件的发生，也描述了他以后与马歇尔之间的问题。他从办公室的保密箱中取出一个密封的牛皮纸信封，说里面装着珍珠港事件之前数月内呈送马歇尔的情报摘要副本。这些摘要本准备呈交总统，布拉顿请海姆利希注意许多段落已被划掉，边上签着"G. C. M"。

海姆利希回忆说："如果布拉顿回不来，我会亲手把这些文件交给他的家属。他没有说他也许回不来的原因，我想他也许继而直接从巴黎回华盛顿。"

7月27日，询问在威尔士亲王旅馆进行。克劳森给布拉顿看了他此行中收集的许多宣誓书。布拉顿看了比德尔·史密斯和杰罗两位将军的宣誓书后，立即改变了以前的证词，即他曾把有关珍珠港事件的那份13部分电文交给这两位官员之一，在驳斥自己的宣誓书中，他说："我此前所做的可能与我在此所作陈述相悖的任何陈述或证词……应根据我在这里的陈述予以修正和考虑改动。现在这份宣誓书反映的是我对所阐述问题的最佳回忆，一种比我以前在陆军珍珠港委员会作证时更好的回忆，是我在几个方面的记忆恢复之后写成的。"

布拉顿变乖了，返回了柏林，什么也没说就从海姆利希处索回了他的证词的影印件。

克劳森的下一个证人是萨德勒。8月13日，他们在华盛顿会面，像布拉顿一样，萨德勒否认了此前的证词。他在12月5日从未与杰罗和史密斯两位将军商议过有关对夏威夷的警告，也未曾见过什么"风"指令电报。

三天之后，不知疲倦的克劳森前往波士顿走访了迈尔斯，他寻找材料的行程已有差不多5万英里。迈尔斯将军否认曾在12月5日就萨德勒据说从诺伊斯将军处收到一份可能的"风"指令的情报会见过萨德勒上校和布拉顿上校。

克劳森的调查结果使史汀生十分高兴。虽然这位走来走去的上校揭露出一些证据，引起对华盛顿发给肖特情报之程度的重重疑虑，但陆军部长还是对布拉顿和萨德勒大为不利于马歇尔助手的证词被否认而感到宽慰。会牵涉参谋长本人的任何新材料都未出现。的确，克劳森和克拉克两份报告最后结果将使陆军部从陆军珍珠港委员会提出的指控中洗刷干净。

7

在五角大楼的另一处，休伊特的结论同样使福莱斯特尔如释重负。在这位上将的报告上签字时，福莱斯特尔发现，在阻挠给金梅尔提供清楚表明即将进攻夏威夷的至关重要的情报的问题上，华盛顿的官员没有丝毫过失。他尤其否认存在任何截获的"风"指令。但他确实指责金梅尔和斯塔克未能表明"履行与其军衔及其职责相称的指挥所必需的高超判断"。①

福莱斯特尔对休伊特的报告十分满意，感到再无理由不让公众知道海军调查的报告了。8月17日，既对日作战胜利日之后三天，他与杜鲁门总统讨论了这一问题，杜鲁门曾因发表在《矿工》双周刊的文章中攻击金梅尔和肖特而使自己搅进珍珠港事件的纷争。他对此十分懊悔，现在决定使自己和政府均不沾染这一问题。他毕竟不曾介入战前的政策，不必为自己的行为辩护。作为一个忠诚的民主党成员，这一问题会使民主党政府免遭新的攻击，而不会引起更多麻烦。他同意福莱斯特尔的意见，即最佳解决办法是尽可能快地彻底结束这一争执：第一步应公布陆海军的报告。战争既已结束，下述理由不再成立，即出于国家安全考虑，珍珠港事件的机密材料不得公开。精明的杜鲁门说，否认有这种材料，"只会增加并加剧环绕在诸如珍珠港事件之类具有广泛国家利益的事件上的神秘气氛"。

史汀生或许不喜欢这种想法，但没提出任何异议。8月29日上午，杜鲁门、他的顾问们以及陆海军部的官员们开始敲定公布这两份报告的最后细节。但福莱斯特尔担心杜鲁门是"一时冲动"而为，提出再作考虑。他本人和金对海军法庭报告的两个批文对金梅尔谴责很重，致使福莱斯特尔担心公布批文会使这位夏威夷的指挥官不能受到诺克斯1942年保证的不带偏见的军法审判。与此同时，海军部长认识到，再不公布海军法庭的调查结果，可能导致被指责是为了掩盖真相。

福莱斯特尔对杜鲁门说，要解决这种窘境，要么对金梅尔和肖特进行军法审判，要么另成立一个研究这一案件的委员会。他提出，虽然已宣布对这两

---

① 休伊特以后在哥伦比亚大学《口述历史集粹》的一次录音采访中声称："福莱斯特尔部长在这件事上有一些非常固定的想法。他要我去找不能找到、也的确未找到的某些东西。我没有根据他的某些想法提出一份报告，我想他对此深感失望。"遗憾的是，休伊特没有讲出福莱斯特尔的"想法"是什么。

个指挥官还要进行审判，那为何陆军不公布它的报告、海军什么都不公布呢？

史汀生的两个代表在会上都起劲反对。为什么他们该接受一项让陆军备受谴责的建议呢？此时总统结束了这一争执。他保证，尽管全部公开，金梅尔也会得到公正的审判。

在那天上午的记者招待会上，杜鲁门宣布，两份签署的报告将予以公布。他特别提到，在陆军委员会的报告中提出了对马歇尔将军的批评，这在史汀生的声明中被视为尖锐问题，被说成是毫无根据，他认为陆军参谋长"始终以其通常的'非凡技能、活力和效率'在行事。我衷心赞成陆军部部长的此意见"。他进而补充说："我的确充分信任陆海军所有战时领导人的技能、活力和效率。"

以这种方式向公众公布陆海军报告，使报告被谴责它们的史汀生和福莱斯特尔的批文抢去风头。事实上，一些读者的印象是，陆海军报告就是确认金梅尔和肖特有罪。[①]大多数新闻记者和电台评论员对这些公布出来的材料百般挑剔。海军部舆情处发现不赞同的意见来自64%的社论撰写人、54%的报刊专栏作者和68%的电台评论员。《基普林格华盛顿通讯》称之为一种掩盖手段。"这些高层人物正在对自己的行为进行判决。他们躲避所有谴责，互相洗刷，讲出部分真相。这也许很自然，但并非诚实之举……"

政治评论家加布里埃尔·希特在共同广播网上做出的即时反应可谓是替罗斯福和杜鲁门政府辩护的典型。"如果有人今晚问谁完全信赖地支持乔治·C.马歇尔将军，我会回答：记下我的名字……与千百万美国人站在一起。"

杜鲁门在翌日的记者招待会上对如何阻止不满浪潮一筹莫展。从一开始，

---

① 陆军委员会成员拉塞尔将军看了发自华盛顿的首批电讯后感到很厌恶。"当这些报道在华盛顿受到'操纵'时，新闻界对委员会的调查结果几乎未置一词。对这些调查结果的批评则被大载特载。总统和陆军部长轻描淡写地为赫尔先生辩护，因为他在报告中受到些微批评，但马歇尔是他们要大加营救的一个人。可怜的老斯塔克被完全遗忘了，他的玩忽职守与马歇尔的玩忽职守几乎并无二致。其实，海军委员会的调查结果已使他不再承担其官职应负的任何责任，而这些调查结果事实上已得到批准。这种实际上把斯塔克踢出海军的处理是多么奇怪，这就是被总统和陆军部长描述为马歇尔非凡技能、活力和效率的例证。"

美国的耻辱

他就遇到连珠炮似的尖锐提问：报告为何在美军进驻日本的当天公布？报告像某些指控的那样是一种开脱吗？他杜鲁门下令对金梅尔或肖特进行军法审判了吗？为什么华盛顿和夏威夷之间的通信会中断？对最后一个问题，他的回答只能产生更多的疑问。"我要说，整件事是国家本身奉行的政策的结果。国家并没有做好准备……我认为，珍珠港最后发生的情况，国家与任何个人，应承担同样的责任。"

时任副总统哈里·杜鲁门

杜鲁门的这种说法激起普遍义愤，纳什维尔的《旗帜》报表达的义愤很具代表性："把责任强加给美国人民的企图是对国民的侮辱。"但看来报告产生的最具破坏性的结果是对乔治·马歇尔的贬损。战争情报处的一份新闻摘要报告称，"马歇尔将军的名声受到玷污这一事实已是无法改变……他的名字与金梅尔和肖特列为一类，美国公众早就被引导，认为这两人应对珍珠港悲剧负主要责任"。华盛顿谣言四起，说马歇尔打算退役，并要求军事法庭除掉他的名字。此种传闻被官员们说成是"一派胡言"，但华盛顿的谣言制造厂视之为唯一可信的说法。

总之，对珍珠港事件进行最后彻底调查的要求来自方方面面，日渐增多。到了9月初，国会看来很可能要批准一次全面和公正的调查。5日，众议院提出两个调查议案，翌日，参议院的弗格森参议员可望提出一项议案。众议院议长萨姆·雷伯恩试图阻止国会的任何调查，但显得很是软弱无力。他不无感触地说"希望国会能够忘掉此事"，然后长叹一声，"但我想它是忘不掉的。"

国会不可能忘记。多数党领袖巴克利宣称，总统不仅批准要进行一次全面调查，而且还敦促抓紧进行。杜鲁门在记者招待会上进而证实了这一点。他说，他的唯一目的是获取真相，全部真相，除了真相，一无所求。

《芝加哥先驱报》宣称，"虽然已故的罗斯福总统的名字在这次辩论中没被提及，但巴克利、弗格森和另外几个参议员的话清楚表明了一种意识，即如果把证据摆出来，只有国会的调查才能有望确定罗斯福先生承担的责任"。

参议院的这个议案被送到众议院，雷伯恩答应立即予以考虑。该议案肯定会以压倒多数通过的，公众最终被允许参与对 1941 年 12 月 7 日以来曾威胁美国团结的一场争执的公开听证。

第三部　国会里跳舞

第九章

"如果事先知道要发生什么事情……我是决不会让自己被'征召'的。"
1945 年 11—12 月

1

9 月初,一个国会联合委员会被指定调查珍珠港事件。这个委员会由 5 名参议员和 5 名众议员组成,这些参议员和众议员中民主党人各占 3 名,共和党人各占 2 名,这就使受到调查的政府在人数上处于 6 比 4 的优势。

这还给了多数党成员挑选联合委员会的律师的机会。他们选的是有名无实的民主党人威廉·D. 米切尔,他还在胡佛的内阁中同史汀生共过事,并同史汀生抱有许多共同的信念。作为纽约的一名律师,71 岁的米切尔坚信陆军和海军的军官们没有撒谎。他和他的主要助手,一位年轻的已隐退的新政主义者格哈特·A. 格塞尔一样,都是义务供职的,而当时,副国务卿迪安·艾奇逊的律师事务所的一位合伙人年收入 35000 美元。

曾为休伊特将军的调查帮过大忙的约翰·桑尼特已不再领导有影响的海军珍珠港事件联络组。他已被提升为美国司法部副部长,其工作由他能干的助手接替。陆军联络组包括七名倾向新政的聪明伶俐的年轻律师。

这样一种阵容势必将使民主党人在听证会上处于决定性的位置。有些共和党人担心，这个经历显赫、享有盛誉的米切尔会必然倾向多数党的观点。从该委员会的第一次预备会议开始，争执就十分激烈，在是否解密有关个人机密材料的问题上争执尤甚。11月2日，少数党高级成员，来自缅因州的参议员欧文·布鲁斯特，将此争执提到了参议院，他抱怨委员会的多数人在那天上午所做的规定，即不允许任何人查阅记录。

布鲁斯特，一位反新政主义者，讲话咄咄逼人，这位能让坐在边远角落席位上的人都听到他声音的参议员，在两个小时的激烈辩论中，愤怒地指责民主党人利用上述规定，阻碍对珍珠港事件进行彻底调查。"我只不过是请求会见委员会主席，告诉他有些记录和档案我应查阅一下，我并不要求单独去，他可以指派一名委员会律师与我同去，我只要求允许我查阅记录，以确认我听到的传言或报告是否真实。"

另一位共和党参议员霍默·弗格森也同样恼火。"如果没有那些记录，委员会要有效地询问证人是绝对不可能的。事实是，对这次调查十分重要的档案和记录不见了。"弗格森指责说，委员会的组成是不合理的。那天上午的办公会议上，每一个有争议的问题都是严格以党派划限投票决定的，因而有利于民主党。此外，他说首席律师米切尔可以"随意决定什么能干，什么不能干"。一切由米切尔说了算。

布鲁斯特透露米切尔向他讲的话后，共和党人的责难又持续了好几天。米切尔告诫布鲁斯特，有关日本偷袭珍珠港前夕关键时刻的政府四个监听站的档案都失踪了，并且其中一个监听站的记录因为没有地方存放已被销毁。翌日，即11月6日，委员会中两名共和党代表又在参议院提出其他责难。加利福尼亚州的参议员，反对新政，且因极力主张把冰岛作为美国第49个州而出名的孤立主义者伯特兰·吉尔哈特指责说，一份以"风"著称的指令电文也不见了；来自威斯康星州的弗兰克·基夫宣称，不让他去看望一位在贝塞斯达海军医院进行精神治疗的重要证人克雷默上校，而且"军中都在谈论这种方式使克雷默身心俱焚"。另一位不是委员会成员的共和党议员也含沙射影地说：

　　　　　　　　　　　　　　　美国的耻辱

"使我惊讶的是，他们只是把他锁了起来，而没有把他化成水。"

在参议院，共和党人也要求获得查阅罗斯福个人档案的自由。这使得委员会中的民主党参议员斯科特·卢卡斯大为光火。卢卡斯是位忠实的新政主义者，除了1937年因指责罗斯福的改组法院计划有过一次失误外，他一直支持罗斯福政府的国际主义对外政策。"我永远不会授权任何一个成员去查阅这些档案的。我弄不明白为什么参议院中有人一直希望亲自去查阅一位美国前总统的个人档案。我简直无法明白——没有任何人比我更想看那位来自密歇根州的参议员的个人档案的了。"

为了安抚共和党人，杜鲁门总统在11月9日签署了一项授权向委员会成员个人开放补充情报的命令。萨姆·罗森曼和司法部长提出抗议，说这走得太远了，但共和党人一点儿也不满意。布鲁斯特说，杜鲁门的缓和姿态"似乎是由总统的那些有巨大创造力、使政府各部的头头们不知所措的顾问们设计出来的"。

布鲁斯特的抗议得到了长期反对罗斯福国际主义政策的参议员伯顿·惠勒的赞同。他说，对珍珠港事件调查工作强加的限制，在其22年的参议院生涯中是没有先例的。"如果允许这么搞的话，我参与的'壶盖'调查将必败无疑。"

参议院多数党领袖艾尔本·巴克利在第二天反驳说："不论是作为主席的我还是整个委员会，都不会鼓励任何防止公开被调查的事实的努力。我认为，我们的任务就是向公众提供所有事实，不管它们伤害的是地位高的人还是地位低的人，我们计划前后一致地指导这次调查。"

威廉·米切尔被这些积怨搞得烦透了，他给一位共和党密友写信说："对我来说，要承受这些公开进行的指责和反驳是十分痛苦的。我在接受这项工作时告诉委员会，希望它明白不要有任何秘密材料，在把事实搞清楚的问题上不要对我有任何限制，他们一致说在这个问题上会全力支持我。我尚未发现民主党人中有任何哪怕是最轻微的想扣压什么东西或对我施加限制的迹象……情况很难办，有人要看我们的热闹，我要是事先知道会发生什么事情，且政治上情感和扣压文件的指责四处传播，是决不会让自己被'征召'的。"

听证会上投下了一道怀疑的阴影，处于少数的共和党人仍希望，如果他们进攻的火力足，或许会得到全部事实真相。至少他们会最终有机会调查史汀生、赫尔、福莱斯特尔等罗斯福政府的领导人。11 月 15 日，在参议院办公大楼华丽的、枝形吊灯高悬的会议室里，听证会在一片好莱坞式的气氛中开始了。会议室里，曾发生过像"壶盖"事件那样的国内丑闻，那幅 J. P. 摩根的膝盖上站着一个侏儒的古画已被取走，为了方便委员们及其律师和坐在拼成"T"形长桌子旁的证人们，挂了不少大幅图表。每人面前有一只麦克风。"T"形桌子两边站了 100 名记者。后面挤了约四百名急于想看一看主犯的观众，五名摄影记者借助耀眼的弧光灯，摄下了这个场面。

听证会在一种不祥的调子中开始了。主席巴克利刚一大声要求肃静，会议室就暗了下来，原来一根保险丝断了。等了不少时间，灯又亮了，首席律师米切尔开始了开场白，没几个人能听见他说了些什么，因为不管事儿的扩音器盖不过照相机的"咔嚓"声和闪光灯的声音。

第一次听证会上，主要由一名将军和一名上校讲述了 12 月 7 日珍珠港的主要情况及那个重要日子里所发生的事件。也许最专注的听众是金梅尔将军和肖特将军，二人都身着便装，同他们的律师坐在一张小桌子旁。

直到次日观众才第一次被听证会搞得来了劲儿。当问及 1941 年秋华盛顿是否命令金梅尔、肖特和麦克阿瑟"要让日本人打第一枪"时，那位海军陈述人只是说他不知道。吉尔哈特愤怒地喊道："难道这就是他们让你们这些人到这儿来念道听途说的口供，然后只是说你们只能回答'这不是我要回答的问题'的理由？"

吉尔哈特极力想使海军的陈述人承认 1941 年 11 月华盛顿发出的命令中有"某些具有特别重大意义的内容"，这让平常和蔼可亲的巴克利异常恼火，他禁不住不假思索地说吉尔哈特是在把这次听证会当作一块政治上的共鸣盘。他的话没有被记录。

而后又出现了六次激动的场面，那天快要结束时，共和党人反抗情绪甚

美国的耻辱

浓。弗格森要求最多在 10 天之内把所有物证的副本提供给委员会。然而 1000 多页的没有索引的材料在第一天就被丢到了委员们面前。难道这种一股脑儿抛过去的战术是防止少数党进行巧妙质询的图谋的一部分?

共和党议员伯特兰·吉尔哈特

在当天举行的一次记者招待会上,共和党人指责说,民主党计划中的调查仅仅是企图洗刷罗斯福政府。民主党人则反驳说,共和党的做法正是"对富兰克林·D. 罗斯福的坟墓发动的一场偷袭"。民主党全国委员会主席罗伯特·汉尼根把这称为一种"无序的政党拼命"。

在记者们看来,这场听证会显然将蜕变为两党之间的一场大战了。W. H. 劳伦斯在《纽约时报》上发表文章说,从他们走得这么远来看,"几乎可以肯定,在整个调查过程中,他们仍将分裂为民主党和共和党两个集团,其结果

海军核心圈子成员 (从右至左):太平洋舰队司令理查森、海军部长诺克斯、
亚内尔将军、海军作战部长斯塔克

将是由六位民主党人搞一份多数人的报告，四位共和党人搞一份少数人的报告"。

最初几天令新闻界大失所望，因为这场调查似乎正在变成一场毫无逻辑的争吵。但是，随着 19 日金梅尔的前任、理查森将军这个第一位真正的证人的露面，情况发生了变化。理查森此前曾指责珍珠港事件是个"该死的捕鼠器"，表示他坚信罗斯福总统而不是金梅尔和肖特，应对这场灾难负责。当他告诉委员会他曾在 1940 年 10 月 8 日 —— 距总统大选不到一个月 —— 与罗斯福共进午餐时敦促他应让太平洋舰队返回加利福尼亚时，引起一阵轰动。他说，总统坚持太平洋舰队留在夏威夷"以对日本的行动起一种牵制作用"。理查森争辩说，日本的军人政府知道美国舰队人员不足、没有做好开战准备。因而这支舰队怎能起牵制作用？

"尽管有你讲的问题，"罗斯福答称，"我知道太平洋舰队在夏威夷水域的存在已经，而且正在对日本的行动起一种牵制作用。"

"总统先生，我仍然不这么认为，而且我知道我们的舰队部署不利，需要对战争或为发起战争行动做好准备。"而后理查森问总统这些舰只是否将参战，总统说，如果日本人进攻泰国、克拉半岛，或荷属东印度群岛，美国不会参战，但日本人迟早会犯一个错误，将行动区域扩大，"那我们就会参战"。

次日早晨，《华盛顿邮报》的下述标题映入读者的眼帘：

> 理查森说……罗斯福预言将同日本开战，把舰队部署在夏威夷周围起"牵制作用"。

"我一直被对珍珠港事件的调查弄得心烦意乱，而且现在依然如此，"埃莉诺·罗斯福当天写信给哈里·霍普金斯说，"因为我有一种感觉，那些人中没有一个顾及总统的利益。"她指的是她的丈夫而不是杜鲁门。"我敢肯定，长期下去，问题会搞个水落石出的，但你必须记住，所有这些证人都会只顾他们自己的利益。"

　　　　　　　　　　　　　　　　　　美国的耻辱

2

这时共和党人已抱团发动进攻了。虽然布鲁斯特询问起来更精明，但弗格森接过了领导权，因为他对这件事兴趣更大。他将个人事务和社会性事务搁置一旁，在国会的其他工作中，只有此事最重要。他的主要助手是小珀西·L. 格里夫斯（读"格雷夫斯"）。作为 1929 年在西那库斯毕业的优等生，他在 1943 年成为共和党全国委员会的副研究理事之前一直是城市人身保险公司公共关系研究部门的头头。格里夫斯和六名助手被留了下来，以协助所有少数党成员努力搜探出隐藏的基本事实。这些活动所需的钱是由作家、专栏作家约翰·T. 弗林募集的。作为一名坚定的罗斯福的仇敌，他把精力投入到了使美国摆脱战争的战斗。现在他同样专注于证明罗斯福及其顾问们通过日本这个后门，有意识地把国家一步步地拉入了战争。

格里夫斯回忆说："由于弗格森在对珍珠港事件的调查中比其他任何少数党成员花的时间都多，做出的努力都大，因而我的工作很平淡，即时常同他一起向参议员布鲁斯特汇报，并同共和党众议员基夫和吉尔哈特保持联络。"

委员会的大多数成员简直被如此浩繁的材料湮没了，他们只好依据口供，在干完国会里的其他工作之后，看东西的时间就所剩无几了。但弗格森指示他的工作人员和秘书，除了最紧急的情况外不要打扰他。他平静地过着例行公事的生活，把睡眠之外的大部分时间都用在了珍珠港事件上。

在每天的听证会开始之前，他和格里夫斯都一块儿工作约一小时。有必要了解每一个证人对哪几段时期比较熟悉，以前曾证实过什么，别人又对他的情况或他比较熟悉的事实证实过什么。头天晚上，格里夫斯会把有关此种情况的冗长的文档查看一遍，对相互矛盾的口供做出特殊的说明。平日每天上午快 10 点时，他们顺着走廊走到会议室，几名助手帮着格里夫斯把会议所需的许多文件拖过去。当他们走到委员会的桌边时，常常又有一堆文件等着他们。当弗格森提问时，格里夫斯坐在他旁边向他提供所需的文件，并在一旦证人的回答发生意想不到的转变时帮他出主意。

上午的听证会结束后，他们就回到弗格森个人的办公室，那里有秘书给他们端上汤、三明治和冰激凌。他们边吃边讨论下午的会议议程。弗格森经常给他患病的妻子打电话，她则给这位参议员打打气。下午的会结束后，两人就又回到弗格森的办公室，讨论当天发生的事情并制订次日的计划。而后格里夫斯交给这位参议员一堆当天晚上要看的材料，六七点钟他们起身离去。

11月22日，上了年岁的正在生病的赫尔作为证人出场了。他随身带了一份22000字的声明，以支持他的论点：他坚持不懈地避免同日本开战。他没有自己来念声明，因为他的医生向委员会建议说，那样将会产生过度的紧张。

像委员会里其他两名民主党参议员一样，来自佐治亚州的参议员沃尔特·乔治也曾对罗斯福的干涉政策很难转过弯儿，但战争一爆发，他就忠心耿耿地支持总统了；现在他不大可能同共和党人一道，对他后来接受的对外政策提出批评。乔治说，没有任何必要念赫尔的声明，因为所有成员人手一份副

珀西·格里夫斯同弗格森（左）、布鲁斯特（右）在一起

　　　　　　　　　　　　　　　　　　　　　美国的耻辱

本。民主党人对此一致同意，但布鲁斯特却说，赫尔的意见太重要了，有必要大声念一遍。他还建议让赫尔在下午2点回来回答提问。可想而知，其他共和党人都同意布鲁斯特的意见。在这点上，党的一致性首次出现了裂缝。

久病之中的赫尔脸色苍白、哆哆嗦嗦，披着棉衣在下午2点回到会议室，接受了米切尔的主要助手格塞尔45分钟的体谅的提问。这位前国务卿以疲倦不堪的声音说明，他事先根本没有预见到对珍珠港的进攻，并且否认知道1941年11月初之前美国曾保证保护英国在太平洋的属地。

共和党人聊以自慰的是他们手里握有一份记录在案的马歇尔和斯塔克两人的联合备忘录。这份注明日期为1941年11月27日的备忘录称，眼下同日本进行的谈判不应有什么结果，"日本可能进攻缅甸、泰国、马来西亚、菲律宾和俄国沿海省份"。他们认为有五个地方可能遭受攻击，但夏威夷不会。

接下来的周一，赫尔再度露面，以接受格塞尔和友好的民主党人的质询。他的回答有气无力，直到有人念了陆军部报告的一段摘录，这段摘录把赫尔11月26日给日本人的答复描述成一份最后通牒，并得出结论说："这就是驻日大使（约瑟夫）格鲁极巧妙地意指的那份启动了引发这场战争的按钮的文件。"这句话激怒了赫尔。他的嗓门儿虽难以提高，但话语却极具爆炸性。"如果我可以想说什么就说什么的话，我希望所有你们这些有宗教心理的人都退休！"他在后面的发言中极力克制不使用辛辣的言辞，其声音微弱但却隐含不祥，"几个月来我忍受着不光彩的指责，任何一个理性的有思想的人都知道日本人同样在侵入太平洋地区，以极力谋取对该地区的绝对控制权，使我们连一船货物也运不到太平洋彼岸，除非接受敲诈性的条款——"他气得几乎晕过去，便停下来，喘了口气，而后继续说道，谁都知道日本人正在采取征服行动，"……而某些知之甚少又漠不关心的人现在却说，'美国为什么不做出让步以使我们免于战火'，任何人都知道，而且如果回头看看最后10天、12天、14天里的局势，任何有理解力的人心里都清楚日本人当时正在干什么。他们已经出发要进行那次决定性的攻击，除非我们屈膝投降并像懦夫一样死去，没有什么人想阻止他们，我们会变成非死不可的懦夫的。"给他的时间到了，他在有力的掌声中走出会议室。

他的退场足够一个像巴里莫尔兄弟那样的大演员的派头,有效地阻止了受到挫折的少数党对一位证人进行调查,他们仍认为他应对导致珍珠港事件的那场灾难性的谈判负官方责任。

尽管没有出现新东西或惹人注目的场面,人们对这次调查仍然兴致颇高。来自全国各地的100名报界记者在参议院办公大楼里肩挨肩地围着4条电报线路,海量的消息倾泻而出。《纽约时报》报道说:"广泛的报道质量如何另当别论,但令人痛苦的珍珠港事件的报道往好里说也是混乱不堪了。它被相互矛盾的证言、不同的回忆和激烈的一个又一个回合的政治较量弄得复杂化了。"证言是被刻意制造出来以迎合旧有的偏见的。纽约《午后报》的标题是——"罗斯福不光彩的珍珠港阴谋大曝光"。《华盛顿时代先驱报》及其他许多报纸则把第一周视为对罗斯福有罪的日记进行的一场战犯审判。"这个国家被一个人,即已故的全然无知和内心高傲的富兰克林·D. 罗斯福吓破了胆",约翰·奥唐奈在《纽约每日新闻》上说,"现有的证据说明了一个简单的严峻的事实:罗斯福及其智囊团因轻率愚蠢的行为……对那场流血大灾难负直接的和个人的责任"。

纽约《美洲日报》文章的题目为:"赫尔的敕令使日本人决心开战"。而同一天下午的《纽约邮报》则看法不同:"日本在会谈之前已计划开战"。全国各地都这么说。

后来的几天里没有解密多少有价值的东西,众议员吉尔哈特指责说,委员会里的民主党人正"故意"一点点地拿出证言,以"使一场真正的调查废掉"。他在12月1日对记者说,民主党人已经达到了目的,"他们已经把委员会变成了一个不负调查责任的司法机构"。

三天之后随着泰勒·肯特到达霍博肯,事态的发展又给人们添了点兴趣。他是在监狱里度过了五年多铁窗生活后搭乘英国货船"银橡"号来的,随身带的衣箱里有一份秘密审判的副本,衣箱是由一名不知情的苏格兰警察厅的特工带出监狱的,他一时疏忽忘了查衣箱里都有些什么东西。

美国的耻辱

肯特一下船，就由两名警察保驾去见等候在 3 号码头的他的母亲。亲吻过后她说："见到你真是太好了。"而后他被带进一间屋子，那里挤着 40 多名记者，开始连珠炮似的向他提问题。他为什么携带这些罗斯福—丘吉尔文件？"我认为这些文件里有参议院和美国人民应当知道的信息。"还有人问他是否要在珍珠港事件调查中作证，他说他乐意去，但还没有人要求他去。"与珍珠港事件那段时期无关，而是关于美国参战的。"

他承认本不应把这些文件带到他在伦敦的寓所，"但在特殊情况下我认为我有一种道义上的权利"。最后，他在他母亲雇的两名私人侦探保护下，从记者堆里夺路而去。"你要去哪儿？"这是丢给他的最后一个问题。"我们就要消失了。"肯特说。①

3

刚一宣布最近卸去参谋长之职的马歇尔将在 12 月初到委员会露面，人们的兴趣又来了。11 月 28 日，杜鲁门因"在胜利的战略上起到的突出作用"而在他的优异服务奖章上又添了一枚橡叶勋章。第二天，在帕特里克·J. 赫尔利辞去驻华大使之后，总统挑选马歇尔作为他的大使级特使赴华。

当时马歇尔夫妇正在弗吉尼亚州利斯堡的家中。下午 2 点来钟马歇尔夫人上楼休息时，电话铃响了。马歇尔接了电话。当她 3 点钟下楼时，收音机里播放了她丈夫将立即动身前往中国的消息。她一动不动地怔在那里。

马歇尔从躺椅上站起来说："我们进来时的电话是总统打来的，我怕打扰你休息一直没告诉你。"

马歇尔立即前往华盛顿，他叫来了罗伯特·迪格斯上尉，后者是位执业律

---

① 几年后作者问肯特他是否会完全再做一次，他说他会，但这一次他不会被抓住。"我如果更老练些，当时是不会出现那种情况的，我会更加小心谨慎的。"但他还会那么做，因为得阻止罗斯福把美国拖入那场错误的战争。

师，被指定负责为这位将军准备在国会联合委员会的证词。在过去的两个月里，迪格斯，这位汉密尔顿和耶鲁法学院的毕业生，把以前的调查中与马歇尔知道的事情相关的所有证据搞了一份概要。迪格斯从来都没有压力，因为按照日程安排，将军是最后一位证人。迪格斯正在把所有有关的命令、备忘录和信件的概要整理成文件，这活儿冗长又乏味。

迪格斯没有听说关于中国的消息，当获悉马歇尔将不得不在一周内作证时，他大吃一惊。这意味着迪格斯不仅得加紧为将军做准备，而且还得急忙为应付将向将军提问题的米切尔和格塞尔做准备。

马歇尔告诉迪格斯，他在委员会作证是"在事情结束之前的头等大事，我可以在想同他商量时随时闯入他的办公室，即使有人在场也无妨"。他们俩马上就一天花数小时磋商好几次了。"我坐在他的桌子对面，他把我准备好的材料通读一遍。他很少发表评论或提问题，因此我也很难知道他用了多少心思以及在多大程度上同意或不同意材料里的说法。他偶尔的评论使我振作：他认为我对事情的把握不全面或者不透彻，并且会就进一步研究的途径提出建议。"

他们之间的关系很独特。迪格斯没有被当作一个级别低的上尉，而是被作为与这位前参谋长地位平等的律师。有一天他们受到了计划去中国旅行的一帮人的打扰。"他没有要我走开，而是同那帮人坐到办公室另一侧的桌子旁，而后，他刚一把他们赶走，就回来继续讨论。"

另一天上午，迪格斯提前几分钟到了五角大楼，将军的秘书告诉他将军正和驻华大使在一起。迪格斯在接待室里一直等到大使离去。马歇尔很生气，"迪格斯，"他尖刻地说，"我一开始就告诉你可以在任何时候进来，不管这儿有谁。"这是马歇尔第一次批评这位年轻律师。"我有十多分钟一直想摆脱掉那位烦人的大使，知道你要8点半来，我就有借口摆脱他了。可你倒好，不进来，反倒坐在大厅里等着他离开。"

马歇尔要在委员会露面的头一天，已升为中将的杰罗突然被带出来作证，由于他承受了11月27日向肖特发出混乱的战争警告的责难，所以他一出现就

　　　　　　　　　　　　　　　美国的耻辱

引起了一场不大不小的骚动。

米切尔问他是否肯定那不是马歇尔和史汀生的责任："难道继续那么干不是他们的职责？"

"不是，先生，"杰罗这位曾被授予过奖章的诺曼底登陆的英雄说，"我是参谋长的一位顾问参谋，手下有48位军官。检查这些电文是我的责任，如果需要一份调查材料的话，战争计划处就应当起草这样一份调查并将其呈送参谋长批准。我已说过，我是战争计划处的头儿，那是我的责任。"听到终于有人承担责任使人耳目一新，但杰罗实际上只是为战争计划而不是为向夏威夷发送混乱电文承担责任。少数党也明白杰罗承认违法乱纪只是一种策略，旨在缓解对马歇尔的责难并为这位前参谋长的证言做铺垫。

就在马歇尔如期在12月6日（星期二）上午开始作证之前，他还问迪格斯有关这一过程的安排及对他有什么要求。迪格斯说，以前，海军的最高层人物都是坐在一张桌子旁，两边有两三位助手以供咨询，有时在回答问题之前就早早坐在那儿了。"我说这样效果不好，我觉得他应当一个人坐在那儿，独自回答问题，给出自己的答案，可以说回忆不起任何具体的问题，但乐意为这些问题提供补充信息。他很赞同我的意见。"

当主席巴克利宣布委员会开始时，马歇尔独自坐在那儿，弧光灯辉煌的灯光映出一个令人印象深刻、坚定的人物形象。迪格斯只是坐在会议室后边的一位观众。"我自然对他的表现极为不安，对他会怎样心里没底。"马歇尔镇静自若地开始作证。他爽快并有根有据地回答了首席律师米切尔提出的所有问题。

迪格斯回忆说："我心里激动极了，听到他完全掌握了向他提出的每一个问题——这表明他不仅专心看了为他准备的所有材料，而且表达了他自己的看法，反映出他抓住了更深层的要素。我认为他的表现很老练，我为他而不是为我自己感到自豪。"

虽然马歇尔曾向迪格斯吐露他认为肖特和金梅尔"很可怕的拆了华盛顿的台"，但他很谨慎，对二人中的任何一个都未公开批评过。当米切尔提出他不能肯定的问题时，他会像在陆军委员会时那样回答："我记不起来了。"他是否知道在珍珠港事件一周之前海军完全丢掉了日本航空母舰的影踪？"我隐约记得整个那段时间我全然不知日本军舰都在哪儿，不记得是否知道失去踪影的实际上是航空母舰分队。我也许知道这事，但我不记得了。"在星期五的会上，他也记不起 12 月 6 日夜里他在哪里了。"我所能确定的是，我没有晚餐约会。"他夫人的记事本表明，那天晚上什么都没记。"他们还查了查是否看邮来的电影了。这大概是我们唯一的放松方式，我没看过那部片子，说明我不在那儿。我们也没打电话，那晚过得更像修道院的生活。"

"你肯定那天晚上你不在白宫？"米切尔问。

"是，先生，也不怎么肯定，"他说，这意味着他也许在，也许不在。

在米切尔提问完毕之后，民主党人接着开始了友好、尊重的提问。中午，巴克利拿不准他们是否能在次日对证言做出结论。将军对动身去中国有什么计划？"先生，我所能做的是，你们一放我走，就把一架飞机准备好。"

"这么说你是想我们一结束你就即刻走？"巴克利说。

"是的，先生。"

少数党成员对不等他们对马歇尔进行充分的质询就让他匆匆在委员会过一遍的企图很不高兴，但他们在次日上午可有机会了。其首席询问者、参议员布鲁斯特因父亲突然亡故而被叫走，其任务由弗格森接替。幸运的是，在格里夫斯的帮助下，他设计了一项"蓝色计划"用来询问这位将军。他用打字机把它打在一张活页纸上，列出了本案中与马歇尔有关的各阶段的整套问题。他并不是想直到每个问题都回答完之后才放他走。

在肯定是马歇尔最难受的时刻结束之际，弗格森成功地使他承认了以下有破坏性的事实：

（1）杰罗负责战争计划，对肖特没有任何权威；故不能承担向夏威夷发混乱电文的责难。而且杰罗没有任何责任向肖特发或不发适当的警报。

（2）马歇尔作为参谋长，是唯一可对肖特行使权力的陆军军官；因此是唯一对没有向肖特发出适当警报负责的陆军军官。

　　　　　　　　　　　　　　　美国的耻辱

（3）12月6日晚上或星期日早晨，值班者中没有任何一位可在马歇尔骑马远行返回之前能做主采取行动的陆军军官。故陆军即使知道局势危急也未进入全面警戒状态。

（4）马歇尔任命了迈尔斯将军当陆军情报局的头儿，虽然知道他不具备适当的条件。

（5）马歇尔知道英国人在珍珠港事件之前暗中参与了"紫码"的破译工作，而且"我们一直极力不露声色"。

（6）马歇尔不知道为什么金梅尔没有得到从"紫码"或其他密码中破获的情报。

（7）在罗伯茨的报告"公开之前，已撤掉了某些内容，在那部分内容被拿掉之前，完整的罗伯茨报告呈交给了总统"。

（8）美国主动提出了对日本人采取一致行动的英、荷、美协议；马歇尔、史汀生和诺克斯批准了这些协议；日本人进攻珍珠港之前协议业已生效。

（9）珍珠港事件之前，"飞虎队"里的美国军官就已准备赴中国同日本作战。

一天来，弗格森毫不留情的严厉盘问终于结束了，显然已使民主党人十分恼火。副主席、众议员杰里·库珀，一位公认的众议院里民主党的强势党员，善于解决麻烦问题的老手，一直很少说话，被记者们起了个外号"斯芬克斯"①。这会儿他问能否向马歇尔将军提一些问题。"我明白他昨天已讲过飞机正等着把他带往中国赴职。"

"它将不得不继续等下去，"马歇尔平静地说，"我由你支配，直到你问完为止。"

"鉴于这种情况，"巴克利说，"委员会休会，星期一上午10点继续开会。"

星期一上午10点，弗格森又开始使用斗牛犬战术，两对多数党人的怀疑

———————————

① "斯芬克斯"是希腊神，带翼狮身女怪。传说她常叫过路人猜谜，猜不出者即遭杀害。——译者注

和嘲笑,他泰然自若。星期二,他攥着"蓝色计划"又回来了。最后,在当天晚些时候,马歇尔被放行去见总统,但事先弗格森已警告他事情还不算完。而后开始让迈尔斯将军回忆。"秃头、说话结巴"(《时报》语)的迈尔斯承认,他曾在 12 月 6 日晚上看过 13 部分(指令),后来又说他没觉得"有必要在那天晚上为了那些电文叫醒参谋长"。

弗格森平常都坐在那条长桌子的右端,但布鲁斯特不在,他把椅子移到左边。一直坐在桌位首席的格里夫斯挪到了弗格森最初坐过的座位上。在提问迈尔斯时,不知参议员卢卡斯说了些什么,使格里夫斯笑了笑。

意识到格里夫斯一直在怂恿共和党参议员,卢卡斯发起火来,对坐在弗格森右边的这位先生嘲笑他表示抗议。"我想知道这位先生的尊姓大名,他有什么权利坐在委员会的桌子边上窃窃嘲笑美国参议院的一位参议员。……我不想坐在这张桌子边上,让一位我一点也不了解的、经常参与此事并时常就参议员们应提问题的形式和种类提醒他们的什么人,对我可能提的与此次听证会有关的某些问题暗自嘲笑。我认为现在该是委员会搞清楚此公到底是谁,是干什么的时候了。"

弗格森说格里夫斯负责参议员布鲁斯特的珍珠港事件的卷宗。卢卡斯想知道格里夫斯此前在哪里工作。"他是不是 1944 年大选中共和党全国委员会的研究人员?让他自己说。"

格里夫斯说他是。而巴克利则纳闷:格里夫斯给布鲁斯特和弗格森干事的报酬由谁来付?

"他没为我干任何事情。"弗格森说。

"没少干吧!"卢卡斯挖苦说。

弗格森坚持说他说不出谁给格里夫斯付钱,等参议员布鲁斯特一参加完他父亲的葬礼回来,他肯定能说清楚。

但卢卡斯最后说了一句话:"主席先生,我并不感激两次被这位先生无缘无故地侮辱,我不想再忍受了。"

休会后,记者们把格里夫斯围了起来。他说,有谁想知道他的报酬是怎

美国的耻辱

么来的，请问布鲁斯特，他星期五以后回来。卢卡斯最后还给记者们留了一句话。"我觉得很奇怪，一个近来与共和党全国委员会如此一致的人居然坐在这里，包揽了两位共和党参议员的研究工作——尤其是在他们大肆声称不希望政治介入之时。"他向记者们许诺，他准备弄清楚"谁在给格里夫斯先生掏钱，掏多少钱，是谁负责把一位著名的共和党人弄进了一场超党派的听证会"。

翌日上午，格里夫斯又回到了会议室，这次他坐在平常坐的位置上：委员会桌子的首位而不是后边。轮到基夫向马歇尔提问了。这位威斯康星州的众议员个子高大，仪表堂堂。在密歇根大学时他是校合唱队的队长，他那纯净的男中音控制了整个屋子。盛传他做辩护律师时，富有逻辑的推理和极富磁性的声音迷住了好几个陪审团。

他先是笑容可掬，但很快就换成了他从前的地方检察官的面孔。多少有些激动的马歇尔为他记忆的几次失误做了辩解：这些事情"在很大程度上已被4年的全球大战磨得差不多了。直到前几天我才开始审查这些重新勾起我回忆的事情……"

在下午的会上，基夫就11月27日给肖特发的含义不明的警告极为谨慎有礼地盘问了马歇尔。作为参谋长，当看来只有他对破坏活动有所警觉时，他竟然不做进一步调查并再给肖特将军下达命令？

"我前面已经说过，我有机会进行干预但我没有做。"

"那好，您说您有机会，"基夫话锋犀利地说，"也就是您的责任，对不？"

"你可以这么理解，先生。"

"好吧，我不想这么理解，我是在问您。这话是您说的，'您有机会'。"

马歇尔可能已感觉到问话中藏有不满，他又做了一次辩解。"基夫先生，"他说，"我桌上每天有许许多多告诉我世界上正在发生的事情的文件要仔细审阅……我在文件上做记号并草签它们；把认为该让陆军部长看的文件挑出来，以确保他能看到这些文件，防止由于各种偶然原因使他看不到同样的电文。"他又赶紧加了一句："我这么说并不是把责任往陆军部长身上推，我只是想让他知道那些文件。 现在与陆军部的命令有关的事情亦同样如此。 责任由我负。"他一再说他对这件事情负全部责任，但杰罗将军负"直接责任"。

"好吧，那么，"基夫说，"在最重要的问题上，事实是……当时您和其他处于常规戒备状态的任何人，如您所言，肯定知道同日本开战已迫在眉睫，他们可能会在任何时间任何地点发动进攻，而且肖特发回了这份重要电文，由于

1945 年 12 月 6 日马歇尔在国会作证

美国的耻辱

某种意外事故或某些地方的玩忽职守，没有再给肖特将军回电，也没有进行进一步的调查。"此时坐在几英尺之外的肖特，肯定和金梅尔的律师拉格、拉文德和哈尼菲一样，对基夫提问的方式留下了深刻的印象。

基夫还没完，几分钟后他突然问马歇尔，如果从他的证言中得出这样的结论是否公平：就陆军而言，在珍珠港悲剧问题上，他对肖特将军负责。

"先生，我从未这么说过。我认为当时肖特将军接到过指令，命令他警惕日本人可能发动的进攻。该命令没有得到应有的重视。"

"那好，同样的问题，从对当时情况的全面了解及所涉及的责任来看，您是否对珍珠港的这场灾难负有一些责任？"

他表示只对未察觉到肖特的答复"不表明一种全面戒备状态"的问题负责。

马歇尔的磨难在第二天结束了，但在这之前，接替基夫的吉尔哈特问道，为什么截获的日本人之间的密码，特别是檀香山和东京之间的通讯，一直没有送给肖特和金梅尔。"难道您不认为这份东京询问有关檀香山和珍珠港的船舰活动具体情况的电文绝对有必要转达给夏威夷的指挥官们？"

他答称，"有关许多地方的许多电文"源源不断，如果他要负责最后看所有的"魔术"电文的话，"在其他方面我就不是参谋长了，因此，那绝对是不切实际的想法"。

下午 12 点 45 分，共和党人结束了对马歇尔的调查，他可随时起程前往中国了。主席巴克利对他耐心的合作表示感谢，并代表委员会祝愿他在新的使命中，像他在其他领域中一样，取得最大成功。作为一名精通礼仪的主持人，巴克利用一句笑话结了尾："本主席想代表个人说，假如您到中国以后，在重庆发现您在利斯堡的农场没能耕种好而需要一名种地好手的话，本委员会主席会高兴地跳起来，认为他可担此大任。"会议室一度变得和谐一致了——大家都笑了。

多数党和法律人士都认为，马歇尔的证言是可信的。格塞尔的结论是"绝对诚实"，"我认为他的表现太妙了，"迪格斯回忆说，"我打心眼儿里为他而不是为我自己感到骄傲。"但许多共和党人及实际上所有的孤立主义者都认为他撒了谎。[1] "这位将军给听众留下了遗憾的印象,"约翰·T. 弗林在纽约《美洲日报》上报道说:"给我的印象是,他显然已对责备下属做好了惊人的准备。"

马歇尔本人肯定是非常轻松地离开了那间他不得不"坐在那儿忍受"——他后来对一位朋友抱怨——的会议室。

那天下午听证会即将结束时,首席律师米切尔闷闷不乐。他把巴克利叫到他的办公室宣布他和工作人员要辞职。本来许诺他们整个过程会在一个月内结束,但现在还遥遥无期。巴克利力劝米切尔再考虑一下,至少先把问题搁一搁,留待以后再说。

次日(12月14日)上午,米切尔向委员会宣布辞职。在开了一个月的会之后,只调查了八位证人,至少还剩60名证人。他和他的工作班子还得保留原职,因为他们上任时有一个谅解,即在不迟于1946年1月3日搞出委员会的最后报告。他抱怨说,"某些委员会成员广泛的审查"已经"大大超出了"他们的预想,因此,他和他的班子感到这项差事尚看不到尽头。"这是我和我班子里的其他成员深为关切和遗憾的根源。我并不想要这律师的位置,但在这种情况下我感到没法拒绝它。"他和他的工作人员夜以继日地——包括星期天干了两个半月,并搞出了许多以前的询问从未提到过的有关情况。"我们都感到沮丧,因为由于听证会的进程安排,我们无法将它们呈现出来。"他没有这样说,但这是他同迫使他决定辞职的共和党人争吵的原因。他把他们视为只玩政治的阻挠者,而他们则认为米切尔是在所有重要问题上都向着民主党人的公然的党派分子。

巴克利赞扬了米切尔及其工作人员,对他们决定辞职深表遗憾。他自己

---

[1] 据珀西·格里夫斯讲,弗格森在一次会前告诉格里夫斯和布鲁斯特,头天晚上他在洗手间无意中听到马歇尔同巴克利在谈论一个社会性事务,即他不能说出12月6日晚他在哪儿,因为那样可能给"首长"找麻烦。弗格森所说的"首长"指的是罗斯福。

也在考虑退出。"就我个人而言，我必须对在这次调查中我是否还有更多的责任做出决断，如果有，它是否超出了参议院赋予我的职责，我被其选中，在里面供职了八年多。"

乔治参议员也对共和党人延长和扩大审查提出了批评。"当然，我承认委员会所有委员有权不受时间限制地审查证人，但我不知道我们这样做是否把问题搞乱了而不是得出某些公众可以相信的答案。"

米切尔同意留到 1 月初，继续整理杰罗将军其他的证言。尽管上午时还心情紧张，但到了下午，米切尔和巴克利两人都可以开玩笑了。在讨论一座堡垒怎么经得起进攻时，米切尔提到，提康德罗加堡是美国独立战争时期英军最坚固的堡垒之一。"我记得，那指挥官是在床上被抓住的……我想他手里甚至还拿着裤子哩。"

"他是要穿呢还是刚脱下来？"巴克利为愉悦听众问了一句。

对米切尔辞职的反应报纸各不相同。亲政府的报纸谴责委员会里的少数党成员为了政治利益不必要地耽搁了调查过程。但像《雪松快报》那样的与政府对立的报纸则持另一种观点。"天底下有谁曾同米切尔及其班子做了一笔交易，让听证会不会拖到 1 月 3 日以后？无论如何，达成协议的人认为调查的性质会怎样？对其性质进行调查对美国极其重要，应当给予足够长的时间去做这项工作，就是花五年时间也可以。"

威廉·S.怀特在《纽约时报》上透露，米切尔的同事对他决定辞职并非完全没有料到。

他声明中所表明的要比他至少两星期的行为方式所表现出来的要明白得多。

这就是他对委员会进行的审查越来越不耐烦，那些审查使这位律师除了得到数据和递交物证之外几乎无事可干，他对共和党一方提出的许多尖锐问题难以抑制的愤怒会使人想到，他也许在这一点或那一点上没有拿出全部材料。

他同别人，尤其是同密歇根州的共和党人、参议员弗格森之间的交流在举行听证会的第一周就开始显露锋芒了。

4

接下来的星期一，布鲁斯特向委员会解释说，格里夫斯是为他工作，几个月来一直与共和党全国委员会毫无联系。而后他念了格里夫斯的一封信，信中称"我从未产生过通过思想或言行来侮辱或怀疑美国参议院任何成员的念头……我敢肯定，那位伊利诺伊州的参议员曲解了一个下意识的、我认为没人留意的无声的微笑"。

卢卡斯一点儿也没让步，说他要查明更多的关于格里夫斯在办公会议上的情况。"我认为委员会有权知道都是哪些人，其背景如何，所抱动机和目的是什么，得了多少钱，是谁给的。"[①]

布鲁斯特以一种威胁性的口气反击说，如果要调查格里夫斯，那就可能是一场对"那些与委员会积极合作、联系紧密的人的调查，而我敢肯定，那会把我们引向更加漫长的一段路"。

"不错。"卢卡斯说。这两人就像斗鸡一样。

"还有许多事情没有给少数党留下深刻印象，那就是记录的内容。我们如果着手做的话，会干得很圆满的。"

即将爆发的风暴结果却变成茶壶里的一点儿骚动。大家同意让格里夫斯留下来，但不能再坐在委员会的桌子后边。午休后不久，巴克利离开了会议室。他说他发烧了，医生让他卧床休息。他取消了原定在当天下午晚些时候举行的办公会议。他希望第二天能回来。但巴克利没有回家，而是去了白宫。

---

① 后来，在听证会期间一直比较安静的民主党众议员克拉克一只手搂住格里夫斯的肩膀说。"如果你需要个代理人，"他友善地说，"就告诉我。"

在同杜鲁门商谈之后，他对记者们说，他尚未决定是否辞去委员会主席之职。

次日上午，第 18 名证人、威尔金森将军在多数党中引起了极度的惊愕，他透露，有一份截获的德国人的电报通知日本人，说美国人可能已经破译了他们的一些密码。"从日本发出的几份电报表明，日本人希望其特工在报告时要特别注意保护密码。"格里夫斯瞪着眼睛看米切尔将如何反应。一个月之前，弗格森曾问这位首席律师有无迹象表明日本人知道美国已破译了他们的密码情报，一天之后米切尔给予了否定的答复。

布鲁斯特问律师是否把这些电报找出来了，格塞尔替米切尔回答说他们没有。于是布鲁斯特像一位地区检察官似的转向米切尔。"那好，我有一封米切尔先生的信，信中说没有任何证据证明日本人已发觉我们正在破译他们的密码或产生了怀疑，而那些证据与此完全相反。米切尔先生，您还记得那封信吗？"

"记得，"米切尔说，"那是根据我们调查对象所在部门的一份报告写的。"他已经把那份相反的报告转交给了少数党。

布鲁斯特举起一张纸，那是截获的一份从东京发往墨西哥的电文。他念道："……美国人无疑在昼夜不停地进行监听。他们可能已经获得了我们的一些密码电报。"

米切尔脸色苍白，格里夫斯心想他要昏晕过去了。

"当然了，"布鲁斯特继续说道，"现在那份电文恰恰与那份显然是海军部给您的报告相互矛盾，这难道不表明日本人至少已怀疑我们正在破译他们的密码吗？"

米切尔有些慌了。"我认为海军有权破译它们，因此我们可以认为日本人对此并不知情。我认为这就是他们为什么那么说的原因。显然那份电文包含了我们可能存有的一种猜疑。"

布鲁斯特的声音很尖。"这些截获的电报从 7 月 1 日到 12 月 7 日的都有，前些日子我曾问过更早时候截获的电文，在被拒绝查阅那些档案后，我仍然被确切地告知，有五份海底电报非常具体地涉及这位将军现在谈的这件事，即德国人显然已经发现了此类事情……起码让我感到惊讶的是，假如海军的档案里有四五份这种电报的话，他们会给您说明不了什么的情报。"米切尔问布鲁斯特究竟想找什么情报，这位共和党人说这很明显：他想要的是所有表明日本人怀疑其密码已被破译的电文。他重复道，为什么米切尔在他要求看情报时却给了他一份否定的报告。

这位被搞得大为头痛的律师答称，他只是转交了海军给他的那份报告。"我从未问过他们有何证据，但我认为这是事实，因为我们一直在破译这些密码，这表明日本人并没觉察这种情况。"

布鲁斯特再次重复了威尔金森将军刚才已证明的有关柏林发给东京的秘密告诫。"我认为假如威尔金森将军现在所言没有错的话，海军给您这么一份报告就是很令人遗憾的了。"

一位多数党成员终于替米切尔说话了。"这种话记录里已记了两三遍了。"宾夕法尼亚州的众议员约翰·W.墨菲抗议说。作为十二个孩子中的排行第十一，他是一位好斗的爱挑衅的爱尔兰人。

布鲁斯特提高了嗓门儿。"我十分理解这位先生对这些似乎矛盾的事情的

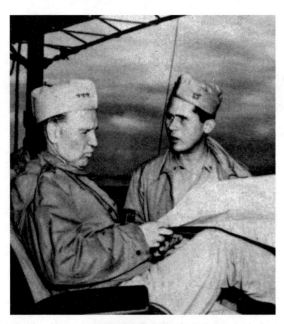

海军少将威尔金森（左）

关心，但我想这是我们一直着重强调的更为重要的一点，而且我想知道这些电报是否存在……我为得到它们已做了一个多月的努力。十天之前我在办公会议上向律师谈过此事，现在却有人告诉我，他们想知道我究竟在找什么。"

"你的话筒声音太大了，"墨菲吼道，"现在已是第三次记录这句话了。"

接替巴克利主持听证会的

美国的耻辱

副主席库珀试图恢复秩序。"参议员，我想律师明白此事。我敢肯定他们将继续在各个方面尽可能进行合作。"

布鲁斯特本欲继续向威尔金森发问，但弗格森介入了这场辩论。他展示了米切尔给他写的备忘录，该备忘录称"没有任何情报或迹象"表明日本人曾知道其密码已被破译。

米切尔静观了好长时间没说话，但这会儿他火了。他没看出这个问题的重要性。他们为什么这么大惊小怪？"我很可能对此保持沉默，但搞不懂这到底是什么意思……"

"我会很高兴把我显然很简单的大脑里装的东西掏给您。"这位缅因州的参议员声音低沉地说。第一，如果威尔金森将军的话没错，那么海军根本就没有向首席律师提供完整的或准确的情报。第二，在马歇尔就杜威事件接受调查时，这个事实的重要性就大大增加了，即"魔术"是国家的一个重大秘密，而日本人绝没有怀疑到他们的密码正在被破译。"我不明白海军为什么要告诉您没有任何情报表明此事。如果它一点儿也不重要，他们为什么不直接向我们提供这些事实和电报，而如果它很重要，有人建议把它藏起来，那就是我们必须要考虑的东西。"布鲁斯特本可以讲但却没有讲的第三点就是，他很怀疑海军隐瞒或者已销毁了与其他更重要的问题相关的电报。

墨菲插进来说，昨天就花了20分钟"指责"珀西·格里夫斯，"现在我们又花了20分钟审问律师，谈论杜威事件。我建议我们谈珍珠港事件……"

但基夫自己对所需材料的递交抱有怨气。他本人至少要过25次，但却只给过两三次。现在一个月过去了，弗格森要的有关破译密码的情报还没给。"我们实在不知道是何原因耽搁了这么长时间。这使我很气愤，我只能说我们得到证据像是挤牙膏似的。"

当天快要结束时，米切尔显得如此可怜，以至于他的妻子凑到布鲁斯特夫人跟前问鉴于他身体欠佳，少数党参议员们是否会对他宽容些。

上午，这位首席律师以尴尬地道歉开了场。"昨天我犯了错误，我没有核对事实就说或心想我已把查看有关破译密码的情报的要求转达给了海军或陆军，说它们给了报告，还说我是根据它们的报告说的，其结果给陆军或海军的良好信誉造成了一些污点，认为它们不提供我们所要的情报。"由于感到丢脸，他的声音很低。"我想说，对海军或陆军的非难是不对的，因为现在我发现我从未向它们索要过那些材料……我很愿意为没有把事情干好接受公开批评，尽管那时刚开始，相当忙碌。也许我会得到原谅的。"

"我肯定我们都认识到了"，副主席库珀很同情地说。少数党没有发表尖刻的评论，对布鲁斯特夫人积极的协调或者纯粹的怜悯也均未表示感谢。而后米切尔从记录中念了11份威尔金森从档案中发现的电报，这些电报确凿无疑地证明，日本人确实担心美国已破译了他们的密码。

让威尔金森离开后，特纳将军被叫来了，值得注意的是，他毫无惧色地走进了会议室。他曾是其前任助手威廉·莫特的房客，莫特一直力劝特纳清醒地对待这次听证会。萨沃岛战役后，他由嗜酒如命堕落到了酒精中毒。在冲绳战役中，他干脆用酒精兑葡萄汁喝。他会因饮酒过多而"由我背到"船上救护所里，有时会烂醉如泥，以致常常在神风敢死队突袭时，莫特叫都叫不醒他。在莫特看来，特纳是海军里最聪明、最有力的上将，几个月来他一直保护着他。但问题变得如此严重，他不得不报告了舰队的医生。特纳被解职了，

海军少将特纳，绰号"暴君特纳"

在回关岛的途中，他除橙汁外什么都没喝。当清醒地到达关岛之后，他设法使尼米兹相信他一点儿事也没有，应让他当进攻日本的特遣舰队的指挥官。

在听证会上他又显示出了以前的那种活力。虽然他的一些证词比较混乱，但没人知道他前一天是个什么样子。星期四（12月20日），他否定了他在海军调查会上所做的证言：诺伊斯将军曾向他报

美国的耻辱

告说收到过一条"风"指令；而那条指令意味着美日关系破裂或两国之间极有可能开战。现在他证实，诺伊斯在 12 月 5 日给他打电话说，已收到第一份关于天气的电报，内容是"北风，晴"。

特纳说他在海军作证时有点乱，但现在清楚了。第二天（21 日）接受布鲁斯特的盘问时，他对他的证词为什么同以前不一样作了解释。最近由几位研究这一问题的军官改正了他的证词。听众不知道该接受哪个证词：是特纳自己对"风"指令的回忆，还是他重复的在旧金山听到的谈话？

特纳还声称，诺伊斯在珍珠港事件爆发之前曾在三个场合向他保证，金梅尔和肖特当时收到了华盛顿破译的相同的情报。特纳说，由于诺伊斯已在海军调查中对此予以否认，"我在这个问题上可以得出的唯一结论是，我没有把问题向诺伊斯将军讲清楚，而他对我要做的有误解"。奇怪的是，这两个海军高官在三个不同的场合未能相互理解。"然而，1941 年在三个不同时间听到的

用来破译"紫码"的机器

那三次谈话使我相信，那些军官当时正在获悉与我们在华盛顿破译的相同的情报，那起码与太平洋有关，我将此事通知了斯塔克将军。"当然他现在知道了夏威夷根本没有破译"紫码"的机器。

虽然如此，特纳还是严厉批评了金梅尔。如果他认真对待 11 月 27 日的警告，他本可以击败日本人，至少可以大大减少其进攻造成的损失。当被问到金梅尔是否拥有足够的设备物资去实现上述结果时，特纳的回答与多数相反的证词相抵触："是的，先生，可以使日本舰队遭受十分严重的损失。"

会议开到下午 5 点 40 分，副主席库珀向这位证人表示了感谢，原谅了他并说："委员会祝同我们一起工作的新闻界和其他朋友圣诞快乐，新年愉快，委员会从现在起，休会到 12 月 31 日上午 10 点。"

第十章

在法庭上

1945 年 12 月 31 日 —1946 年 1 月 31 日

1

当委员会在 1945 年的最后一天再度开会时，一名新的首席律师已被最后挑选出来，以接替米切尔在 1946 年 1 月 15 日上任。大家一致选择的是北达科他州一名强硬的共和党人塞思·理查森，他在现政府中任颠覆行动控制委员会主席。他长期与同他一个州的两个孤立主义分子参议员杰拉尔德·P. 奈和威廉·兰格有联系，他本人一直对罗斯福持批评态度，但多数党之所以同意挑选他，是想给听证会输入一种至今缺乏的公正气氛。他的高尔夫球老球友卢卡斯认为，理查森不会对多数党的事业构成伤害。

他的当选在华盛顿的圈子里造成了一种神秘的气氛。这是否是一种巧合——他的律师事务所同政府打交道且他同米切尔是老朋友？赫伯特·胡佛曾挑选他在米切尔手下任助理司法部长；而那位将辞职的首席律师已经为他的继任者准备了一份"经过修改的作证顺序和证人名单及说明备忘录"。这表明了米切尔自己对尚未询问的证人的判断和还不完全的证据的态度。在一次会议上他批评了金梅尔，在另一次会议上他几近肯定地说从未收到过"风"指令。还有一次会议讨论的是少数党一直急于得到的白宫的罗斯福文件之事。米切尔要求前总统的秘书格蕾丝·塔利从1941年的档案中挑出所有有关日本、太平洋战争的危险及整个远东形势的文件。"本律师尚未，也没有具体要求过接触这些档案，"米切尔写道，"但相信以上提到的根据听证会的广泛需要让塔利小姐精选出的文件。"并没有检查罗斯福的所有档案，"但审阅了那些考虑到可能包括与这次调查有关的档案"。依靠一位对总统忠心耿耿的秘书去挑选可能使总统难堪的文件是再天真不过的了。

为使自己易于接手此任，理查森这位六英尺高的大块头，准备去瞧瞧12月31日米切尔一班人对斯塔克的调查。被金将军根据福莱斯特尔的命令解除了职务的斯塔克这次的辩护人是里奇蒙上尉。他力劝这位将军在公开发言中"效仿"马歇尔。理查森很生气，因为这位前参谋长"这样干时看起来像是一位英雄，他不值得那样，我真想好好敲打他一顿"。但斯塔克拒绝这么做。"我知道你和乔治是好友，"里奇蒙说，"但我们在这里干的是具有重大历史意义的事情。"

"好了，戴夫，"斯塔克说，"把有关我的事实告诉我，如果有谁想对某人指指点点的话，就让他们去指吧，但被指的人不是我。"他拒绝发表对马歇尔、罗斯福、赫尔、金梅尔等人不利的评论。他让委员会去作评价。在发言中，斯塔克的确讲出了有关他自己在1941年写的许多信的档案。其中很多是个人信件，有些信内容太多了，他建议收信人将它们烧掉。他在一封信中说，他曾在希特勒入侵俄国后告诉罗斯福，"我认为我们参战越晚越危险，再拖延下去英国的生存就危如累卵了"。

在下午的会议上，不久将接替首席律师米切尔的塞思·理查森坐在弗格森和格里夫斯中间，以便能多少知道点儿委员会桌上的情况。后来格里夫斯给一个朋友写信说，基夫对这位新首席律师很热情，但吉尔哈特非常反对，"而且认为假如他做了反对政府的事情，作为华盛顿的一位律师，其主要收入来源将被断绝。弗格森认为他们对此无能为力，这样他们也可能尽力把事情办

　　　　　　　　　　　　　美国的耻辱

好"。格里夫斯提到，理查森跟弗格森的谈话很友好，后者忘了介绍他。"由于理查森尚未决定让谁来当助手，我不知道是否做了认真努力去争取少数党的帮助，卢卡斯就把理查森说成是一位共和党人。"

三天多来，斯塔克被迫回答尖刻的提问。和马歇尔不同，他被民主党人视为与金梅尔和肖特一样有罪过的被告。而后，一名共和党人（吉尔哈特）就他记不起 12 月 6 日晚上的情况之事询问了他。"从事实看，参谋长记不得那天晚上他在哪里，那天晚上你和他有无可能在彼此的公司里？"

"我想当时我们没有此种密谋，先生。"斯塔克答道。他使用"密谋"一词引起一阵骚动。

"好，你完全排除了那天晚上你和他可能在对方公司里的可能？"

斯塔克承认并非一点儿可能也没有，"但我想没有。"一个"想"字引起某些观众的议论。1 月 5 日，弗格森就 1941 年初同英国人和加拿大人进行的有争议的会谈询问了他，那次会谈导致了直接针对日本人的《联合基本作战计划》的出笼。斯塔克最初的陈述表明，这项计划得到了陆军部长和海军部长及总统的批准。斯塔克把线索引向并"靠近总统"。

"我想知道，"弗格森说，"您是何时在那里提出那项计划的，这是否是您个人的观点，是否得到了总统的批准？"

"是的，"斯塔克答道，"他同意我把它发送出去，虽然他没有正式批准。"

这次会议不仅结束了对斯塔克的盘问，而且还是首席律师米切尔最后一次在听证会上露面。十天之后，这次调查就由理查森掌握了，他正盘算着是否准备生病。

2

听证会休会是为了使理查森有时间研究此案。他在 1 月 15 日的第一个证人是金梅尔。现在这位将军至少得在法庭上过一天了。检察官们对金梅尔和斯塔克两人关心的是，这两位将军之间的关系不融洽。斯塔克已写信给金梅尔，要他提供档案中的任何东西，他还邀请金梅尔去他家中吃午饭，但都被金梅尔拒绝了。即使如此，斯塔克对戴维·里奇蒙说，他会把金梅尔的律师看成像自己的律师一样。"我想把真相搞清楚。不要对我有任何宽容。"

在第一次同金梅尔的律师们碰头时，里奇蒙评论说，两位委托人如此不和是件让人感到非常羞愧的事情。"对斯塔克来说要做金梅尔的好朋友不怎么费事，他并没生他的气。"得到的回应是，他们的伙计对斯塔克相当恼火。里奇蒙建议他们做做工作，他们的努力起了作用。金梅尔和斯塔克那天上午握了手并当着别人的面互致了问候。

身着黑色西服系着浅蓝色领带的 63 岁的金梅尔开始念一份 25000 字的陈述，他宣称华盛顿否决了他通报的可能使珍珠港成为日本人的一个伏击地点的情报。他说话有力，用挑衅性的指责来加强其观点。他不是低着头而是斗志旺盛地来的。他对委员会事先把他和肖特在前面的调查中所做的证词在新闻界发表很生气。"这样做无疑是想在我念我的陈述时减小其影响。"

第二天，金梅尔讲了罗伯茨报告使他受到的辱骂和给他的生活带来的威胁。当理查森问珍珠港事件之前他与斯塔克是否私交甚笃时，金梅尔说他对斯塔克怀有最高的敬意。"我信赖他，认为他是我最好的朋友之一。我是这么想的，但我忘不掉事实"——他停了一下，好像克制了一下自己——"从那以后发生的事件"。

在理查森和副主席库珀四个半小时的提问过程中，这位将军的回答既迅速又可信。他说，"如果他们把那些我最为关心的电报交给我——在华盛顿的人们有其他事情要做——我本可以挽救舰队。我可以毫无保留地说，那些电报将大大改变我的想法。我的参谋们现在依然这么认为。我们当时就在那儿——在现场"。

星期五（1 月 18 日）对金梅尔来说是折磨人的一天，卢卡斯提出的尖锐问题使他很烦恼。他几次抗议说他是个聋子，什么也听不见。这种无力的反应与这位参议员地区检察官的作风混合在一起。为了使他的盘问上紧发条，

美国的耻辱

卢卡斯像谴责一样地问，"从 11 月 24 日直到进攻珍珠港之时，当您知道战争实际上迫在眉睫时，您是否做出了与您的军衔或职位相符的判断？"

"是的，我做了。"

"换句话说，将军，您在神圣的誓言之下对委员会说，从 11 月 24 日到 12 月 7 日，您在做出判断时没有犯任何错误或出任何差错？"

"我要说那是个合理的结论，是由三位由海军部长挑选的将军组成的海军调查法庭将其报告呈送海军部长后做出的。"

星期六，来自宾夕法尼亚州的众议员墨菲继续对金梅尔进行民主党人那种咄咄逼人的盘问。但是，由于墨菲和基夫之间发生的一次争论，这位将军受到的压力减缓了。听证会一开始，这两个爱尔兰人的争论还算友善，但后来就变得言辞尖刻了。

"好，主席先生，"墨菲说，"左边的这位先生在我开始发问之前就已做了陈述，他这是想打断我。"虽然他比基夫矮一头，但和吉米·卡格尼一样言辞锋利、争强好胜。作为助理地区检察官，他办过 45 个谋杀案而无一失手。"我们都是男人。现在我们在这个问题上不要再针锋相对、各不相让了。我希望进行公平的审查，不想被打断。"

墨菲又对金梅尔进行了一个小时尖锐的、有争议的盘问。接着布鲁斯特最后代表共和党人提问，金梅尔终于有了一位盟友。"我很欣赏您在过去几天里、本周的所作所为，或许那是必要的，有太多的东西在超长的审查中已经重复过。我不想特指我的哪位同僚，但我的确想说，库珀先生 —— 他也许是最好斗的那种人 —— 已经以他惯有的方式向您提了问题。"他笑了笑，"有一次当我作为证人先于他进入众议院时，他要把我扔出那间房子。"屋子里一片笑声。

"我能够欣赏这种好斗性，"金梅尔说，"我自己有时也沉迷于此。我对此不反对。"他私下里要反对的是从记录中删掉他讲的某些话。

布鲁斯特继续提金梅尔乐意回答的问题。至此委员会仅知道金梅尔的太平洋舰队的防御任务。现在要他列举该舰队所担负的众多进攻责任，包括：

通过引开敌人在马来海峡的兵力而在远东支援盟国；保护太平洋地区盟国的海上交通；在赤道以南地区支援英国海军；"通过摧毁敌人的远征军及通过提供地面和空中支援，不让敌人使用东半球的陆上地区"以保卫盟国在太平洋地区的领土。

"那些命令范围更广，是不是？"布鲁斯特说。

"是的，先生。"金梅尔说，并指责说，拉格曾两度向米切尔和格塞尔指出金梅尔所负的进攻责任的真实情况，但这些情况一直没有提供给委员会。

布鲁斯特问，格塞尔是怎么就此回答拉格的。

"我不知道他是怎么回答的，但他对此什么也没做。"

许多包括太平洋作战计划的文件曾送到委员会，但只有一份有用。它太厚了，谁也没时间看，米切米把它放在档案之外。现在多亏了布鲁斯特，塞思·理查森终于把它容纳进来了。"它包括给金梅尔将军的第一个暗示，即针对那份所谓的'战争警告'电报给金梅尔将军所下的命令，罗伯茨报告最先提到过，"格里夫斯回忆说，"不幸的是，直到整个记录被打印出来好几个月之后，报界才得到了一些文件。"[①]

"墨菲占去了今天大部分时间，但却一事无成。"格里夫斯向专栏作家约翰·T.弗林转述说，弗林把他的许多工作时间花在了珍珠港事件上。格里夫斯谈到了布鲁斯特成功地使金梅尔说出了他所负的进攻性任务。"米切尔和格塞尔两人都试图将此排除在外，但现在已很明显……布鲁斯特表达得很清楚，没有谁能判断金梅尔在不知道其内容是什么的情况下是否执行了任务，一直有人试图不让说出他的全部责任。拉格似乎对目前的结果非常热心。"

接下来的星期一，金梅尔结束了作证，此次听证会最突出的是吉尔哈特关于 11 月 27 日对"战争警告"电文的冗长的批评。怎么能谴责金梅尔只顾惊讶呢？他说："位居其上的每一个人，美国武装部队总司令、海军作战部部长、陆军参谋长都坚持说他们感到吃惊。"

---

① 这份重要文件被藏在联合委员会听证会文件第 18 卷第 2882、2883 页的物证中。

对金梅尔来说，这种结局是令人满意的。他写信给他的兄弟曼宁·金梅尔上校说，虽然迄今为止仅有一小份部门证据被呈现出来，但他最终有机会完整讲述了自己与珍珠港事件有关的经历；要不是为了这次调查，他"相信海军部是永远不会允许他揭出这段事的。他们会掩盖此事，借口是泄露出去会损害我们破译密码的工作，而且会使我在夜里上吊的。因此我要感谢对我的好意，而且当众坚定地讲述我的经历使我的心得到宽慰，并大大降低了我的血压"。

3

第二天轮到肖特了。现在为他当代理人的是一位年轻的陆军上尉；他前一个代理人格林将军——金梅尔和拉格都怀疑他同马歇尔有默契——现在是军法署署长。肖特宣称陆军部对他不公正。"我是作为一个典型，作为这场灾难的替罪羊被挑出来的。我敢肯定，从长远甚至从现在看，陆军部参谋长要是老老实实承认他们没能预见到令人震惊的袭击，是会得到公众的理解的。而他们却'把责任推卸'给了我，我一直保持着沉默，直到向我提供了这次站在讲台上公开讲话的机会。"

审查的担子转到副总律师塞缪尔·考夫曼肩上。在格里夫斯看来，显然考夫曼已相信肖特有罪，并竭力跳过由马歇尔负全责的"战争警告"电报这件事，以转移这位参谋长给肖特发的错误警报所引起的责难。"他甚至试图不顾华盛顿关于提防敌人破坏活动的指示。他全然忘了处理将军退休的蹩脚方式。从他所问的问题中你可以看出，夏威夷的指挥官是个笨蛋，而华盛顿的那些人则是聪明人。"

肖特站在证人席上的第四天最有戏剧性，最感人。在其儿子沃尔特·迪安·肖特少校在场的情况下，他把罗伯茨委员会的听证会描述成"星座法院"，他在会上没有任何机会听其他证人的证词，也不能为了保护自己去盘诘这些证词。他说话的声音由于最近患病仍然很弱："当在1942年1月25日的

调查珍珠港事件的罗伯茨委员会（从左至右）：弗兰克·麦科伊、威廉·斯坦德利、欧文·J.罗伯茨、约瑟夫·里夫斯、约瑟夫·麦克纳尼

报纸上看到罗伯茨委员会的调查结果时，我完全惊呆了。"他怎么也没想到，在忠心耿耿地干了近40年且干得不错之后，竟被指责玩忽职守。"我立即给马歇尔将军打了电话。"

当讲到他信赖的39年的老朋友坚持说他那时还没看到罗伯茨报告时，肖特双眼含泪。"我问他我该怎么办，若为国家和战争着想，我是否该退役？他说'你干你的，但如果有必要的话，我将把这次谈话作为官方谈话'。我对他说，我相信他的判断和忠诚，就把自己完全交给他了。"可是第二天，马歇尔给史汀生送了一份备忘录，称"现在我的意见是，我们应同意肖特将军今天提出的退役申请……"肖特用手绢轻轻地迅速擦了擦眼睛；坐在他后面的儿子也擦了擦眼睛。"而且很快就办了，"肖特继续说，"……当时未作任何宣布。"

布鲁斯特问，马歇尔给史汀生的那份备忘录是否表明了一种与他前一天根本不同的态度。"是的，先生。"肖特说。他看起来伤心多于气愤。"而就在前一天他还告诉我只管干我的。"

后来当被要求对1942年将军办公室搞的一份备忘录中可能开列的对他的

指责发表意见时，他的确显得非常气愤。对于每一条指责，肖特都理直气壮地回答说："没罪！"而后陈述了理由。他在结束时说，他"无论何时从未试图把责任推卸给一个下属"。他也许想过加上"像陆军部这样的"几个字，但他没这么做。

下一个证人该是最高法院法官罗伯茨了。他很不情愿来，而且对少数党的纠缠感到恼火，显然对一名最高法院法官居然不得不忍受如此侮辱这一事实大为不满。当布鲁斯特问罗伯茨他的委员会的听证会是否提到过"风"电报时，他草率地回答说："我对此类事情一点儿也记不得了。我想你要寻找任何涉及它的证词都是徒劳的。"

弗格森捡起一份在罗伯茨委员会之前所作证词的副本。"您是主席，这是您说的话。"这位参议员说，并且引用其中的话说："'有人向我报告，大约在进攻珍珠港之前十天，截获了一份不能破译的密码电报，但很快送到华盛顿让陆军部破译，且陆军部认为它可以破译并的确破译了，从电报中发现了三个包含重要信号的字眼儿，它们表明将袭击珍珠港，而且随后陆军部从电台中截获了上述三个带信号的字眼儿，便将其送给军事权力机关，以表明那份密码电报又出现了，进攻已策划就绪。"弗格森把此文件放在罗伯茨面前，"希望您看一看"。

"你不必让我看这个。"这位法官烦躁地说。弗格森问他在那段引言中谈的是什么东西。"我谈的是我收到过有关珍珠港的一些情报。来我这儿的人一直跟我说谣言满天飞。你知道我说的是'有人已向我报告了'。"

"那谣言说的会不会是'风'密码电报?"

"很可能是，"这位法官承认，"很可能。"

"当时罗伯茨追问这件事了吗?"弗格森问。

"是的，先生。我们要求提供所有关于破译了密码的电报，但被告知除了这件'魔术'东西外已都在我们手上了。"

"我是否可以理解成您没有得到'魔术'?"

"对，从未有人让我们看过哪怕是一封'魔术'电报，"罗伯茨说，而后又承认陆军或海军一直在破解日本人的一个绝密密码。"他们没有让我们看过任何一封这样的电报，我也没有要求他们那样做。"

"那倒是真的，"弗格森说，"此调查结果有多大可能……"

罗伯茨气愤地打断了他的话。"好啦，参议员，这是调查罗伯茨委员会还是调查珍珠港事件？"

弗格森多少有点软。"我是在弄清事实。"

"当您问'此调查结果有多大可能'时，我发现您一点儿也不是在批评我。"罗伯茨挖苦地反驳道。

"我那不是批评您，"弗格森说，"我想知道您所掌握的事实……"

"我们多少能弄出个肯定的结果吧。"罗伯茨打断了他的话。

"是的。"

"我觉得那是批评。"

虽然底气有点不足，弗格森还是转而又开始了进攻。他从另一份文件中念道，国务卿已经尽到了他的职责，他使陆军部和海军部在国际局势方面保持密切接触，建议它们充分重视同日本谈判的进程和可能出现的结局。他转向罗伯茨问其委员会如果不掌握那些事实，怎能得出结果。

罗伯茨答道，他在赫尔的办公室里待了整整一天。"……赫尔国务卿让我看了他的个人备忘录，他在备忘录中特别提到，有那么一天，他曾告诉陆军部长和海军部长这样、那样和其他的事情，以及他是从哪里得到的那个情报。我没有问他，但我完全相信，我们委员会也相信我给他们的报告中他向我提供的证言，赫尔国务卿那段时间天天都在警告陆军部和海军部，不知哪天可能发生什么事情，局势在恶化，等等。"

"很好，"弗格森说，"那么，大法官，有关此证言的那一部分不在提供给我们的证言里，对吗？"

"当然不在。他们有一堆国务院高级人物或赫尔的个人备忘录，而且为了概述一下要点，我要他写了那封信，此信在我们的案卷里。"他解释说他的委员会没有提任何有关赫尔或总统的政策的问题，而是仅限于陆军和海军。

　　　　　　　　　　　　　　美国的耻辱

"好，"弗格森说，"那我们来看你们结论中的下一个调查结果。"他念道："'陆军部长和海军部长尽到了他们的职责，他们与国务卿或彼此之间经常交换意见，一直向参谋长和海军作战部部长通报同日本谈判的进展情况及其重要含义。'"

"好，"弗格森继续说，"你们没有看到那些'魔术'电报就得出了上述结果？我会这么看的。"

"噢，当然了。参谋长和斯塔克将军告诉我们，陆军部长和海军部长也对我们说，赫尔每次给他们的警告他们都去向参谋长和将军重复一遍。我不必去看任何电报以查明马歇尔和斯塔克得到了足够的预先通知。我只对此感兴趣。"

但是，弗格森问，他是否知道给诺克斯、史汀生、赫尔、斯塔克和马歇尔都提供过"魔术"？

"我不知道，而且不会对此感兴趣。"罗伯茨说。

弗格森和某些观众都吃了一惊。

罗伯茨又开始挖苦了。"来调查罗伯茨委员会吧。我不会对此感兴趣的，参议员。我想知道的是军方的人是否得到了完全的警告以及他们是否因掌握情报的人更加警觉了。我得到的一致说法是他们的确如此。"

"好，那么法官，假如没有向您的委员会提供所有我们在华盛顿掌握的材料，你们怎么能知道他们是否对夏威夷的形势更加警觉且知悉全部情况？"

那位法官顿时显出一副好战的样子。他重申他没有看到过"魔术"。"如果给我们看的话，我是不会厌烦的。我只想知道是否向指挥官们（金梅尔和肖特）提出了局势的严重性。"他从给他们的电报中发现，他们得到了充分的警告且收到了司令部的命令。"当然了，本可以给他们发更多的电报，"他带着嘲笑说，"可以每两小时给他们发一份。"

弗格森一字一句地对他说："那好，别忙。如果每两小时来一封电报，而且那些情报给了他们更多的警告的话，那不就漏了没发电报的人了吗？"

"您是想让我给您写报告吗？"罗伯茨发脾气了。

"不是。"

"好，我已经做出了结论。我的委员会成员同我一起做出的结论。如果您得到不同的结论，那当然是您的特权，不要让我检验您的结论。"

参议员也许有点胆小了，但他指出，罗伯茨委员会的口头证词用打字机打出来有1887页，而影印出来的只有1862页，少25页。他要这位法官去看一下与此情况有关的页码。

"我不需要那么做，先生。"

"如果不看，您能做出回答吗？"

"是的，我可以回答。我不知道有什么不一样。"

显然感到不自在的弗格森再逼一步。"那天您和总统在一起待了约两个小时，就是您作出报告的那一天，你们讨论那些事实了吗？"

没有，罗伯茨说。

"那好，您愿不愿意给我们讲讲当时的情况并回答问题？"

"好吧，我想这是一件非常不合适的事情，但如果你们要求，我想我一定得回答。"罗伯茨很不情愿地讲了会见总统的情况，没有什么惊人的东西。

"好吧，大法官，我问您的问题有什么错，告诉我总统说了些什么？"

"好吧，参议员，"罗伯茨模仿弗格森的样子说，"我不想表示弗格森参议员是否错了。我们一直询问的是罗伯茨如何错了。我们不要离开这条线。"

"我真不明白作为一个委员会，为什么我们不能掌握那些证据。"

"好啦，我不想和你争论这个，参议员。我说的是我会争取回答你的问题。"

弗格森表情沮丧地转向格里夫斯。"我个人的反应是，"后者回忆说，"参议员对此举大为震惊。他自己的法官背景使得他本对所有最高法院法官都很尊敬。"弗格森放下格里夫斯的问题单子，把战场留给了布鲁斯特。在确定没有谁受到恐吓之后，后者饶有兴致地接过了此项任务。"我想谈一个更深层的问题，大法官，我想您会明白，我们难得有机会审查一位最高法院前法官。"

"好，希望它们和我一样有趣。"

"我们很难想到，一名证人会过于敏感，尽管没有明确的……"

美国的耻辱

"噢，不，"罗伯茨打断他说，"我现在只不过是普普通通的美国公民约翰先生；您心里很明白。我没有您现在那么显赫的地位。"

布鲁斯特希望这位法官体谅委员会的困难处境；而后问为什么马歇尔将军作证时说，罗伯茨报告的某些部分出于军事安全的原因被压了下来。

罗伯茨刚才一度表现出的好脾气不见了。他厉声地说："好，我已经就这些事实作过证了。现在如果你们想让我说——我认为这是一件非常不合适的事情——马歇尔将军错了的话，我会说马歇尔将军完全错了。我已经向你们提供了事实，它们都被打在了纸上，那些不是我针对马歇尔将军说的话。"

布鲁斯特是不会向罗伯茨的暴躁低头的。他提高嗓门，严厉地反击了。"我并不认为这是对马歇尔将军的诚实提出质疑，也不是批评您注意马歇尔将军在该委员会的证词，而是要您注意您想作的评论，以您的特殊经历——既当过审查人又做过多年的国家最高法院法官，我确信，您会发现这种情况会重复许多次的。"

罗伯茨讽刺地哈了下腰，反击说："谢谢您所说的。"几分钟之后，巴克利试图开个玩笑，缓和一下尴尬的气氛。"法官先生，委员会感谢您的合作。遗憾的是，硬把您从贺瑞斯在诗中的描述带出来的是塞宾农场。"

罗伯茨笑了。"我不能按时回去挤奶了，主席先生。"

"我倒想要一张您挤奶的照片。"巴克利说。

"我想那是与委员会所要求我的最不相干的事情了。"现场爆发出一阵哈哈大笑，法官罗伯茨也被饶了过去。

星期一（1月28日）的场面虽对挤在烟雾弥漫的屋里的记者和观众们来说有点遗憾，但仍可称得上有趣。对某些人来说，如此粗暴对待一名最高法院法官是一种暴行。对另一些人来说，罗伯茨的行为是对那个法庭自负的现实重重的一击。但一出更好的戏就要随着几天后劳伦斯·萨福德上校的登场上演了。预期他和克雷默压力极大的作证将耗时一个多星期，其证词将从多个侧面解决"风"指令的关键问题。

第十一章

萨福德陷入绝境
1946 年 2 月 1—11 日

1

头年 11 月众议员基夫提出指控,说有证据证明某海军情报官员"被迫"推翻了他有关"风"指令电报问题的证词。打那儿起,公众对萨福德、克雷默和"风"电报的兴趣倍增。基夫所说的某海军情报官员就是克雷默上校。他正被监护在贝塞斯达海军医院神经精神病房。基夫向美联社透露:"他奉命住进海军医院。他们收走了他的制服,给他发了睡衣、浴衣和拖鞋。"他曾同克雷默谈过三次话,确信他对这种限制很生气。

但克雷默否认他在被监护,否认他不能与外界接触。他说:"我有病,住院接受几周的治疗。我生活得很好,没有受到报纸上所说的那种监护和盘查。医院对我的诊治尽善尽美,十分周到。"他说想什么时候出院都可以,并说他随时准备到国会听证会作证,随叫随到。

关于"风"指令,理查森的前任曾对他有过简要的交代。米切尔在一份备忘录中说:虽然先前的证词和有价值的报道使这一问题令人生疑,但他认为这个问题并不重要。他说："我们对'风'密码电报事件全过程的所有反应，过去是，现在依然是整个一个庸人自扰。即使日本人广播时传出了信号，我们的陆军部和海军部也收到了这一信号，也说明不了任何问题，我国人民已经知道了一切。"米切尔希望这件事就此了结，但同时他又写道：他发现，围绕这件事出现的轰动效应使人必须继续搜寻证据。

这反映了民主党人的态度。他们不仅贬斥"风"指令的意义，还坚信根本就不存在什么"风"指令。而共和党人及一些中立评论家则认为，不能绅士派头十足地对待这件事；电报的存在证明：华盛顿完全掌握了偷袭珍珠港的警报，应该提前采取行动挫败偷袭。

除萨福德本人外，这件事最最关键的人物可能就是空军一级准尉拉尔夫·T. 布里格斯了。他清楚记得曾于1941年12月初接收到了"风"指令信号。当时他是一名优秀的报务员，被指派在海军东海岸监听站（M 站）专门监视日本的侦听活动。他是日文教师，那天夜里在 M 站值班的人中只有他明白"Higashi no kaze ame"的意思是"东风，有雨"。

萨福德作证前与朋友克雷默中校交谈

布里格斯到华盛顿时，国会听证会即将举行。他受命接替萨福德的工作，在海军通讯联络部安全情报局任职。机关现在内布拉斯加路的原女子学校。报纸含沙射影，有的说萨福德在"风"指令问题上说谎，有的说他思想混乱。布里格斯对此非常关切，但又无能为力。同其他情报人员一样，他的保密意识极强。他曾立过誓：不经官方允许和同意，绝不透露一个字。1945年12月初，他接到萨福德的电话，萨福德恳请他到18号楼他的办公室去一趟。这时他才知道萨福德就在离他不远的一个小办公室里。萨福德在电话中对他说："我要跟你谈点儿事。是关于监听到的电报的事，就是日本人的那些电文，我正在查找。你也许能证实有这些电报，你也许能帮我摆脱困境。"

　　几步路就到了院子的南边。布里格斯找到了萨福德。此人温文尔雅，谈吐柔和，递给他几张短笺，而后突然问道："你的签字是RT吧？"

　　布里格斯应道："是的，先生。我的签字是RT。"收报员必须在每份接收到的电报上签字。

　　萨福德说："我从记录上确认了这一点。我相信你就是抄收那则特别电文的人，你就是抄收那份'风'指令电文的人。"

　　布里格斯紧张起来。他说："噢，可能吧。"他不知道先前的调查已进行到了什么程度，但他感到一切尚属机密，也许是高度机密。

　　"那么，你记得起那份电文吗？"

　　"我想能记得起来。"

　　萨福德说自己曾有过电报。可不知怎么的，电报丢了。他记得在整理向罗伯茨委员会听证会提交的有关材料时还见到过电报。他说："这就是我为什么要你来证实一下的原因。"

　　数月来，萨福德一直在寻找"风"指令电报，但一无所获。最后，他想到要找一找那个接收电讯的收报员。

　　可是，这一问题已引起了激烈的争论，他现在还能使布里格斯说出真相来吗？

　　然而，使他欣慰的是：布里格斯承认了他是监听日本侦听活动的人员之

美国的耻辱

一，并承认是他收录了那三份可能还存在的"风"指令电报。这些监听人员原是直属萨福德自己的办公室领导的。布里格斯看到，萨福德手头有张其他收报人员的名单和签字。萨福德还拿出了先前听证会上的证词。他说："这些是证词，只是一部分，不是全部。"

布里格斯明白，上校知道自己在说什么，他熟知一切。萨福德证实了布里格斯就是收录"风"指令电文的那个人。布里格斯回忆道："当然，我承认是我收录的电文。"1941年12月初的一个深夜里，他发现自己在收抄"Higashi no kaze ame"。他立即查对监听报务密码，并肯定那就是所说的三份电报中的一份。除原文外，他还复印了两份。他做了值班记录后就给他的上司报务长 DW① 打电话。DW 住在站里，对他说："立即报告华盛顿总站20G。"总站 20G 就是萨福德的办公室 Op-20-G。

萨福德在说明了他进退维谷的处境后，问布里格斯是否愿意作为证人出席正在举行的听证会作证。布里格斯以为萨福德肯定有权提出要见他，并有权要他作证，所以就表示愿意出席听证会。

他们俩见面后一两天，布里格斯接到命令，要他向约翰·S. 哈珀上校作报告。哈珀上校是海军情报站站长。此人刻板、威严，一副军人仪态，有着军人的刚毅神情，极其讲究军纪，极其看重军阶，认为只有这样才配得上"上校"军衔——他自己。他说："布里格斯，我知道你同萨福德上校见过面，谈了听证会的事。"为什么不向他这位站长报告？"谁允许你去见萨福德的？"

"噢，谁也没有叫我去，先生。是萨福德上校叫我去的。"

哈珀的严肃表情说明此事不可原谅。布里格斯难道不知道是他而不是萨福德是情报站站长吗？

"知道，先生，我知道。但萨福德上校并未说起您不知道我同他会面啊。"

哈珀没有继续这一话题，却说听证会上泄露的事已经太多了。他说："关

---

① 一些人的名字和材料被美国海军从布里格斯于1977年1月13日所作的正式谈话录音带上删节了。这些删节只涉及有关安全的材料，并不影响布里格斯所叙述的内容。

于这件事，你不要再同萨福德谈了。你无论如何不得在他的办公室里再同他会面；关于这件事，他如果还有什么询问和要求，你要立即向我报告。至于我为什么要对你说这些，我不能擅自透露。"他接着又说："你不得应召出席任何听证会作证。布里格斯，听清了吗？"

布里格斯目瞪口呆；哈珀自己也显得很不自然。他于是语气和缓地说："噢，布里格斯，也许将来你会明白这个道理的。"他停了停，好像是要再说些什么，然而却挺起胸，直起腰，生硬地说道："你明白我对你说的话了吗？行了，就谈到这儿吧！"

布里格斯想了很多很多。哈珀已召见过萨福德，同他谈了这件事吗？有许多问题要求得答案；但布里格斯意识到，再同萨福德接触必将危及自己的工作。他除了服从哈珀上校的命令外别无选择。而且他还有另外的负担。他妻子最近失明了，需要买一条导盲犬。如果发生了什么事，他怎么办呢？然而他认为，他必须同萨福德再谈一次。他给上校打了电话，对他讲了所发生的

拉尔夫·T.布里格斯与夫人和爱犬

美国的耻辱

一切。萨福德一言不发，沉默了好长时间，奇异无比。

萨福德惊呆了，一句话也说不出。好一会儿他才表示了歉意，说为了帮助他自己而使布里格斯被哈珀叫去受斥实在过意不去。他答应先了解一下情况，然后再同布里格斯联系。数日后，他同布里格斯联系了一次。他此时完全平静了下来。他说，不让布里格斯出席作证的决定可能源自国会联合委员会领导层中的某个人。萨福德认为，"高层当局"可能已下令中止进一步的听证活动，他对布里格斯的通报和帮助再次表示感谢。由于上校没有说出他所想到的"高层当局"的名字，也没有说明通过什么渠道向哈珀下的命令，所以布里格斯猜想，萨福德是被故意回避了。唯一的合乎逻辑的解释是：在竭力掩盖事实真相。可为什么要掩盖真相？电报丢失了，是怎么回事？

这次被传唤的是哈尼菲上尉。他走出秘密会议室，接萨福德打来的电话。能劳驾哈尼菲到他家走一趟吗？上校的声音显得十分紧迫，哈尼菲立即要了一辆出租车直奔敦巴顿大街 2821 号。他一按门铃，门就开了，萨福德夫妇迎接他。他们俩都穿着便袍，赶忙把哈尼菲让进门。他们说专栏作家德鲁·皮尔逊就住在隔壁；他要是看到身穿海军服的来访者，就会做出一些推论。

萨福德夫人是个显贵、端庄的女人，显得十分烦恼；哈尼菲感到她丈夫被她弄得神经不正常了。[①]他们俩看上去好像是一夜未眠，神情焦虑。萨福德说，

---

① 这时，关于珍珠港事件的争论似乎没完没了，她的神经已遭受了极大的损害。最近的一次晚会上，萨福德的一位同事普雷斯科特·库里埃刚开始同他谈话，萨福德太太就举双手猛推库里埃的前胸，差点把他推倒。她边推边嚷道："走开，你不能独占他。"

看到她丈夫在听证期间的艰难处境，萨福德太太比他还难受。虽然他从未责怪过不愿支持他的克雷默和其他同事，但露丝·萨福德却受不了了。有一次，她在电话里对萨福德的一位同事的妻子说："你丈夫就是犹大。"

国会听证会后，她决不让人提及珍珠港一事，几次毫不客气地把到家里来拜访萨福德的同事和记者赶出了门。《矿工》杂志的特约编辑海伦·沃登·厄斯金就曾被她驱赶过。这事发生在 1954年，她有一次为了收集材料给波士顿《旅游者》杂志写篇稿子，未经预约就径直造访了萨福德夫妇的家。

一个慈眉善目、细语轻言的男人开门见她，说道："我是萨福德上校。您有什么事吗？""我认为您是珍珠港事件真正的英雄。"

萨福德的好友查尔斯·C.海尔斯

他如果按计划出席作证的话，他同他夫人担心会有不利的反应，甚至会遭到报复。

哈尼菲要他放心，他只要说真话、不收回证词就行；有关日本电报的情报已有记录，他可以公开谈论此事。哈尼菲后来回忆说："我认为，在今后相当长的时期内，劳伦斯·萨福德在美国海军中会是个最不受欢迎的人。我敢肯定这一点。而我同时又认为，谁也不敢起诉他，因为这件事已

（接上页）突然从楼上传来一声尖叫，就见萨福德太太冲下楼梯，边跑边喊："不准提珍珠港，不准提珍珠港！走开，走开！"

萨福德说："露丝，安静点，安静点。"然后转而对记者说："我要说的在听证会上都说了。"

他妻子吼道："别说了！"

萨福德继续温和地对记者说："我坚持我的意见，但不能再说什么了。"

萨福德太太猛然抓住厄斯金的双肩，把她推出门，大叫："你给我滚开！"

这件事在《旅游者》杂志上登了出来，弄得萨福德极其心烦意乱。要知道，他们夫妻俩还都是波士顿人哩。他给厄斯金写了一封信，向她提出了抗议，说他不是像她所描绘的那样"是个孤寂、悲凉的人物"，说他是个为真理不惜牺牲一切的人。他驳斥道，文章想"把我说成是个孤立无援、境况凄凉的人，但事实并非如此……如果要我再次作证，我决不更改一个字，即使要冒被逐出海军的危险也在所不惜……您笔下对萨福德太太毫不留情，我深感遗憾"。

萨福德至死一直关注珍珠港问题，生前给一个专门从事出版揭露珍珠港事件内幕的团体写了大量信件。给萨福德的回信必须同时寄至几处，其中一处是太空研究中心图书馆。他的一位老朋友威廉·O.里德少将的妻子在那儿工作。

那个出版团体的负责人是修正派史学家哈里·埃尔默·巴恩斯博士。萨福德给他们写了不少文章和长长的备忘录。他必须在别处写，如果在家里写，让他妻子看到了就会将其付之一炬。她要检查每封寄到家里的信件，令她不快的信件"就进入我妻子的私人记忆洞了"。

1962年他提醒查尔斯·海尔斯中校："跟别的女人一样，萨福德太太非常细心、多疑。而又跟别的女人不一样，她一听说珍珠港事件或知道要写另一本有关珍珠港事件的书，就会歇斯底里大发作。幸运的是我收到了包括您的来信在内的所有信件，所以没有发生什么问题。"

时至1967年，萨福德太太的神经已十分脆弱了，上校提醒那些正在撰写新书的人："快要送她到精神病医院了。"采取了诸如使用姓名代号等多种安全措施，以防信件丢失。这种情况一直延续到1973年萨福德去世。七年后，萨福德太太离开人世。

开始引起公众的注意。"

　　萨福德没有提及禁止布里格斯出席作证的命令。他一直没有说起过布里格斯这人的名字。哈尼菲驱车回到参议院大楼，心中有些困惑。

2

　　2月1日下午两点钟，塞思·理查森还未开始询问萨福德，秘密会议室里就充满了焦急的气氛。米切尔对他作了简要交代后，这个新任首席律师就意识到他要与之交手的是个才华横溢而又心慌意乱的证人，因为只有他一个人坚持说的确收到过"风"指令电报。一副学者模样的萨福德在开始宣读他那涉及"风"密码电报的 28 页声明时显得十分紧张。他宣读时忽紧忽慢，时断时续，显得心慌意乱，致使理查森关心地问他是不是"被吓着了"。萨福德说摄影记者们的闪光灯亮个不停，使他心慌。拍照被阻止后，他宣读时依然紧张，时不时停一停，咬咬嘴唇，拿起杯子啜口水。

　　他的情绪渲染了他的陈述，更加引起了人们的注意。《华盛顿时代先驱报》报道说："L. F. 萨福德是个胆小、阴郁的密码专家，昨天在国会珍珠港事件听证会上断然宣称华盛顿 1941 年 12 月 4 日曾收到过一份发自东京的'风'指令电报（电文中暗示日本与美国之间将发生战争）。这犹如向听证会掷了一枚炸弹。"萨福德没有提及布里格斯；但断言，电文用的是摩尔斯密码，设在东海岸的一个海军监听站（M 站）侦听到了电报。"萨福德那引人注目的披露与陆、海军高级将领——马歇尔上将、斯塔克上将、威尔金森将军、当时的海军情报处处长和前陆军部情报官迈尔斯少将在国会听证会上关于'风'电报所说的话完全相反。"同样引人注目的是：萨福德宣称，珍珠港事件发生后不到一个星期，海军部下令烧毁所有与事件有关的个人记录。

　　第二天是星期六，发生了新的轰动事件。萨福德指控海军上将休伊特的法律助理约翰·桑尼特想要他在陆海军联席委员会上推翻在国会听证会上的证词。他说："在我第一次同桑尼特少校见面时，我就意识到，他不是以情报首脑的法律助理的身份，而是以已故海军部长诺克斯和斯塔克将军的'辩护人'身份来找我的。他的目的似乎是要驳斥先前听证会上那些不利于华盛顿政府的证词，是要诱使'不友好的'证人推翻前言，是要对他难以否认的事实散布一些引起人们怀疑的空气。尤其令人气愤的是，他力图要我推翻我那关于'风'指令电报的证词。他还竭力要我相信自己得了幻觉症。"

接着他对理查森说，所有关于"风"指令的电报都丢失了；而克雷默保险柜里的那一份肯定被人偷走了。

理查森以一种显然不信任他的语气问道："那么，你是否认为存在一个从白宫到陆军部和海军部、直至克雷默所在单位要销毁这些电报稿的大阴谋呢？"

"我证词中从未涉及过白宫。"

"那么，你是否认为存在一个海军部和陆军部要销毁这些电报稿的阴谋呢？"

萨福德紧张地答道："是有那么个阴谋。"

"你认为都是一些什么人参与了这一阴谋呢？"

"我没有第一手材料。"

"那么，你只是怀疑了？"

萨福德说不仅仅是怀疑，并进而谈了他搜寻有争议的电报稿的详情。他所在单位负责档案的人们不知道电报稿已丢失。他说："他们没有电报稿丢失的记录。他们无权销毁电报稿，也没有销毁的记录。"搜寻了几遍，片纸未见。他说："电报稿真的从地面上消失了，不见了，就连记录电报的材料也没有了。我们单位有条不成文的规定：我们要永久保留电报的原件，因为我们不知道什么时候就会用上它们，不知道多少年后又要用以回头证实某件事。"然后他又到 M 站和西雅图附近的贝恩布里奇站去寻找原电传打字电报机，亦未见踪影。与寻找电报稿有关的信件也不翼而飞，全无踪迹。他说："不光是'风'电报稿，就连与电报稿有关的所有物件都不见了。"

理查森不相信这些责难，说道："好了，上校，事实是所有为'风'指令电报、就是否接受过或看到过'风'电报作证的人都说从未见到过什么'风'电报，是这样吗？所有证人都没有见过这类电报。"

萨福德反驳道：不是那样。珍珠港海军指挥部副司令英格索尔将军就作证说见过"风"电报，并说电报的意思就是要对美国开战。英格索尔说不清是在珍珠港事件前还是事件后看到的电报了，但他肯定见到过，那是一份书面的东西。

理查森没有理会英格索尔的证词问题，却问道："为什么有人要竭力掩盖有关你所说的 12 月 4 日那封'风'指令电报的事实真相呢？他们为什么要销毁电报呢？他们为什么要那么干呢？"

"竭力掩盖错误是人之常情嘛。"

"那么，那封电报又造成了什么样的错误了呢？"

萨福德说："事实是没有发出战争警告。事实是海军部收到的战争警告被高层当局压住了。事实是陆军部根本就不想发出什么战争警告。"

"那么你的意思是说，海军部、陆军部的军官们和美国总统收到电报后，都没有把战争当回事？他们都没有重视这份电报？"

"我不明白为什么不发出警告。"

"上校，我认为，之所以没有发出警告，是因为根本就没有过什么 12 月 4 日的'风'指令电报。你不同意这么说吗？"

头脑发胀的萨福德说："我不同意您的说法。"

理查森不断反复提出类似的一些问题，弄得萨福德实在耐不住性子了，遂大声指责道：首席律师在诱使他推翻证词，并说他已不是迫使他翻案的第一个人了。①

---

① 在公开发表的记录中已见不到这段对话了。拉文德在给金梅尔的信中说："我就坐在萨福德的身后，他们所说的每句话都听得一清二楚。我记得当时的全部情况，一切的一切都十分清楚。"将军对此并不惊骇，因为他自己的许多谈话段落就被从记录上抹掉了，他的话常常被错误地引用。格里夫斯也在回忆文章中说过：关键性的材料从记录上抹掉了。

那天下午萨福德离开会议室时已是筋疲力尽了。他只能利用星期日休息一天，下周一还要来回答多数党人可能提出的更为尖刻的问题。

桑尼特在给报界的一篇声明中否认对他的指控，说他没有想要萨福德推翻他的证词。而美国司法部副部长也说话了："'风'电报问题已弄得满城风雨。我受海军部之命来查清有关电报问题的全部事实，以消弭电报问题周遭的神秘氛围。我发现，有关存在着这样一份电报的谣传均源自萨福德上校……请注意，萨福德上校在先前的证词中提到了许多人，说他们都知道有份'风'电报；然而他们当中谁也记不得有这么一份电报。这些证人都错了？简直令人难以置信。"可是，除了英格索尔外，还有两个人——摩西·佩蒂格鲁上校和卡利斯尔·杜森伯里上校曾作证说见到过那份电报。要说桑尼特不知道这一情况，也是令人难以置信的。而桑尼特也清楚：克雷默同样曾作证说见过那份电报，但后来接受休伊特调查询问时推翻了早先的证词。

3

2月4日（星期一）上午，民主党人集中火力猛攻萨福德。卢卡斯首先发难，问他就"风"电报问题同克雷默联系过没有。萨福德说曾于1943年底给他朋友写过一封信，但没有留底。卢卡斯问道："你那时的记性比现在强，对吧？"

"就这件事而言，是这样的。"

"好，你在那封信中是否说过电报问题有点拿不准，没有把握？是这样说的吗？我不知你是不是这样说的。我没有看到过你的信，不过我们也许会弄到你的那封信。"

"我想，我并没有详细谈电报的事……我没有要克雷默做任何事，我只是问他一个问题。"

卢卡斯说："明白了。"他接着大声喊叫道："克雷默上校在吗？"

"在。"萨福德听出是克雷默的声音。

"上校，您有那封信吗？"

"有。参议员，我已交给律师了。"一位摄影记者对着他拍照，他边说边用手遮着脸。

萨福德同克雷默面面相觑，那真是极富戏剧性的一刻。人们可以想见，萨福德当时要忍耐怎样的一种感情的冲击。他上了卢卡斯的圈套；可这又是由于好朋友的出卖啊！他十分激动，他承认销毁了那封信的底稿。接着，他只好听卢卡斯宣读他的信。信中说他在准备一份密件，详细材料引自有价值的记录。卢卡斯读道："'我的记性不好了，想不起来一些细节了……'"他停下来问萨福德：对"风"指令问题也是这样吗？

萨福德承认："就细节而言是这样。您看出，我记不起来那个日期了，记不起来确切的日子了。我只记得是在那两三天内。"

卢卡斯继续念道："'我的记性不好了，想不起来一些细节了。这就是我要准备一份备忘录的原因。一年前还记得清清楚楚的一些事儿，这会儿就想不起来了，印象就模糊了，拿不准了。'"

卢卡斯大声宣读了萨福德写给克雷默的信的全文，就连信中提到的人、电报和地方所使用的代码都读出来了。这时，来自宾夕法尼亚州的墨菲饶有兴味地接过了话题。此人是个爱尔兰人的后裔，好争吵，爱挑战；报界称他为多数党中最有能耐的干将，"思维敏捷，足智多谋，常战常胜"。萨福德先前作证说，自己是12月6日下午4点30分左右离开办公室的；那天夜里同朋友出门来着；是在7日的晚些时候才吃的早餐。墨菲问他："你第二天即12月7日下午2点20分是穿着睡衣裤用的早餐，对吧？"

"对。"

"下午2点20分了，你还穿着睡衣裤用早餐？"

"是的。"

墨菲开始狠批他了："这就是说，你认为战争要爆发的那个时间你还在家

民主党议员约翰·W.墨菲

里。你曾到本调查委员会说过，战争将在星期六或星期天爆发。你明明知道战争即将爆发的确切的最后时间，而你却在星期六下午4点30分离开办公室；你没有询问过你手下的任何人；一直到战争爆发了你才找人询问。是这样吗？"

萨福德解释道：他的一名下级已将日本电报的前13部分送交陆军部翻译。那天陆军部大概在忙于破译"魔术"。他手下的另一名军官也把克雷默请来对他说了电报的含义了。

墨菲大声指责道："我们说的是你，一位200人的主管！你，你把责任都推给别人！而我们现在是在问你。"他指出，事实上12月7日那天萨福德身边根本没有翻译人员："而你认为那天是要爆发战争的，对吗？"

萨福德承认，那天他办公室里是没有翻译人员。他想作一说明，但一直没有让他申述。他想说明的是：昼夜24小时都安排有值班军官的，电报一到就有人破译了；那天正是克雷默值班，负责翻译密码。

墨菲指责道："而你却到下午2点钟还穿着睡衣裤在家里吃早饭？"

"是的，先生。"

"这份1点钟收到的电报没有及时送交有关人员，你没有一点儿责任吗？你不感到应负责任吗？"①

"不，我一点儿也不感到有什么责任……海军三次正式调查已听取了全部

---

① 墨菲的指责是不公正的、粗暴的。正是萨福德在1941年12月份以前建立了24小时值班制，准备随时破译密码。他对一个助手说过，如果日本人要有什么动作的话，肯定是在某个周末；而如果发生了什么事的话，Op-20-G是要负责破译密码的；即使那天是陆军部负责破译工作，他们也是要干的。据此，他指示手下人每天在译完海军部的密码后帮助陆军部译报工作。
萨福德的警惕性和远见卓识在12月6日收到了实效。那天中午陆军部的译报员就收工了；而Op－20－G的人仍在值班，他们破译了发自东京的电报。要不，那电报的前13部分要到星期天才能破译出来。

美国的耻辱

事实，谁也没有提出我的责任问题。"

"他们谁也没有提到你的责任问题，对吗？有谁问过你有关你的责任问题吗？有谁问过你星期天不在办公室的问题吗？以前有谁问过你有关这类问题吗？"

"这类问题没有人明确地问过。"

"你认为最好的防护就是进攻，是吗？"

萨福德当时要能回答说这正是墨菲在做的就好了。他后来写道："竭力使原告成为被告，竭力使受害人成为谋害人，是书上说的最古老的手法。"警告电报送到肖特和金梅尔手里太迟的责任绝不是萨福德和克雷默的错，而是斯塔克和马歇尔的过。上午10点刚过，1点钟收到的电报就已破译好送到斯塔克的手里了。那是在首批炸弹落到珍珠港之前的三个小时。

而当时萨福德被弄得惊慌失措了，不假思索地答道："我认为最好的防护是说真话。"

墨菲接着拿起萨福德写给克雷默的另一封信，读道："'调到霍尔塞的参谋部门工作，对你来说真是交了好运了，对事业来说也是大好事啊。我看这真是上帝的旨意啊。'"

墨菲问道："事业指的什么？"萨福德说是指的金梅尔将军的事业。墨菲接着要人们注意听另一段话：

"'……谨慎点，勤快点。我正着手整顿这边的事。15号（海军作战部的代号）的人一个也不能信任。'"

"1944年1月22日正值战争时期，你能说说那时你认为美国海军中都是一些什么人不能信任吗？"

萨福德答道："那不是一种严谨的说法。我不想再多说什么了。"

墨菲逼他说出人名来。萨福德拒不从命。墨菲吼道："你不想多说？你拒不回答？我要你说出来。你是宣了誓的。先生，请你说出都是些什么人不可信任。先生，要知道，你所说的一席话是个不可小觑的指控，是对战时美国海军的一个重要部门的指控。你做了论断，这同你的其他声明一样是要放入国家卷宗的。你说'他们不能信任'，你是说谁们不能信任？请点出名字来，到底是哪些人不可信赖？"

卢卡斯帮腔道："他说是他们全体。"

墨菲说："我想要的是人名。这儿有人作了书面指控。"他慷慨陈词，听上去像是萨福德作了一个公开声明，而不是他在评说一封私人信件。他继续说道："这是要记录在案的。先生，你是美国海军的一名上校军官，却说'15号的人一个也不能信任'。你指的都是谁？我不要那些笼而统之的陈述。我们要追寻细节。你说，都是哪些人不能信任？"

萨福德被弄得焦头烂额，可又没有律师来帮忙。拉格须加注意：在萨福德作证之前不能跟他谈话，不能与他通信；甚至在他作证时都不能同他相互使眼色。萨福德那双褐色的眼睛在他那角质架眼镜后边忽闪忽闪，透着一股精细谨慎的灵气。哈尼菲看出，那是"对严守机密的悟性和理解的一种反应"。那可能是一名从事多年密码破译工作者的警惕和习性的一种反应。哈尼菲看出，这个谦和的人有着坚强的意志。他貌似胆怯和缺乏自信，实质上意坚如钢。在墨菲追问人名的情势下，萨福德一直保持沉默。

墨菲穷追不舍，犹如一条猎犬。他说："请说出名字来。我等着哩。等着哩。海军作战部里到底有谁不能信任？请你说出他们的名字。先生，请说。你说15号的人一个也不能信任是什么意思？"

巴克利问道："你不愿回答？"

萨福德说："我不愿回答。"拉格、哈尼菲和拉文德当时可能都长长地舒了一口气。

巴克利说："本主席认为，如果你能够回答，还是回答的好。"萨福德无权隐瞒不该隐瞒的事。

萨福德坚定地说："那是一封写给克雷默少校的私人信件。"

墨菲力图从另一角度打开缺口。他读出下面一句话："……过早的行动只会惊动陷害31号（金梅尔将军）和32号（肖特将军）的那些人，也将给8号（萨福德）和10号（克雷默）招来非常严重的麻烦。'"

　　　　　　　　　　　　　　　美国的耻辱

墨菲问道："你说的是什么意思？如果萨福德做得对，怎么会给他招来麻烦呢？先生，你可以回答这一问题吗？我在等着哩。"

巴克利说："讲吧。如果你能回答就回答吧。你总得对此说点什么吧。"

"我的意思是，军事法庭开庭前和国会指导下已着手进行的调查传讯前，不能发表任何声明和干类似的事情，以便我能站到证人席上，或克雷默站到证人席上来陈述事实真相。"

墨菲说："噢，要一鸣惊人，是吗？"

"没有必要……"

"如果你讲的是实情，你怎么会有麻烦呢？说实话的人会有什么麻烦呢？会有谁来找你的麻烦呢？"

"我当时几乎是孤军作战。"

"先生，有谁会找你的麻烦？"

不问自明，当然是上级。萨福德得不到任何人的帮助，今天倒真是孤军作战了。他断然答道："所有怀疑我的证词真实性的人。"

墨菲无情地追问，谁在陷害金梅尔和肖特？"请说出他们的名字。这也是一项不可小觑的指控。说出来啊。你不知道陷害他人是一种最卑劣、最下作的罪行吗？"

萨福德随口而出："先生，知道。"

"那好。有人在陷害金梅尔和肖特两位将军。"

"是谁在陷害他们？"

"我不知道。"

"你指的是谁？你要克雷默防止谁？你说的是谁？"

"我是泛指陆军部和海军部，不是指某一个人，我也说不出是哪一个来。"

"上校，你总不能指控整个陆军部和海军部都犯有陷害他人的卑劣罪行吧？你能说具体点儿吗？"

"好，我缩小些范围，是指参谋部的那些军官。"

墨菲胜利了，继续问道："也就是说，你认为马歇尔将军领导下的美国陆军部参谋部和斯塔克将军领导下的海军部参谋部陷害了金梅尔和肖特，是这样吗？"萨福德舔了舔嘴唇，用手绢擦了擦额头，说道："我认为是那样。"

墨菲准备收网了："好，我再问你：……为了收集海军作战部和美国陆军部参谋部犯罪的确凿、全面的证据，你可以向委员会说出一个证人的名字吗？"

萨福德说可以说出四个人来。他相信他们"即使不会全力支持他，也是会给他一些帮助的"。他点出了克雷默和三名上校：萨德勒、布拉顿和佩蒂格鲁。

"萨德勒跟你说过，他认为马歇尔将军违反了美国刑法吗？"

"没有直接说过。"

"他说了什么使你以为他认为马歇尔将军、杰罗将军和其他将军们下令销毁 —— 删去这句话。你在这封给克雷默的信中说这些人犯了罪。他说了什么使你相信他们犯了罪？我说的是萨德勒。"

萨福德被弄得头大了，但一直没有提高嗓门，没有发脾气。他谦和地说："我无法预见萨德勒上校具体要说些什么。"

"他能说些什么来证明陆军部参谋部有罪呢？你可以对委员会大致地谈一谈吗？你有什么线索吗？你有什么根据吗？你凭什么相信他们会在这些指控面前支持你、证实你的说法呢？你今天在这儿根据什么说这几个人会证实你的说法呢？你说这四个人将在这些指控中为你作证。这是要记录在案的。"

萨福德说："萨德勒上校知道'风'指令电报。"

墨菲追问道："还有什么？关于马歇尔将军和参谋部里其他人的罪行，他将会说些什么？你知道吗？"

"我相信，萨德勒上校知道陆军部销毁文件的事。"密码专家威廉·弗里德曼曾对他讲过。

墨菲追问："说陆军部参谋部犯罪，他能提出证据来吗？你知道，是否有'风'指令电报与销毁或从档案中偷窃文件违反国家刑法是完全不同的两码事儿。对此他能提出什么证据呢？你说他是陆军部参谋部犯罪的可靠见证人。"

美国的耻辱

萨福德最后终于获救了。基夫向接替巴克利任主席的库珀提出动议："主席先生，我并不反对询问萨福德；可假如让萨德勒上校、佩蒂格鲁上校和其他人出席作证，本委员会不是可以取得最佳证词吗？这不是比这位证人想他们可能会说什么要强吗？"

不一会儿，委员会就宣布当天休会了。人们都走了，萨福德还没有完全松弛下来，还在哆哆嗦嗦地整理他的稿纸。金梅尔的三名律师并不领他的情，但他们十分同情他。拉文德认为下午的盘问太残酷、太可怕了。萨福德在不恰当地陈述他 12 月 6 日和 7 日的行踪时，哈尼菲为他捏着一把汗。他为什么要说自己还穿着睡衣裤呢？多数党人抓住这点大做了一通文章。他们狠狠愚弄了他一番。哈尼菲后来回忆道："其实那正好暴露出他是个没有经验的人。他一生是在准学术氛围中度过的，不是在竞争搏击中度过的。他不是那种在法庭上争辩的人。他不是一个辩论家，没有争辩的才能。"墨菲和卢卡斯要弄他时，没有人帮他，没有律师咨询。然而，哈尼菲认为，萨福德孤军奋战，独挽狂澜，寸步不让，太难能可贵了。他是当代的堂吉诃德。

记者们簇拥着墨菲。他得意扬扬，忘乎所以。他对记者们说："我们尚未触及问题的关键。好戏还在后头。"他明天就要唱这出好戏了。[①]

后来墨菲述说了他"猛追不舍，反复盘问"萨福德的情景，述说了他同其他民主党人就"风"指令电报问题愚弄萨福德的计谋。布里格斯读到墨菲的述说后说："我完全明白了，可怜的家伙被人牵着鼻子走了，只有招架之功没有反击之力了。"布里格斯如果有能力帮助萨福德找到丢失的电报的话，肯定是要帮一把的；只可惜他不知道电报落在何处，落在何人之手。

翌日（2 月 5 日）上午，墨菲重新对萨福德 12 月 7 日的不作为发起攻击：炸弹已落在珍珠港了，他还在睡懒觉，还在穿着睡衣裤用早餐。萨福德竭力

---

① 两个月后，杜鲁门总统将推荐墨菲出任负责宾夕法尼亚州中部地区的美国地方法官。墨菲在提名杜鲁门为副总统候选人的 1944 年民主党全国代表大会期间是他的国会事务助理。

为自己辩护，说自己对 12 月 7 日未能及时将预警电报送交金梅尔和肖特没有责任。不错，他那天上午是睡懒觉了，但他对电报第 14 部分和下午 1 点钟的电报的破译没有责任。

墨菲问道："那天除克雷默外没有一个译报员在，是吗？"

萨福德说："我回答不了译报员的事。"

"你是说，你同译报没有什么关系？"

萨福德耐心地答道："我不负责译报工作，我不负责对译报员下任何命令。"

"难道你不想保护美国海军吗？你说过，那天战争就要爆发了。你是在说你对有助于赢得战争的任何事都不负责任，我可以这样理解吗？"

基夫提出了反对意见："主席先生，我认为对萨福德的回答不能作这样的理解。这是一个不公正的提问。"听众中出现了一阵骚动，特别是女士们，她们开始同情萨福德了。基夫说："证人有权要求得到光明正大、正正派派的对待。"

"我本来就想基夫先生是要说话的，看来他今天整天都会很激动的。说吧，你有什么反对意见？"

基夫提高嗓门儿，其声如雷："我之所以要反对，是因为证人说了，从组织上讲他不负责译报员工作。而你却竭力说明他是有责任的，进而说他不关心维护国家的安全。"旁听的人们再也控制不住自己的感情了，大厅中响起一片掌声。副主席库珀拿起烟灰缸猛敲主席台，大叫："肃静，肃静，委员会需要肃静，客人们要守纪律。"

基夫说："主席先生，听证会开始以来，我一直就坐在这儿，一声未吭；而议员先生却说我一直在插话。我认为这是不公正的；而对待这位证人就更不公正了。"又是一阵热烈的掌声。

事态突变，墨菲大怒："我想，我明白所发生的一切。听众席上某些人起哄也好，有人提出反对意见也好，我是不会就此罢休的，我要继续追问下去。先生，我要冲破重重阻碍，不弄清事实真相决不罢手。"他转向萨福德说："先生，你是通讯联络机关的负责人；你认为战争将会在星期天爆发。这些都是

　　　　　　　　　　　　　　　　　　美国的耻辱

事实。"而负责译报员工作的是克雷默而不是他,这也是事实。

这位来自宾夕法尼亚州的爱尔兰人似乎瘪了一点,眼看无稻草可捞了,就放弃了对这一问题的追问。他转而问萨福德是不是同斯塔克将军闹过矛盾。

"没有,从来没有过。"

"好吧,那你什么时候开始对他不满的呢?你反他了,对吗?你认为他犯了罪,对吗?你认为他不能信任,对吗?你认为他犯有诬陷罪……"

"我是在一封私人信件中说……"

"噢,先生,私下也好,公开也好,你说的总都是实话吧?嗯?"

萨福德答道:"您想使……"他的声音只有自己能听到。

"好吧。请问,你说,你认为斯塔克将军犯有诬陷罪,这是不是你当时的看法?"萨福德没有听懂这一问题,要他再说一遍。"先生,你会回答这一问题吗?"

"是。"

库珀问:"上校,你回答说'是'?"

他请库珀原谅,并说:"不是那个意思。我是说,我是要回答这一问题的。"

墨菲可能是被萨福德在强压下始终保持谦恭的常态打动了,说道:"慢慢说,不要急,我不会打扰你的。"

"我要慢慢想一想,理一理头绪。"

墨菲放低了颇含敌意的调门:"我并不要你回答这些问题;我的任务是要弄清事实。我绝不是要为难你。我要是不过问此事,也就罢了;可现在要我过问此事,我也就不得不把事实弄清楚了。"

萨福德说:"我当时并不是那样看的。如果我错怪了斯塔克将军,我深表歉意……"

"不管怎么说吧,你是一名美国海军军官,说过海军指挥官犯有诬陷罪的话。你认为诬陷他人是最卑劣、最下作的事,对吧?"

"对。"

"先生,那么这会儿你认为斯塔克将军同他参谋部的成员确实是诬陷过金梅尔将军吗？"萨福德没有回答。墨菲说："我不强迫你回答这个问题。"

萨福德："好，谢谢。"

墨菲说："你已经回答了许多问题。"他继续提问，但不那么穷追不舍了，也不想再导演昨天想要看的好戏了。接着，少数党人开始提问；弗格森和基夫提出的问题都是有利于萨福德的。

基夫说有件事迷惑不解："萨福德上校，我不清楚你在这场争论中是否有什么个人利益，是否能捞到什么好处。如果你有什么个人利益的话，我请你说一说。"

"我没有什么个人利益。我只是想，我既然开了头，就要把事情弄个水落石出。"

他的话引发了第三次热烈的掌声。

库珀提出警告："肃静，委员会的客人请肃静。"

基夫继续问道："在对你进行的反复盘问、特别是那位来自宾夕法尼亚的先生对你的盘诘中已作了许多暗示，而你对这些暗示却作了猛烈的回击。你当然也已意识到了这一点，对吗？"

"先生，您说得对。"

"那将对你海军军官这一职业极为不利。你到这儿来作证时明白这一点吗？"

"我每次来作证都明白。"

"即使你一无所获、惨败而终，你每次来作证都坚持你的说法，是吗？"

"是的。"

对萨福德来说，昨天是个痛苦的日子，今天则心情愉快。但当他谈及12月6日时，民主党人向他发起了新的一轮进攻。卢卡斯发动攻势，咄咄逼人：萨福德难道没有意识到，他给克雷默送密码时说出了总统及其他要人的代号，是在犯错误、在违反海军条规吗？

"意识到了，先生。"萨福德这次回答得很干脆。

"萨福德上校，这我就不明白了。你是一名情报人员，在本委员会面前你表现得很机警，是个有头脑的军官，为了帮助金梅尔将军，怎么会不惜违犯海军条规呢？你没有在他手下干过，并不了解他，却要冒葬送自己前程的危险去帮助他。你能向我解释一下吗？"

萨福德说，他起初对金梅尔十分不满，认为他对珍珠港事件负有罪责。后来他知道金梅尔并没有收到"风"指令及其他生死攸关的情报。

这席对话后，卢卡斯问萨福德："于是你就认为你有责任拼全力来为他说话了？"

"是的。"

"而你这样做的时候又认为克雷默上校是你为金梅尔辩护中最有权威的人，对吗？"

"对。如果克雷默愿意作证，他是最有权威的证人。"

而如果克雷默违犯海军条规使用个人代号给萨福德的第二封信写回信的话，他们俩可能要为此一同走上军事法庭，萨福德知道吗？

萨福德说："先生，我知道。克雷默当时的见识比我高。"

卢卡斯说，如果克雷默回了第二封信，他现在就会同萨福德一样处于危险境地了。卢卡斯问道："是这样吗？"萨福德坚持认为克雷默是个具有独立人格的人。卢卡斯继续说："我不是说你并不了解整个事情的经过。我是说这儿有许多证据对你在这'风'电报问题上不利。而如果克雷默上校自始至终在这个问题上同你保持一致的话（如果他回答了你那第二封信，他就很可能与你步调一致了），本委员会要确定这一问题也就要花大力气了。"

布鲁斯特提出了抗议。

"如果这位参议员反对这样说，我就收回。记者先生们，请不要上报。我可以收回所有的陈述，我不想同来自缅因州的这位参议员争论。"

布鲁斯特说："我高度评价你向记者先生们提出的请求；但恐怕难以要他们对此完全漠然不顾。"卢卡斯暗示萨福德卷入了一场阴谋。卢卡斯恶言恶语，指责萨福德"设陷阱，诱惑克雷默上校。说如果克雷默给他回信的话，萨福德上校就完全控制了他。这一切都说明，萨福德上校是在制造阴谋。我知道，你会否认你是在作这样的说明。如果克雷默天真无邪地给萨福德上校回了信的话（写封信根本说明不了任何问题），萨福德上校就会对克雷默上校进行讹诈，克雷默上校就要屈从于萨福德上校。我认为这些暗示都是不公正、不正大光明的"。

听众们热烈鼓掌。

巴克利这时重又回到了主席的座位。他说："本主席想提醒客人们注意，这儿不是政治集会，再有人干扰本听证会，将要采取相应的措施了，不管他是哪方面的代表，也不管是针对谁的发言。"他又说，主席并不反对听众们在证人讲完后做出某种反应："就是赫尔国务卿、马歇尔将军等人来作证也应该这样。可是听众们一再打断这位证人的话，做出某种表示。如果听众们在他讲完后再鼓掌，那就悉听尊便了。"

下午，委员会早早就让萨福德结束了作证。这会儿人们的掌声经久不息，巴克利没有言声。理查森说："主席先生，我请克雷默上校作证。"克雷默应声慢慢站了起来，显得十分疲惫、紧张。

巴克利说："克雷默上校，请到前面来。"

克雷默同萨福德擦肩而过。萨福德几天前获悉他朋友在没有通知他的情况下交出了他们俩的全部通信时一下惊呆了，但他并没有被出卖的感觉。他想，去年一年的压力把克雷默弄昏了，克雷默病了。萨福德并不生气，只是对朋友被迫受这样的折磨深表遗憾。他们俩走到一块儿时，友好地交谈了几句。摄影记者抢拍了当时的情景。

克雷默准备作证时，他妻子站在大厅的后面，紧张地盯着他。少数党成员和格里夫斯也很紧张。克雷默先前有过两种说法，他今天会怎么说呢？他开始时承认见过"风"指令，但不是在12月4日，而是12月5日。

理查森说："那天你带着值班军官走进萨福德上校的办公室，你说'请看'，将一黄色电报纸交给了萨福德上校，那是一份日文电报，约200字，说的是'与美国开战'。请你就此作证。"

他说："我如果在那张电报纸上写了什么的话，也绝对不会使用'战争'

这样的字眼儿。"这就不仅全然否定了萨福德最近的证词，也否定了他自己在海军调查会上的证词。他解释说，"风"电报原文密码的意思并不是"战争"，而是与美国、英国或俄国"关系紧张"。

"如果你想得起来的话，想想看，你认为是哪个国家？想想看，你想是哪个国家？"

"我肯定，那个国家是英国。"他断定电文是"西风，晴"，而不是"东风，有雨"。

很明显，第二天克雷默再回到证人席上时，再次刷新了记忆——可能是受了律师、理查森、考夫曼或是民主党人的影响。这次他与萨福德的距离拉得更远了。他说："几周来，我有幸翻阅了麦克阿瑟将军司令部在日本对与播发这些电文有关系的日本高级军官的一些审问资料。他们说没有播送过这样的气象暗号电文（指'风'指令）。根据我关于这件事的回忆，我现在也认为，我在 12 月珍珠港事件发生前的那个星期五上午所看到的电文是个假警报。"昨天他说那份电报确实是个"风"指令信号。今天他这席话完全推翻了他昨天的证词，引起了一阵骚动。一些人觉得奇怪：如果他几周来一直知道有关麦克阿瑟审问日本人的资料，昨天为什么没有提及呢。一些知道有关麦克阿瑟审问资料的人也感到奇怪：他为什么没说那些日本军官同样否认了曾编排过什么"风"密码呢。克雷默的下列一席话更令人费解："当时我的确认为是这种性质的密码。而我现在仍然认为那指的只是一个国家。这就是我的回忆。请注意，当时的确使用了'风'这一词语。"他的话是什么意思？他起先说自己的确认为电报是假警报，这会儿又说不是假的了。

库珀问道："指的哪个国家？"

"我好好想了一下，是英国。"

在这种盘问的情势下，他沉不住气了。当被问到是否有人曾迫使他推翻自己在海军调查会上所做的证词时，他光火了，高声大叫："谁也没有逼迫我。"他否认了桑尼特曾对他施加过压力的指控。

基夫早些时候到贝塞斯达医院走访了克雷默，随即提出指控，说克雷默受到了骚扰、围攻。据此，墨菲问道："你是否曾受到过'骚扰和围攻'？"

克雷默厉声答道："我从未受到过什么骚扰和围攻。"

"有人'纠缠'过你吗？"

他说："先生，这种说法是不真实的。"

当库珀问他是否认为陆军部参谋部和海军部参谋部的人都是无赖，曾经"诬陷"过金梅尔等人时，他又火了，答道："我不信会有这等事。"

晚上克雷默收听广播时，听到评论员小富尔顿·刘易斯说他作证那会儿"暴怒""顽抗""争辩"。第二天上午他变乖了，作证前先做了一番道歉："昨天下午5点钟我走下证人席时已作证了近六个小时，感到头有点痛，周身不适。因此，刘易斯说我作证时失态是有根据的。主席先生，我是要全力做到客观，同委员会合作的……如果我给人们留下了暴怒、顽抗和争辩的印象的话，我要向委员会表示歉意；并请委员先生们相信，我提高嗓门和做大幅度动作，只是要强调我所说的话。从此往后，我要竭力控制住嗓门和举止。"

接着，他就回答待在贝塞斯达医院问题时发出的粗言恶语向基夫道歉。基夫温厚地说不用道歉。

下午的听证会上，克雷默从一只黑色皮包里抽出一封信，这是海军调查会开始前四个月金梅尔写给哈尔西的，从未公开过。《华盛顿时代先驱报》说克雷默引起了"新轰动"。金梅尔在信中要他的同事哈尔西将军让克雷默回答有关"风"指令及其他事件的一系列问题，并要让克雷默签署一份宣誓书。克雷默说："我要向他保证，在他有生之年没有他的允许决不启用这一宣誓书。"

克雷默作证道：哈尔西给他看了信后，他答应写份宣誓书，后来他又改变了主意，决定给哈尔西写份备忘录，记述他所能想起的一切，并向哈尔西征求了意见。基夫大步走到证人席查看备忘录。摄影记者拍下了这组镜头。他说，"在这次调查行将结束时"，克雷默被允许透露出"这一看上去非常重要、可资利用的资料，而这一资料一直在海军手里，谁也没有见过"。这太奇怪了。他接着说："看来，只有先把这些资料交给我们的律师了；否则，我们怎么能深信无疑呢？都是些什么样的事实呢？我没有看过这份备忘录，我不知道

美国的耻辱

上面都写了些什么；但我认为，如果我们相信克雷默上校所说的话，他 1944 年春季写备忘录时所发生的一切就证明，备忘录的确是反映了他当时的想法。"

克雷默接着表白道：我本不想把萨福德的信和有关那天情况的资料拿到听证会上来的，是在一直追问下才拿出来的。弗格森大怒，吼道："好了，上校，请你从现在起讲实话，道实情，不要再扯不相干的事了，行不行？"

克雷默说，他把备忘录交给了哈尔西，哈尔西看了一遍又退给了他。克雷默还说："1944 年，我一夏天都在琢磨备忘录的事。我一直到在墨芬将军主持的调查会上作证后，才感到没有必要再想了。我把这些资料都搁在自己身边了，真的。"

基夫问道："就是说，你在墨芬将军主持的调查会上作证前，曾反复思考过这一问题，是吗？"

只是关于如何处理这些资料的问题，"不是关于资料的内容问题"。

"你确信你在南太平洋服役时所写的这份备忘录中的话都是事实吗？"

"先生，我确信无疑，同当时的想法一样。"克雷默并说从为哈尔西写材料到现在一直没有翻阅过备忘录。

基夫狐疑地问道："你是说，备忘录一直在你身边，而你在此之前一直没有翻阅过？"

"先生，在此之前我一直没有翻阅过。"

委员会移至司法委员会房间举行秘密会议。委员会考虑到安全问题，决定不将备忘录放入会议记录；而后又未向报界透露这一决定。他们只作了宣布：由于意想不到的势态发展，晚上可能要举行听证会，以便 2 月 15 日前结束听证。

第二天（9 日），星期六上午，基夫宣读了克雷默在海军调查会上的证词。克雷默在被问及电报中使用了哪些日本字时答道："Higashi no kaze ame。不错，就是这几个字，字面意思是'东风，有雨'。这是简单的日语；然而这几个字的意思却是关系紧张或关系破裂，可能还含有与东边的国家——美国开战的意思。"

接着，基夫问道：上校是不是在说电报上的日本字不是 Higashi no kaze ame?

"没有一个字提及美国。"

基夫问道："那好，你记得电报上有字吗？"

他说："先生，记得。"但问他是否记得都有哪些字时，他却说："先生，不记得了。"

基夫狐疑道："你是负责电报破译工作的，知道政府在急于得到这份非常重要、生死攸关的电报。是你送的那份电报，你看过、读过电报，是你审查了值班军官的电报译文；可你今天当着我们的面，却说你不知道电报的内容，说你不记得电报上都说了些什么了。是这样吗？"

"先生，是这样。然而，基夫先生，我想提醒您，我认为，不但是这次听证会，而且是先前的几次听证会，还有报界，对这份电报的重要性强调得太过分了。"这是先前米切尔的说法，理查森接受了这一说法。这会儿克雷默又拾人牙慧说了出来。

为金梅尔辩护的威廉·哈尔西上将

那天下午晚些时候推翻了不公开克雷默写给哈尔西的备忘录的决定，除一个问题外，全部内容都放入记录。其重要性在于：这份备忘录反映了克雷默在仔细思考后对1944年"风"指令所做的最佳回忆。克雷默作证说，他后来还给威尔金森将军、罗彻福特上校和一名负责海军情报局远东科工作的上校看过，时间在1945年12月6日到1946年1月9日之间。而克雷默坚持说自己没有看过那份备忘录。

主持这次调查工作的布鲁斯特也表示怀疑，问道："很明显，你以自己

　　　　　　　　　　　　　　　　美国的耻辱

的名义写了这份备忘录，甚感忧虑，在12月6日至1月9日一个月的时间里，先后给三人看了备忘录；问过你的朋友罗彻福特上校，约见过一名负责海军情报工作的上校，而你却说你本人在此期间一次也没有查看过你这会儿出示的这份备忘录。你认为你的这种说法可信吗？"

"参议员先生，我的确没有查看过。"

"上校，要让人们相信这种说法是很难的。你要认识到这一点。备忘录是你的一块心病，而你从未查看过你出示的这份备忘录？"

克雷默说："您说'查看'，如果您的意思是说我看了备忘录，我没有看过。"他重复道："我没看过。"他继续说道："无疑，我是查看过几个要点的。这几点我已提到过了，他们好像也提到过。先生，我确实没阅读过。参议员先生，我给他们看备忘录时，的确没有同他们谈论备忘录的内容。"他说话颠三倒四，更引起了人们的怀疑。

布鲁斯特深为怀疑地问道："你把备忘录给他们看时，没有说说背景情况、你的回忆和你写备忘录的原因？周末我们要休会了。我希望你好好想想这个问题，从我们面临的困难这一角度来考虑一下这个问题。我认为你是没有理由不查看备忘录的。我想，如果你查阅了备忘录，也不会受到责难的。你说在会见查阅了备忘录的官员时才回忆起了一切，并依此作了上述证词。你肯定是从一年半以前在努美阿写的备忘录中引出确切的回忆的。可你说没有查阅过备忘录，我从一开始就对此感到纳闷，就有怀疑。我想，如果你能使我们相信你在上个月的某个时候查阅过备忘录，我们就会很容易地相信你所说的一切了。"

星期一上午，布鲁斯特未能出席听证会，弗格森接过了他提的问题。他说要给克雷默一个机会，以回答上周末搁置起来的问题。克雷默说，他仔细思考了布鲁斯特提的问题，他想宣读一篇声明。这篇声明很长，拉拉杂杂，理查森听得都不耐烦了。当克雷默开始念他自己的日记时，这位首席律师打断了他："有必要念你的日记吗？"布鲁斯特参议员所提的问题"只是这样一个问题：这份备忘录一直在你手里，而你却没有查阅过"。克雷默竭力说明他为什么要如此啰嗦的原因。理查森说："继续吧，读完它。"

墨菲提出异议："主席先生，对证人要公道，从缅因州来的参议员是叫他好好想想的。"

副主席也不耐烦了，说道："上校，继续说吧。"

"去年11月间，我妻子从迈阿密来到华盛顿；11月14日，我们一道去迈阿密。12月初，我一个人返回华盛顿，等待委员会的传询。当时我就决定写日记，把我所做的事、碰到的人、见到的老熟人等情况详细记录下来，以便我回迈阿密过圣诞节时好给她看，省得我再光凭记忆向她述说一切了。"克雷默唠唠叨叨讲了好多，最后说了一句既冗长又绕嘴的话，发誓说他绝没有查阅过备忘录。他花了半个多小时才作了这么个说明，少数党议员大为不满。就连一些不偏不倚的评论家也不那么深信不疑了。对大多数评论家来说，现在的问题是：关于"风"指令问题，到底是谁——是克雷默还是堂吉诃德式的人物劳伦斯·萨福德说了真话？那天下午晚些时候宣布：萨福德在海军部举行的授勋仪式上被授予了功勋奖章，以表彰他1942年3月至1945年9月期间在密码研究中所作出的"卓越贡献"。功勋证书中写道："萨福德上校精明强干，意志坚定，极富创造力，具有渊博的电学和机械工程学理论及其在密码应用方面的知识。他推进了密码设备的完善发展，使美国海军拥有了当今世界上最为精良的破译密码的设备。"又说他"对赢得战争作出了实质性的贡献"。这使那些竭力要让萨福德名誉扫地、威望丧尽的人目瞪口呆、惨败颓丧。同时这也表明，海军上层有人不仅对他评价极高，而且在公开支持他。

小富尔顿·刘易斯在当晚的广播中说："这件事实际上表明，海军对萨福德上校向珍珠港事件调查委员会所说的一切毫无异议。这就是这件事的重大意义所在……海军的官员们高屋建瓴、姿态高，宽宏大量，仁至义尽，令人折服。"

委员会里的民主党人对萨福德所受的奖赏甚为愤慨，提出要授予克雷默"比萨福德所受的奖赏更高的奖赏"。

美国的耻辱

第十二章

"为华盛顿开脱"
1946 年 2 月 1—11 日

1

林肯诞辰日那天，出现了一位与众不同的证人亨利·C. 克劳森中校。他面对调查委员会及其律师组的气势毫不畏惧。他本人就是一名律师，在受盘诘时神态怡然、自信异常。当有人问他史汀生和陆军部是否曾要他那独家调查"有所倾向"时，他昂首傲然答道："先生，没有那回事儿。如果他们提了，我也绝不会那样干的。"有人问，是否有过要他千方百计让某个证人推翻证词的指示？他坦然答道："先生，没有什么指示。"

弗格森向他询问有关战前美国与英国、中国和德国的协定问题。这是要泄露秘密的。克劳森说，这种性质的调查"要找白宫；而我被告知，那已超越了我调查权限的范围"。

翌日，克劳森坦陈了与史汀生的关系，说十分仰慕其人。弗格森问道："你调查时翻阅过他的日记吗？"

"先生，没有。"

"为什么不看一看呢？"

"您是要我调查审查人吗？这就像是大陪审团调查大陪审团了。您已让他进行调查工作，如果您要别人再去调查史汀生，就得依法行事。"

2 月 14 日，克劳森向吉尔哈特保证：他"在揭露事实真相方面自由如轻风，我行犹我素。吉尔哈特先生，我的意思是说，请您相信，不存在任何强制，也不存在任何限制，除我自己的决定外，什么也影响不了我"。

那天，参议员卢卡斯宣读了基夫去年 11 月在众议院所做的发言。基夫说，克劳森"在陆军部及其部长的唆使下"公然威逼布拉顿上校签署一份宣誓书，推翻先前的证词。

卢卡斯接着对中等身材的克劳森说："我特别想知道的是，你是否威逼过这位 225 磅重的上校，让他提供了与他当时想法相反的证词。"

拿体重说事，这种说法很可笑。

"先生，我没干过。"

下一个证人是健壮的布拉顿。他起初向陆军调查委员会说：他曾向比德尔·史密斯和杰罗将军发送过那电报的前 13 部分。而这会儿，他在杰罗将军私人律师塞缪尔·考夫曼的严厉盘问下却竭力解释他在克劳森面前推翻证词的原因："这会儿我的记忆有点失常了。我现在的确说不清那天夜里是否发送过电报……在我向格鲁纳特委员会作证时，我没有记起来，或者说，我记不得杜森伯里上校那天夜里是否同我一道在办公室工作了。"他向陆军调查委员会作证后，克劳森给他看了比德尔·史密斯和杰罗的宣誓书，他们一致否认那个星期六的夜里曾收到过电报的前 13 部分。布拉顿说："我了解他们。我丝毫也不怀疑他们任何一个人的诚实和正直。如果他们说我那天夜里没有给他们送过邮袋，那就是我的记忆失灵了。"

奇怪的是，他在甘愿受此屈辱后却向马歇尔本人提出了责难。他在离开柏林回国出席听证会作证前，曾信誓旦旦地对他的朋友海姆利希上校说：他将"揭开那个调查的盖子！"

他作证时一开始就说：马歇尔曾于 1941 年 8 月的某天命令他不要向海外战区发送"魔术"电报。但后来收到的"魔术"电报使他确信战争即将爆发，所以他就自行决定利用一次机会向夏威夷发去了警报。

然后他出示了一叠仔细包好的文件复制材料。这些材料是从柏林带回来的，是 1937 年至珍珠港事件发生时根据罗斯福的要求整理的有关日本和德国的备战情况的备忘录。布拉顿曾于 1943 年同耶顿上校谈起过这些材料。耶顿建议他立即复制一份，收藏在一个稳妥的地方。

最后，他大胆地揭露道：马歇尔亲自删去了备忘录中的关键部分。弗格森高声宣读了 1937 年写的、后来被删除的一段文字："' 英国一旦卷入欧战，日本即欲在东方采取反英军事行动，意在占领（中国）香港和新加坡，最后攫取荷兰人的油田和控制通往东方的贸易航路。这似乎令人难以置信，但确实有其可能性。……这就可能迫使我国援引中立法，并最终卷入战争。'"

弗格森问道："是谁删除了这段文字？"

"就我所知，是马歇尔将军亲自删除的。"

"好，现在请你告诉我们，这是你后来夹进去的一份假报告，还是原来就有的真东西呢？"

"就我所知，我也确信，这份报告是真的，是我们根据从各方面获取的情报写成的……就我所知，我也确信，从现在仍存放在情报官档案室的文件中可以找到所有从这份材料中删除的内容……我敢肯定，我的上司迈尔斯将军已多次提及这份文件。他在作证时曾数次提请委员会清查这份文件，但似乎谁也不感兴趣。"他提醒人们注意，情报官档案室里的远东卷不是一卷，而是根据原件复制成的十余卷。

理查森讥讽道："这是珍珠港事件两年后某人作的回顾。这并不比《华盛顿邮报》或是《芝加哥论坛报》所做的评论重要到哪里。"他将根据大量秘密情报拟就的陆军部正式报告与报纸评论相提并论，实在可笑。他同样故意小觑了删除材料的严重性。要知道，这些材料是从 1937 年就开始收集整理的，是供总统批阅，预测同日本发生战争用的。布拉顿曾对耶顿说，陆军参谋长删节材料是在掩盖事实真相。

　　首席律师面有愠色，指责说文件中没有一件事是真的。他说："这些东西都是这位证人根据历史上所发生的一切而作的推断。这些东西被提到过多少次并不重要，重要的是这些东西不过是某个史学家对珍珠港事件发生前时局的一种事后认识，而我们现在要朝前看，要深思远虑。我作为律师，真不明白调查委员会要在这种事后认识上纠缠到什么时候。"

　　一直对着干的墨菲和弗格森同声要求继续追查此事。墨菲提出让布拉顿宣读一封信，说明被删除的材料的重要性。上校宣读了一份备忘录。这份备忘录是陆军情报首脑乔治·斯特朗将军 1943 年 8 月 26 日写的：

　　　　附件中除了 MA 的报告外，还有许多其他材料。这不符合指令的要求。参谋长要求作一修改，只保留 MA 的报告。

　　　　根据参谋长指示

　　　　　　　　　　　　　　　　　　　（签名）W. T. 塞克斯顿上校
　　　　　　　　　　　　　　　　　　　　　　　　　　参谋部秘书
　　　　　　　　　　　　　　　　　　　　　　　　　　　　参谋部

　　弗格森问道："就是说，除了 MA 的报告外，其他材料都被删除了？ MA 是什么意思？是陆军武官吗？"

　　布拉顿答道："先生，是陆军武官。那份材料被参谋长划得一塌糊涂，除了陆军武官和 MO 的报告外，其他材料都被删掉了。MO 指的是军事观察员。"

　　要他举例说明时，他读了一份材料中的几段话。这份材料是他给陆军军事学院的教官和学员们作的内部演说。他宣读的那几段文字陈述了远东处关于战争即将爆发的意见。接着，他又出示了其他一些例证，包括部分和全部被删除的材料。他说这些都是马歇尔本人的笔迹："那份材料的页旁有许多旁注。我认为，斯特朗将军也认为，旁注是马歇尔本人写的。"他说，这是 1943 年斯特朗以参谋部的名义向他退还材料时对他说的。

委员会没人再提问了。已经是晚上 10 点多了。问题就这样搁下了。布拉顿也销声匿迹、隐退无闻了。[①]

2

下一个证人是萨德勒上校。他同布拉顿一样，觉得不应该说假话，要正直，决心抗争。他推翻了他当初向陆军调查委员会提供的证词。这使国会调查委员会大吃一惊。他说，他确实是在 12 月 5 日将"风"指令电报告诉了杰罗，并对他说这无疑就是日本要同英国和美国交战了。而后，他见了比德尔·史密斯，"我说监听到了'风'电报。我记得是这么说的。"

弗格森说："就是说，你告诉他监听到了'风'电报。那么，你让他转告给马歇尔将军了吗？"

"我记得，他问我都采取了什么行动；我说已告诉了迈尔斯将军和杰罗将军……他说，他不想多说什么了。"

"他说，他不想多说什么了。这句话是什么意思？"

"我的任务完成了……我能做的事都做了，要说的话也都说了。"

"他说没说要把电报转给马歇尔将军？"

"先生，没有说。"

"我想，你将监听到的'风'电报向他们报告后，就认为自己的任务完成了，对吗？"

"我认为连向杰罗将军和比德尔·史密斯上校报告都有点儿多余。"

萨德勒认为"风"电报可靠吗？他认为是可靠的。"你认为'风'电报被监听到了，战争即将爆发。"

---

① 他 1952 年退役，一直是名上校。他退役后搬到了夏威夷。六年后抑郁不平的他在特里普勒陆军医院去世。

他说："先生，我是这样认为的。"他还说，在告诉杰罗和史密斯两人之前，他还草拟了一封示警电报，准备发往夏威夷、巴拿马和菲律宾。电报内容是：

据可靠情报，与日本的战争即将爆发。望采取一切防预措施，以避免重蹈阿瑟港（旅顺港——译者注）之覆辙。通知海军。马歇尔。

弗格森问道："你这样做，是因为你当时收集到了包括'风'指令在内的大量情报，看出局势日趋严重，是吗？"

是的，但电报根本就没有发出去。他说："我没有给任何人看过那份电报。我不知道电报现在何处。我当时没有留复制件。"

萨德勒在向陆军调查委员会作证时就是这样说的。后来杰罗和史密斯发表书面声明，否认他的说法时，他又向克劳森推翻了他的证词。基夫要他澄

与马歇尔将军关系最密切的两位下属比德尔·史密斯（左）和伦纳德·杰罗

清一下这种肯定 —— 否定 —— 再肯定的混乱状况。萨德勒现在是不是要"明确、无疑地"向本调查委员会表明，他是在对杰罗和史密斯的声明提出异议呢？

萨德勒说："我的确向他们报告过。"这一毋庸置疑的陈述不仅是对杰罗和史密斯的声明可信性的质疑，也是萨德勒的一种暗示。他暗示：由于担心陆军领导层会反对，所以向克劳森推翻了原先的证词。

他还宣称，监听到的"风"电报"是我一生中处理过的最重要的电报"。墨菲否认电报的重要性。在"风"电报之前截获过许许多多电报，这份电报到底重要在哪儿呢？萨德勒说："它的重要性超过了以前所有的电报。"

"何以见得？"

"这是明摆着的。我们现在什么都知道了……现在除了'风'电报外没有什么不清楚的了。我们现在都在竭力寻找这份电报，都在谈论这份电报。我们在使所有的人关注、倾听着这份电报的故事。"

布拉顿和萨德勒的证词够吸引人的了，而在他们之后突然出现的一个证人又作了更引人注目的揭露。这位证人来自海军，就是莱斯特·罗伯特·舒尔茨中校。他曾于1941年12月6日给罗斯福送过一份电报。

1945年11月底，弗格森要求传讯曾在白宫服务过的证人，以约翰·福特·贝彻中校为首的海军珍珠港联络组随即请求让美国军舰"印第安纳"号（正在华盛顿州布雷默顿的皮吉特湾海军船厂检修）轮机长舒尔茨受命立即与国会调查委员会联系。由于舒尔茨在布雷默顿一时走不开，决定让他先待在西海岸，等待委员会的传讯。一星期后，贝彻中校给舒尔茨打了个电话，获悉他于珍珠港事件发生前夕正在白宫值班，晚上9点30分收到了克雷默发来的那份电报的前13部分。舒尔茨透露，是他亲自把电报送交总统的，总统看电报时他就站在旁边。

2月14日夜间，舒尔茨乘一架海军运输机飞往华盛顿，在机上没有好好睡一觉。第二天上午9点钟，他飞抵首都，一位海军军官到机场接他，并将他带到了海军部，同贝彻中校交谈了几句。舒尔茨翻阅了听证材料，根本不同意有关总统事先知道日本人要进攻的说法。他认为，在没有弄清这些密码电报的重要性之前，他不能出席作证。

当舒尔茨进入听证会大厅时，基夫对萨德勒的询问快结束了。弗格森得知舒尔茨来到时，急忙陪他走进司法委员会接待室，同他作了一次短时间的交谈。弗格森回到自己的座位上时，弓身向前面的格里夫斯悄声说："一切正常！"

舒尔茨那时还不认识理查森，在会见他以后，被领进听证会大厅。这位神秘证人的出现引起了人们的注意；闪光灯闪个不停，这位年轻的中校甚为诧异。

理查森问舒尔茨是否记得克雷默上校曾于 12 月 6 日晚到白宫送过什么文件。

舒尔茨答道："他把文件交给了我。文件是装在一只密封的邮袋里的……我从设在办公楼里的邮件室取出邮袋，径直奔向白宫，获准登上二楼，交给总统审阅。"引导人员报告了舒尔茨的到来后就走了。"总统坐在办公桌前，霍普金斯先生当时也在……我向总统报告说收到了一份材料，是克雷默上校送来的。然后我从邮袋中取出了材料。"舒尔茨记得，罗斯福总统当时急着要看这份材料，办公室里一片寂静。舒尔茨看上去坦诚豁达、直率无隐，他的话令人难以置疑。调查委员会全体成员都在凝神静听。他说："总统阅览了一遍材料，大约花了十分钟。"然后，他把材料递给正在来回慢慢踱步的霍普金斯。"霍普金斯先生看了一遍，又把材料还给了总统。总统对霍普金斯先生说，我记不得原话了，大概的意思是说'这意味着战争即将爆发'。"

大厅里一阵骚动，人们窃窃私语，座椅移动声频频。一些摄影记者挪近舒尔茨，快速抢拍镜头。闪光灯闪个不停，舒尔茨直发毛，心想这是怎么了。摄影记者们受到了告诫，被严禁在证人作证时拍照。墨菲叫舒尔茨不要紧张。

舒尔茨继续说："霍普金斯表示同意总统的看法。他们接着讨论了日本的兵力状况，谈了大约五分钟。他们谈了军队的部署和——"

　　　　　　　　　　　　　　　美国的耻辱

理查森问:"你还记得他们俩都说了些什么吗?"

"大致还记得。他们的原话记不全了。大概的意思是,我记得,霍普金斯先生首先说战争已迫在眉睫。日本人准备好了就想动手;他们在等待对他们最为有利的时机。"

骚动声又起,巴克利没有听清舒尔茨的话,问道:"他们在等待什么时机?"

"他们在等待对他们最为有利的时机。也就是说,他们在调动兵力,进行部署,等他们占有优势再动手。霍普金斯特别提到了印度支那,因为日本军队已在那儿登陆,他们下一步的行动方向已很清楚。总统说他已给日本天皇去了电报,谈了日本军队出现在印度支那的事,并要求日本军队撤出印度支那。霍普金斯先生接着谈了他的看法。他认为日本人肯定是在等待适当时机发动战争,我们如果不先发制人、不采取防范措施,是要吃苦头的。总统点头表示同意,但又说:'不行,我们不能先动手。我们酷爱民主与和平。'然后他提高嗓门说:'我们有着优良的传统。'这一点我记得真真切切。我从他的话中得到的印象是,我们必须保持这优良传统,我们不能先下手,我们必须等到战争爆发了再行动。"

舒尔茨没有提及珍珠港事件。他说:"他们没有谈论战争可能爆发的时间,但从他们当时谈论的神态看,第二天不会有事。我是带着这一印象离开总统办公室的,所以当战争爆发的消息传来时,我十分惊诧。"

罗斯福和霍普金斯都没有提出要给海外驻军发送警报。舒尔茨接着说:"他们一致的结论是战争将在日本人认为对他们最有利

莱斯特·罗伯特·舒尔茨一家

的时机爆发。总统接着说,他认为应该同斯塔克将军谈一谈。他立即给斯塔克打电话。"舒尔茨记得,话务员对总统说,斯塔克在国家大剧院看戏,可以打电话到那儿找他。舒尔茨说:"总统放下电话说,大意是,他要等会儿再找斯塔克,他不想惊动观众,当众呼唤将军的名字不妥。我记得,总统说斯塔克有个包厢,如果他突然离开,肯定是要被人们发现的。而由于他所担任的职务,他的行动可能引起人们不必要的惊慌。总统不愿发生这种事,他可以等半个小时再找他。"

"除斯塔克外,他们还说要给其他人打电话了吗?"

"先生,没有。"

"他是怎么称呼斯塔克将军的?"

"在他开头说要找他时,称呼他为'贝蒂'。"

舒尔茨给调查委员会全体成员和旁听者们留下了深刻印象。没有人怀疑他所说的一切。他离开大厅时,没有一个记者和摄影记者跟着他。他们在注视着下一个证人的出场。他独自走出大厅,但不一会儿诺伊斯将军就过来邀他一起乘车返回海军大楼了。严厉的盘问结束了,舒尔茨很高兴,但他还是不明白人们为什么会那么激动。他一路上心神不宁。他有点儿怕诺伊斯,跟他交谈时很不自然。舒尔茨对自己刚才所做的证词也有点儿担心。调查委员会真正了解罗斯福吗?要知道,感到战争迫在眉睫和等着战争爆发袭击珍珠港这两者之间相去十万八千里呢。这从他讲话的声调中是可以听出来的。譬如,总统在说"这意味着战争即将爆发"时,镇静自若,情绪恬淡。他是不是会无意伤害了总统呢?要知道,他是非常仰慕、崇敬总统的!

海军少将利·诺伊斯

美国的耻辱

3

五天后，听证会中止。在这五天里，有 11 个证人提供了证词，但均平淡无奇。和事佬巴克利在闭会时说："调查委员会在程序问题上有点分歧。然而，这些分歧是难免的，并不十分严重……我可以说，调查委员会和律师组在我们写好向国会提交的报告之前还有许多工作要做。我可以肯定地说，我们将继续努力完成下一阶段的工作。我祝听证会圆满成功。"2 月 20 日下午 5 点 15 分，主席宣布散会。调查委员会 6 月 1 日开始评议所收集到的证据，准备写报告。

三个月零五天里，公开听证会举行了 67 个白天和 3 个晚上。39 个证人的证词写满了大约 14000 页。而许多少数党人认为很重要的证人还没有被传讯。他们中有比德尔·史密斯、福莱斯特尔、指使克劳森和休伊特进行调查的陆军和海军军法官们、马歇尔的传令兵和两名国务院远东问题高级顾问马克斯韦尔·汉密尔顿与斯坦利·霍恩贝克。霍恩贝克不久前被派往荷兰任大使了，根据理查森将军提供的证词，此人对太平洋舰队的了解比海军本身还详细。赫尔健康状况欠佳，未被传召接受共和党人的盘问；陆军部长史汀生被传唤出席作证的那天心脏病突发。

《纽约时报》的威廉·S. 怀特评论说："国会对珍珠港事件的调查这个星期结束了。对任何一个国家来说，都是历史上时间最长、最离奇的调查之一。然而，一直笼罩着那个悲惨事件的疑云恶雾只被驱散了一部分。"

听证会闭会那天发生了一件引人注目的惨案，一名重要证人死了。那天上午，前海军情报首脑西奥多·威尔金森将军驾驶着一辆借用的卡迪亚牌轿车驶出诺福克港的"西点"渡口。轿车向岸边疾驶，车速达每小时廿英里（原文如此——译者注）。一名叫卢克·派兰德的水手大叫："喂，停车，你开得太快了！"派兰德向轿车轮下掷了一根木头，但轿车冲过阻碍物，撞开铁链和铁门，一下栽进了伊丽莎白河。派兰德看到威尔金森伏在车轮上。（他后来作证说："我想他是在打开车门，向外跳。但他再也没有直起身。"）

当轿车冲至水面时，威尔金森叫他妻子打开车窗。她打开了车窗，刚探出一半身子，轿车就沉下去了。她浮出水面，被救上岸；但一名潜水员下去看到威尔金森的尸体被车轮绊住了。他仍紧握着方向盘。他边上的车窗是打开的。海军部长福莱斯特尔说："他事业心极强，正处于事业巅峰，却撒手西归了。人们会由衷地赞美他。他虽死犹荣。"

这一事故十分反常，谣言四起，说他向调查委员会提供证词时冒犯了军事当局，所以自杀了。人们记得，他曾坚持说是有过那几份电报的，这些电报是在破译了日本人的"紫码"后监收到的，但马歇尔等人作证时说没有过这类东西。

萨福德的一些支持者认为，威尔金森是个自尊心极强的人，有关"风"指令的真实性得不到证实，是会痛不欲生的。萨福德本人也这样认为。他在提及 1941 年 10 月二层甲板上发生的兵变时写道："威尔金森是那群人中最正派的，只有他一个人悔恨不已。"威尔金森夫妇是萨福德夫妇的好朋友。诺福克惨案发生后，威尔金森的遗孀走访了萨福德夫人，指责萨福德在珍珠港事件论战中冥顽不化，从而"导致了威尔金森的死亡"。

一海军调查委员会经过全面调查后做出结论：威尔金森溺水身亡完全是个偶然事件，"并不是由于他本人有什么不当行为。他的死亡与海军机构中的任何人均无干系。海军中没有人要他去死；没有人对他的死亡负责；他的死亡也不是由于任何人的玩忽职守和漠不关心造成的"。

3 月底，贝彻向福莱斯特尔报告说，塞思·理查森已提交了一份计划中的报告草稿，其中有这么一句话："华盛顿必须对 1941 年 12 月 7 日发生的事负绝大部分责任。"然而，他的助手萨姆·考夫曼[①] 将提出一份"与民主党人的观点比较一致的"报告草稿，"这份草稿将把珍珠港惨案的主要责任推在夏威

---

① 考夫曼在初审阿尔杰·希斯时，进一步表明了他亲政府的立场。

夷司令部的头上，主要是因为他们收到战争警告电报后没有进行侦察和采取其他行动"。

几天后，事态又有了意外的发展。最近刚从中国回国的乔治·马歇尔被传唤到听证会大厅出席听证会。他和斯塔克4月11日上午抵达大厅。虽然有证词说斯塔克12月6日晚在国家剧院观看《学生王子》的演出，但他还是记不起来那天晚上是在哪儿了。他说："我想不起来那天晚上是在哪儿了。但我想，从舒尔茨中校的证词看来，从当时力图同我联系的人的证词看来，从我记得曾观看过演出看来，我可能是在剧院里来着。"他也记不得那天夜里晚些时候是否接到过总统的电话了。

5月23日，调查委员会收到了赫尔和史汀生就少数党人提出的问题所做的书面回答，并将其收入了听证会记录。史汀生仅就他认为值得回答的问题作了回答。12点15分工作结束，巴克利宣布调查记录正式封存。《纽约时报》的社论说：调查"结束了，共和党人怀疑的调门同调查开始时一个样"。看来，"多数党人和少数党人将要界限分明地分别写出报告了"。这是不可避免的了。

这次调查过程中意外的事件屡屡发生。这最后一个极富戏剧性的意外事件是：5月25日，哈罗德·克里克夫妇同老朋友斯塔克夫妇共进晚餐。克里克曾当过斯塔克的副官，斯塔克夫妇待克里克的孩子们如同自己的孙子孙女。斯塔克切肉时，随口说道：听证会终于结束了，他真高兴，但有件事使他伤透了脑筋。那就是他一直未能向调查委员会说出12月6日那天晚上到底是在哪儿。

克里克说："噢，我知道。我们同您那天共进晚餐来着。然后我们陪您去了国家剧院。"克里克夫妇提醒斯塔克，看完戏后，总统是给他打电话来着。他们记得一清二楚。

斯塔克倒是想起那天的晚餐会和看戏的事了，然而他穷思竭想，就是记不起来总统打电话给他的事。他越想他先前的证词，就越认为"调查委员会应该知道这件事，记录应该改正。我清晨两三点钟就起床了，又想了一遍……"

他给巴克利写了一封信，说他想把这一新情况陈述给调查委员会。

委员会中有五名委员不在华盛顿，然而由于斯塔克要在 5 月 31 日到伦敦受勋，所以巴克利那天上午 10 点钟在参议院办公大楼 312 号房间召集了一次紧急会议。只有巴克利、乔治和卢卡斯三人到会；基夫说要晚到一会儿；其他人均未通知到。

理查森说："将军，假定那天晚上你是跟总统谈过话，那么，如果他对你说他认为那份 13 部分电报意味着战争即将爆发，他对电报重要性的评估必将使你有所触动，根据你的职业习惯，面对那份情报你当时将会采取什么行动呢？"

"先生，我不知道将会采取什么行动。我们已没有什么情况好提供的了。我想，我会立即同英格索尔和特纳联系的……我想，总统了解我们的每一个行动，我们已给他送去了所有有关战争迫在眉睫的情报。我不知道我还有什么事要做了，我说不好。"

基夫后来赶到了。他对紧急通知很恼火，很不高兴。巴克利向他解释说，将军晚上就要去伦敦，总不能把他的信就这样存入委员会的案卷吧。基夫说："我有话说。我认为，委员会已决定听证会结束了，证人作证也就停止了。我希望在同事们缺席的情况下记录做得清楚一点。要知道，他们今天上午都没在这儿。"

克里克在主席引导下作了必要的宣誓后，谈了有关晚餐、剧院和回到斯塔克家的情况。

理查森问："你们进屋后发生了什么事？"

"将军家的一名仆人对将军说——"

"他说什么？"

"他说，晚上白宫来过一次电话……将军说了声对不起后，就上二楼进他的书房了，然后又下楼来回到客厅。"

"他在上面待了多久？"

"我想大约 5 至 10 分钟吧。"然后他就下楼来了。

美国的耻辱

"他对你说了什么吗?"

"只说了太平洋的形势严峻问题。这是谈话的主要内容。他说同日本的关系已处于危机状态。先生,就谈了类似这样的问题。"

"就你所能记得起来的,他对你说过他在二楼接到了电话通报吗?"

"我推想他是接到了。先生,我对此毫不怀疑。但我不记得原话了。我不记得他说过'我已同美国总统通过话了'这样的说法了。但我肯定听到仆人说白宫曾来过电话。将军听说后立即就上楼了。他可能说是要去给白宫打电话。我认为,毫无疑问,他是同白宫通了话的。"他是否记得斯塔克将军下楼来曾说过同白宫通了话吗?克里克说:"我记得他说过。先生,不错,他说过。"①

卢卡斯问了几个问题后就没有人再提问题了,上午11点15分委员会散会,这次真是散会了。这一揭露在几个月前可能是要引起轰动的,但这会儿被恼怒冲淡了;这一揭露在几个月前也可能会引起某些企望,但这会儿被想尽快了结此案的各方看淡了。听证会就这样结束了,人们不是情绪亢奋,而是牢骚满腹。

4

除了理查森和考夫曼提交的两份备忘录外,还有另外两份意欲影响调查委员会草拟报告的备忘录。一份是助理律师约翰·马斯顿提交的,侧重在外交方面,重复了民主党人的意见;另一份是另一助理律师爱德华·P.摩根②提交的,同样反映了政府的观点。

四位共和党人委员对这后两份备忘录大为不满。7月6日的一次长时间的

---

① 作者在采访他妻子时,她也是这么说的。

② 摩根后来撰写了泰丁斯委员会调查报告。共和党说他写的报告是为国务院涂脂抹粉。

秘密会议后，巴克利对记者们说："……我希望我们能写出一份意见完全一致的报告。"而这时基夫宣称，他确信会有不止一份报告的。

不到一个星期，多数党委员们就草拟出了他们的报告。报告是根据摩根的备忘录拟就的，但作了几处重大修改。摩根的陈述是："国务卿敏锐地看出了日本人的狡诈和残暴，如果其他人也能看出这一点的话，众所周知的珍珠港惨剧就绝不会发生了。"这段话被改成："总统、国务卿和政府高级官员们为了避免同日本作战，在不损及我们国家尊严和危及我们安全的前提下已做了一切努力。"

摩根写道：珍珠港惨剧是"驻守夏威夷的陆军和海军"的疏忽所致。这句话说得太绝对了，修改时把"驻守夏威夷的"几个字勾掉了。摩根指摘说，金梅尔和肖特"完全意识到了空袭的危险"。报告最后改为"华盛顿和夏威夷的军官们完全意识到了空袭的危险"。

7月16日，激烈反对政府的专栏作家约翰·T. 弗林接到一名驻华盛顿记者打来的惊人的电话：众议员吉尔哈特打算同意多数党人的报告。

弗林立即写信给吉尔哈特，说他非常震惊：

> 我间接听到了这则谣传，我真不希望那会是真的。光这谣传就够使我震惊、悲怆的了。回想起您在听证会期间所说的那些话，我简直不敢相信它……那帮家伙是受命来写报告的，他们显然是快要写完了。如果事实使我相信，您在讲了那么多记录在案的话后的确改变了初衷，要同那帮家伙合作的话，我的震惊将是难以形容的。
>
> 如果我证实传到我耳朵里的这则谣言不是谣传的话，对过去十余年间这个国家及共和党所发生的一切就会认识得更清楚了。我开始为这个国家的命运担忧了。

就这则谣传问题，弗林给基夫写了封信。信中说："事实证明了您本人对我所说的话。我倍感不安，给吉尔哈特去了一封信。当然，我没有提及您曾

　　　　　　　　　　　　　　　　　　美国的耻辱

同我谈过话的事。"

有关吉尔哈特的消息是确凿的。而令人更为吃惊的是基夫在多数党人的报告上签了名。他是在多数党人答应对摩根的某些提法作进一步的修改后才签的字。摩根断言，已"将 11 月 27 日的警报及时严肃地通知了"夏威夷方面，而多数党人则应允将其改为"陆军部和海军部的情报机构和作战计划部门没有起到应起的作用"。多数党人还同意将其最后结论定为："所有证据表明 1941 年 12 月 6 日和 7 日战争迫在眉睫的征兆一个接着一个闪现，而陆军部和海军部却没有引起充分注意。"

华盛顿流传着一种说法，认为吉尔哈特受到了胁迫。1934 年以来，他在竞选中一直得到民主党及共和党两党的一致支持，而 1946 年 6 月的初选中却失去了民主党的支持。民主党政府在得知他代表加州一个反日情绪强烈的选区后，向他发起了攻击，指责他是亲日派，说他甚至穿和服。这样一来，他就失去了民主党的支持。为了保证 11 月份能够再度当选，他倒向了民主党人一边。

弗兰克·基夫的情况大不相同。他在给弗林写的一封信中，对他在多数党人起草的报告上签名的理由作了充分的说明：

> 通过对行文的修改，我成功地使我的许多想法写进了报告，而且根据我的意见还增加了一段结束语……然而，在我看来，报告的大方向有问题，所以我单独另拟了一个报告，用以陈述我自己的观点。我在调查委员会的报告上签名是有保留的。而令人遗憾的是吉尔哈特却毫无保留地在报告上签了名。他虽然完全同意我在单独草拟的报告中所陈述的观点，但因他自己心知肚明的原因，没能在我写的报告上签字（即将举行的选举左右了他的决定）。

基夫写了一份题名为《附加观点》的报告，共 24 页；报告不仅谴责了马歇尔和政府，而且指摘了多数党人报告的倾向性。他写道："我认为，调查委员会的报告在评估华盛顿和夏威夷指挥官们的责任问题上没有使用同一个标准。我实在按捺不住了，我要说，委员会的报告在竭力为华盛顿开脱。"拉格和哈尼菲帮基夫草拟了《附加观点》。反政府的史学家查尔斯·A. 比尔德认为，基夫的报告"是对罗斯福政府在 1941 年 12 月 7 日以前数月间处理事务的指控，许多方面比弗格森先生和布鲁斯特先生这两位共和党参议员所提'建议'的调子要高。少数党人主要是提出了一些历史性的结论，而基夫的报告在措词上比较起来更像是一份起诉书……"

令基夫遗憾的是，新闻界耸人听闻地报道了他在多数党委员报告上签名的事实，但几乎没有提及他的《附加观点》报告，一直到第二天才发表了这份报告。

弗林不像比尔德，他难以原谅基夫，并给他写了一封回信，痛责了他一顿：

　　你信中说并不同意那报告中的许多内容，那你为什么还要签名呢？你为什么不能像任何一个有理智的人那样，拒绝在报告上签名，提出你自己的报告来呢？而你不是说过要自己写一份的吗？

　　当然，我知道，你生弗格森参议员的气了，你对他进行调查的方式不满意；[①] 你也恼恨布鲁斯特参议员，你对他不积极配合很恼火。然而，那份文件中包含有为总统和赫尔彻底开脱罪责、并断言他们"为了避免同日本开战尽了一切努力"的内容；你有什么理由要在这样一份文件上签字？你是知道的，他们并没有尽一切努力避免同日本开战。你不仅跟我讲过，也同其他许多人讲过，他们并没有那样干过。当你看到全国各报的报道和它们如何利用了你那愚蠢之极的行为时，你就会发现你已大大损害了共

---

① 珀西·梅里夫斯写道："调查委员会条例规定，其他成员得以优先向每个证人质询。"基夫在整个听证过程中都受到了这一规定的困扰。"在该他提问时，他准备要提的许多问题都被弗格森提过了。他一次次眼看着弗格森由于揭露了许多重大问题而抢了头功，可这些问题正是他自己已准备好要揭露的。这种事令他十分恼火，所以他决定不在弗格森提的报告上签名。"

和党在调查中所处的地位。

弗林说对了。《太平洋邮报》写道："多数党人的报告为已故总统开脱了在那次惨剧中应负的责任，而有两名共和党人同六名民主党人一道在报告上签了名。那些党派观念强的人再说什么民主党领导下的国会调查在'掩盖真相'之类的话就站不住脚了。"

党派观念不那么强烈的《纽约先驱论坛报》也这样认为：多数党人的报告平息了所有广为流传的谣言，消除了所有深为扰人的怀疑，"而就连弗格森和布鲁斯特两位参议员提出的少数党人的报告也没对政府政策的基本走向提出明确的、令人信服的批评。故事说得人眼花缭乱，而现在各方面又都大体上取得了一致，我们被耍弄了一通，绕了一圈又回到了四年半以前的那个出发点"。现在公众有的是记录在案的事实，但却没有了将来处理战争和外交事务的正确指导原则。"调查委员会未能作出一些人所希望的那种严肃的评断和全面深入的综述。对一种政治性的调查来说，这种希望也许是过奢了。调查的结果不可避免是要引起党派之争的。"

尽管两份报告差异颇大，然而战时有关珍珠港事件的争论至此显然是结束了。苛责罗斯福的人虽然仍在不断发表意见，但珍珠港事件已不再是党派之争的政治问题和公众关注的焦点了。

这场争论中的几个主要人物并未完全踏实下来。例如，肖特认为自己已有一部分冤屈得到了洗雪。金梅尔拒绝向记者们发表看法，但他和拉格私下认为他们已达到了目的。他们已使大量有关资料记录在案，史学家们将来可以客观地研究这些资料，从而得出正确的结论。对他们俩来说，保存这些资料就是胜利。

然而，金梅尔的许多同事仍然愤愤不平。珍珠港海军基地前司令哈里·欧文·亚内尔说："这件事最不光彩的一点是华盛顿方面公然决定将罪过加在夏威夷的指挥官们头上。不完善的、单方面的罗伯茨报告，金梅尔和肖特退役的境遇，海军部和陆军部拒绝海军调查法庭和陆军调查委员会查阅监听到的电报的做法，指派个人继续进行秘密调查，还有国会联合调查委员会未能查阅到有关的档案，这一切构成了我们国家历史上的阴暗面。"

劳伦斯·萨福德上校的命运可能是最不济的了。尽管有许多反证，但人们仍认为他在"风"指令问题上弄错了。就连他的一些朋友和同事也认为没有什么"风"电报。他在珍珠港事件以前的岁月里件件事都干得很出色：他曾筹建一情报组织，收集到了大量可靠的情报，对后来中途岛之战的胜利起了巨大作用。他的朋友和同事们都认为，他拼着自己的事业和前程茫然追查什么"风"指令真是一大悲剧。这会儿，他的成就无人再提了。人们都把他看成是一大怪人，说他是沉迷于密码术，昏了头，得了幻觉症。其他那些曾经看到过"风"指令的人作证回答时都含含糊糊，闪闪烁烁。最后人们普遍认为确曾见过电报者只是萨福德一人而已。

国会联合报告公布不到一个月，萨福德走访了一位老朋友、密码专家威廉·弗里德曼，察看一台密码书写机。弗里德曼示范操作机器后，拿出一份萨福德提交给调查委员会的有关"风"指令的声明，请他在上面签名留念。弗里德曼问萨福德现在对"风"指令有什么看法。

萨福德的好友威廉·弗里德曼

萨福德凝视了他一会儿，然后说："我觉得当时要证实一下电报的存在就好了。"他自己当时已草拟了一份警报战争的电报，万一高层当局不想发报，他就要发了。

弗里德曼说："可你的根据也许是份错误的、或是假的'风'指令电报。"

萨福德反驳道："只要绕过高层当局，事实肯定会被证明的。"他不

　　　　　　　　　　　　　　　美国的耻辱

但草拟了警告电报，还将其译成了电码。无疑，将其译成电码的人是记得电文的。

弗里德曼问，听证会上提出这一点来作证了吗？萨福德说：没有。听证会期间那个译电员不在国内，无法请他作证。萨福德由于未能找着确证者，所以当时没有提出这事儿来。萨福德说："如果再调查这一问题，我相信是能说服他来谈一谈译电的事的。"

弗里德曼后来在萨福德签了名的那份声明的背面写道："显然，萨福德坚信确实有份'风'指令电报。这份电报是监听到的，破译了出来，一些人还传阅过——可现在消失了。"

因此，时至 1946 年仲夏，大多数美国人都认为"风"指令是杜撰的，是种妄想的产物；金梅尔和肖特应对珍珠港事件担负罪责；乔治·马歇尔受到了恶意的中伤；赫尔、史汀生和罗斯福为了防止同那个由恶棍统治的国家交战，已竭尽了全力。

九次调查都证明上述结论不能成立，但由于推翻原证词、掩盖真相和公然撒谎，事实就大为失真了，只有全部有关珍珠港事件的秘密文件通通解密后，才能弄个水落石出了。而像拉尔夫·布里格斯那样具有专门知识的人又被禁止公开发表声明，只有完全自由地进行第十次调查，才能弄清真相。

第四部　第十次调查

"要不厌其烦地重复真理，因为谬误总是喋喋不休地在我们周围传播，"戈特在 1828 年对一位友人说，"传播谬误的人不只是个别人，而是绝大多数。谬误充斥着报纸、百科全书、中小学校和大学，到处占据上风，舆论也站在它们一边，怡然自得地随声附和。"

第十三章

Z行动计划

1932年—1941年11月27日

1

有位叫霍默·李的美国驼子，当了中国将军，帮助过中国推翻清王朝的革命，他在1909年发表了一部历史幻想小说《有勇无谋》，揭露日本要征服美国的阴谋计划。李预言，日本不仅能轻而易举地征服菲律宾，而且能占领夏威夷和阿拉斯加，从而控制北太平洋。这部书激励了美国一些陆、海军军官，要求对日本发动一场预防性战争。这部杰出的著作也产生了出乎作者初衷的效果。日本出版商将此书书名改为《日美战争》，销售了4万册。那些一直认为亚洲是被西方奴役的日本人，被这本书煽动起来了。看看该书日文版的煽动性宣传就毫不奇怪了。"这本书的趣味性超出小说，神秘性高于哲学，是血管里流着红色血液的东方人的精彩读物。"这本书成了日本陆、海军军官的必读书。

列宁在1918年预言，日本和美国虽然现在还是盟友，但命运注定它们要成为死敌。"近几十年来这两个国家的经济发展积下了无数的易燃物，因此这两个大国必然会为争夺太平洋和太平洋地区的霸权而展开激烈的搏斗。"

七年后英国又出版了一部小说《太平洋大战》，这本书更进一步激励了日本人。日本海军作战学院对它进行了认真研究。这本书的作者是伦敦《每日电讯报》的海军记者赫克托·拜沃特。拜沃特在书中描述了日本对珍珠港的美国海军 C 舰队发起突然袭击，同时对关岛和菲律宾发动进攻，在菲律宾的林加延湾和拉蒙湾的吕宋岛实施登陆。1925 年《纽约时报》书评第一版发表了这本书的书评，题目是《如果战争来到太平洋》。此时此刻，山本五十六正在华盛顿任海军武官。山本是位致力于海军事务的学者。这本书理所当然地引起了他的注意。

1932 年 2 月在夏威夷海域举行了陆海军联合演习。演习结束后美国海军专家把日本可能进行突然袭击的问题看得更加严重。演习动用了美国舰队的大部分作战力量，目的是"训练陆海军为保卫这一地区进行联合作战，具体说来是看看对夏威夷进行空中、海上和陆上进攻是否能奏效，看看夏威夷的空中、海上、海下及陆上防御是否能足以击退此等袭击"。

担任进攻部队司令的是海军上将 H. E. 亚内尔。他革新了海军战略，把战列舰和巡洋舰部署在后面，从加利福尼亚急速调来"萨拉托加"号和"列克星敦"号两艘航空母舰，以及为航空母舰护航的驱逐舰。按传统，司令官应将其指挥位置设在战列舰上，但亚内尔是位有空战头脑的军官，他登上了航空母舰"萨拉托加"号。

守军守株待兔，等待着传统的海军进攻的到来。然而亚内尔在拂晓前半小时派出了 152 架飞机，摸黑从卡胡库角东北 40 英里处扑了上来。那天是 2 月 7 日，星期天。守军估计会有一定程度的空袭，但破晓时当 150 多架飞机在科奥劳岭上空的云雨掩护下，对陆军机场和珍珠港附近地区猝然俯冲下来时，他们惊呆了。亚内尔完全掌握了空中优势，因为守军的飞机还都分散在地面的伪装阵地上。

这应该是个足以提高大家警惕的教训了。然而总裁判长的总结却说："（敌人）面对强大的空中防御力量，是否会对夏威夷瓦胡岛发动空袭是值得

　　　　　　　　　美国的耻辱

怀疑的，因为那将有使敌人航空母舰遭到破坏，从而使进攻的空军遭受巨大损失的危险。"

日本对此观点不敢苟同。1936年日本海军作战学院发表了《对美作战的战略战术研究》。该文写道："如果敌人的舰队停泊在珍珠港，那么就应以空中突然袭击而开战。"

次年4月美国又举行了一次演习。111艘战舰和400架飞机离开圣佩德罗海军基地，突然"进攻"夏威夷。同样，瓦胡岛的机场被炸得无还手之力，进攻部队第二天大摇大摆登陆，如入无人之境。攻方只损失了一艘战列舰。

还有，珍珠港如此疏于防范突然袭击，以致"幸运儿"H. H. 阿诺德将军，一位陆军空军部队将军，1939年去夏威夷看了以后公开提出警告：

> 我们回到华盛顿后（他写道），报刊评论员引用我的话，说我曾说过，珍珠港停泊了那么多军舰，我最喜欢的事莫过于有个机会用空军把珍珠港炸烂。不论我是否说过此话，呈现在这里的目标却是飞行员梦寐以求的——这样密集的舰艇是难以寻觅的。然而我看更糟的是——虽然对此我不能公开直言——夏威夷缺乏统一指挥。这里"陆、海军的职责分工是以海岸线划界"，我从未见过这个令人不安的主张在这里竟如此根深蒂固，可悲可叹。事实上，这里谁也不掌握统一指挥，因而这里没有统一防御。

理查森上将由于反对罗斯福总统坚持把太平洋舰队驻在珍珠港的决定而辞职。早在1941年他即将辞去太平洋舰队司令的前夕，曾对斯塔克发牢骚说珍珠港防御空袭的能力太差，并埋怨道："看不出有何切实可行的办法在港里部署障板或障网，以保护停泊在港里的舰艇，使它们免遭空投鱼雷的攻击。要部署就会限制港里的活动，特别是大型军舰的活动和巡逻机的起飞和降落。"

斯塔克听后大吃一惊，于1月24日写信给海军部长："如果最终与日本交战，不难相信战争会以日本突然袭击我们舰队或珍珠港的海军基地而拉开序幕。"他按严重程度排列了几种可想而知的危险：第一是"飞机轰炸"，第二是"空投鱼雷的攻击"。

海军部长诺克斯回信说，加强珍珠港抵御空袭的能力是重要的，对此他完全同意。他说陆军装备精良，足以保护舰队，所以他把情况转给了肖特将军，"指示他与当地海军当局合作"，使业已恰当的防御措施发挥作用。此后就轮到肖特到处打躬作揖，要人求物了，但结果一无所获。

尽管那些头脑里唯有空军至高无上的日本少壮派军人的多次请求，30年代日本主要海军将领的战略计划仍是引蛇出洞，让敌人，即美国舰队从珍珠港出来先打第一枪：等美国舰队到了日本海域，它们已因途中遭到日本潜艇的袭扰而大大削弱，然后在硫磺岛以西、塞班岛以东的水面上进行决战，一举歼灭美国舰队。

然而山本五十六担任联合舰队司令后，他以及受霍默·李和拜沃特作品影响的他的少壮部属们开始考虑进攻了。1940年山本检阅了舰队的成功演习。演习之后，他在旗舰"长门"号甲板上踱步，对其参谋长说："我认为我们空军训练如此出色，进攻夏威夷是完全可行的。"用一次突然打击，砸瘫美国珍珠港里的舰队。待舰队重建起来的时候，日本已夺得东南亚，占有东南亚所有资源了。

以一次突然袭击取得决定性胜利的思想，在日本民族性格里根深蒂固。他们喜爱的文学形式是俳句，这是一种17音节的诗，表达日本佛教里寻求的突然出现的顿悟。同样，日本的柔道、剑道和相扑比赛的结局也是双方在漫长的初步接触、探测之后以一击而定胜负的。1904年，山本五十六崇拜的英雄东乡平八郎将军不宣而战，用鱼雷艇袭击旅顺口的俄国第二太平洋舰队，而俄国司令此刻还在酒会上寻欢作乐。

日本海军总部最初讨论突然袭击珍珠港之事，外界可能已有耳闻。1941年1月27日秘鲁驻东京公使理卡多·理弗拉·施赖伯博士偶然在一家银行大厅里遇到美国使馆三等秘书马克思·毕晓普。毕晓普是去银行换钱，准备回华盛顿的。施赖伯在他耳边悄声说他刚从他的情报人员处获悉，日本有一个

　　　　　　　　　　　　　　　　美国的耻辱

作战计划，其中包括偷袭珍珠港。

毕晓普返回使馆后立即给国务院起草了一份电报，呈大使格鲁批发，格鲁对此非常重视。他作了一些细小修改后，指示毕晓普马上让机要员译成密码发往华盛顿。格鲁说他怀疑这个警报是否会得到华盛顿的"热情接待"，但他认为这是一件严重的事情。他在当天的日记中写道："东京城里议论很多，大致是说日本为准备与美国断交，正计划倾其全力对珍珠港实施大规模突然袭击。我想我们珍珠港的小伙子们该没有睡觉吧。"

不幸被格鲁言中了，华盛顿没有认真对待这份警告。斯塔克的一个下属将电报送到金梅尔处，但加了一句："海军情报局不相信这个谣传。当前日本海、陆军力量的部署和使用情况业已查明。没有发现日本即将，或计划，或在可见的将来进攻珍珠港的迹象。"

同一天，山本五十六给第十一航空队参谋长写了封信，概述了他的突袭计划，要求秘密论证其可行性。问题转到了司令官源田实手里。源田实是最有发展前途的海军军官之一，因创造性地实施大规模战斗机远程作战而获盛誉。十天后他写出报告，说袭击珍珠港是困难的，而且危险，但也有"一定获胜的机会"。

只有赌徒才会接受这个挑战，而山本五十六正是赌徒。他对一个参谋军官说，赌博一半靠算计，一半靠运气。至于进攻珍珠港，他说成败都有可能，成功的可能性大些，机不可失。"如果偷袭失败，"他怪诞地说，"我们最好别再奢谈打仗。"他向海军情报局小川大佐简要介绍了他的计划，要求小川尽量搜集夏威夷的情报资料。小川已在岛上派了几名间谍，一个是见钱眼开却又胆小如鼠的德国人，叫奥托·库恩，一个佛教和尚和两个美籍日本人。他们只能搞到一些零星的无重要价值的情报。小川决定再派遣一个海军情报专家，而此人此时已做好执行这项使命的准备，他就是吉川猛夫少尉。他的掩护身份是领事官员。3月20日吉川猛夫来到了檀香山。

到了4月，珍珠港计划已有了一个新的代号——Z行动计划。这个代号是纪念东乡将军1905年在对马海峡全歼俄国海军的战役中发出的著名信号

"Z"：国家命运全系于这一战役，让每个人都竭尽全力好好干吧。现在则是到了将此行动计划交给能够付诸实施的人——第一航空队的时候了。

那年5月初，罗斯福命令马歇尔准备一份评估夏威夷抵御日本进攻的防御能力的报告。马歇尔报告写道：

> 由于瓦胡岛的工事构筑，岛上的驻军，以及岛上的地形，该岛据信是世上最强的堡垒。
>
> 防空力量。由于岛上拥有足够的防空力量，敌人的航空母舰、护航舰艇以及运输船在进入约750英里距离时就开始遭我方拦击。在进入200英里内我们的攻击力将更加强，敌军将遭到狂轰滥炸，我们最现代化的歼击机又能给予密切支援。
>
> 夏威夷防空力量。如将目前正在进行的空军调动包括在内，夏威夷将有35架最现代化的飞行堡垒，35架中程轰炸机，13架轻型轰炸机，150架歼击机，其中105架是我们最现代化的。此外，夏威夷能得到陆基重型轰炸机的增援。面对这样一支庞大力量，对瓦胡岛发动大规模进攻是不可行的。

马歇尔在报告最后对35架飞行堡垒还亲笔写了两句话："即将于5月20日飞往夏威夷。如果形势恶化，这些轰炸机可立即派去。"

这份令人安心的报告从未让金梅尔看过。5月下旬金梅尔向斯塔克发牢骚说他发现自己"处境非常尴尬……政策一贯不向我交代，政策改变后也不通知我……而且……估计不出对自己的处境会有什么影响"。他甚至不知道有哪些部队归他指挥。

罗斯福看了马歇尔报告后放心了。虽然史汀生及其他人要求对日本进行更大的经济制裁，对其施加压力，但罗斯福顶住了。6月23日内政部长哈罗德·伊克斯争辩道，"现在是我们停止向日本运送石油的最好时机"，并说公众会鼓掌欢迎的。罗斯福拒绝采纳，伊克斯于是辞职。罗斯福认为，日本究竟是侵略西伯利亚，还是进攻东南亚，或者与美国媾和，内部正在进行斗争，尚未作出决定。"谁也不知道他们将作出什么决定，然而，诚如你们所知道的，帮助维持太平洋和平，对我们控制大西洋是极其重要的。我确实没有足够的海军派到各处游弋——而太平洋上每增加一个细小的插曲，就意味着要分散我们在大西洋的舰船。"

史汀生也在敦促总统立即采取行动，这是对世界另一边采取行动，因为希特勒刚刚入侵了苏联。"过去 30 个小时里我什么事也没做，只是在考虑德国人和俄国人的战争以及战争对我们当前政策的影响"，史汀生在给总统的信中写道。他说，纳粹"将集中全力去打俄国，至少一个月，至多三个月内无暇他顾"。史汀生积极建议说，"这是未预料到的、十分宝贵的喘息时间，应该用来大力推进我们在大西洋战场的行动"。7 月 3 日，这位陆军部长又进了一步。这次是敦促罗斯福立即要求国会批准对德宣战。然而总统再一次拒绝采取任何公开行动。

总统拒绝在西方采取行动，若再拒绝在东方采取行动的话，理由就可能有些站不住脚了。7 月 23 日，日本迫使法国维希政府同意日军和平进入法国占领的印度支那，这说明日本决心已定。

斯坦利·霍恩贝克（国务院主持远东事务的政策制定人）认为，日本是被狂妄的军国主义分子控制的、"掠夺成性的"国家。他使国务卿确信日本只是虚张声势。故而赫尔加入了史汀生—伊克斯行列，要求对日本实行经济制裁。7 月 26 日夜，总统命令冻结所有日本在美国的财产，于是日本的主要石油供应从而被切断了。[①]

① 当时的海军作战计划局局长特纳将军作证说，冻结来得十分突然。"以前我曾谈过我的意见，现在我再重复一遍：这肯定无疑地将带来对日战争。走了这步棋后，调解是毫无可能了，除非日本完全退让，而退让又显然不是日本之所为。"

伦敦《经济学家》后来评论道："1940 年罗斯福总统在大选中对美国有子女的选民说'我要一而再，再而三地重申：你们的儿子不会参加任何海外的战争。'当他说此话时，他已使美国承担了一项向英国提供军援的庞大计划，并制订了与德、日同时作战、代号为'虹'的应急计划；而且很快对日实施禁运。至今有些人仍认为是禁运将日本逼上进攻夏威夷之路的。"

结果日本海军军令部总长永野修身（一位处事谨慎、富于理智的人）几乎歇斯底里，整个最高指挥部也笼罩在歇斯底里之中。[①] 永野警告天皇，日本石油储存只能维持两年，一旦战争爆发，储存只能维持 18 个月。然后他作出结论说："在此情况下，我们必须先发制人。我们一定能获胜。"天皇遂问是否会取得一场类似"对马海峡战役"的辉煌胜利，永野回答："很抱歉，那不可能。"

"那么，"天皇说，"这场战争将是困兽之斗了。"

在华盛顿，陆军部长史汀生兴高采烈。"史汀生主义"终于全盘付诸实施了，日本最终将要为其侵略罪行付出代价。

五个星期过去了，美国只字不提妥协之类的话，日本军界将领更加绝望疯狂了。"我们会一天天削弱，直到最后无力站立为止，"永野将军说，"我相信目前我们仍有取胜的机会，然而我担心胜利机会将随着时间的流逝而消失。"以突然袭击方式获得初战胜利是至关重要的。他是指"Z 行动计划"，只是未道破而已。知道计划的人越少，秘密就越安全。"这样我们唯一的法宝就是一往无前了。"

陆军参谋长同意了。"我们必须在 10 月 10 日之前通过外交手段达到目的。如达不到，我们就猛打猛冲。"因此，天皇御前会议作出决定，以五个星期的时间为期限进行外交交涉，然后开战。但是，天皇做了一件任何日本天皇皆未做过的事。最后期限已经过去几天了，与美国的谈判毫无进展，天皇却撤销了御前会议的决定。新首相东条英机奉命"回到空白纸上来"，就是说，重拿一张干净的白纸，继续与美国诚恳地谈判，谋求和平。即使如此，进攻珍珠港的准备工作仍在按计划进行 —— 以防外交谈判失败。

---

① 1915 年 2 月 13 日，一群日本陆、海军军官与美国陆、海军军官共赴美国海军学院院长家的午宴。在来宾簿上，永野修身指挥官的名字正好写在道格拉斯·麦克阿瑟上尉的前面。如果他们在餐桌上闲谈时讨论了太平洋形势，就不足为怪了。

　　　　　　　　　　　　　　　　　　　　美国的耻辱

2

华盛顿收到了更多的有关日本可能进攻夏威夷的警告。6 月，海军情报局收到一份美国驻墨西哥城商务专员的有趣的报告：

> 我最近发回有关在夏威夷檀香山珍珠港海军基地的活动的材料，并使用"莫洛凯"一词。现搜集到一份与此有关的下列重要情报。

随报告送来两份铅笔画的简单草图：一艘新型袖珍潜艇，最大活动半径为 400 英里，装有遥控电磁操纵的潜水阀和空气阀。有 12 艘这样的袖珍潜艇潜伏在莫洛凯岛外的海底，战争爆发时，将"按计划立即使用这批袖珍潜艇，对停泊在珍珠港的美国海军舰队发起闪电式攻击"。

美国海军武官将此报告送回华盛顿，并加了他的看法：这份报告含有"一点真实性，尽管它有明显的荒诞之处，尽管这位商务专员不愿承认报告的基础也许是毫无根据的谣传"。

一个代号为"三轮车"的英国双重间谍也给华盛顿送来一份更为重要的情报。他是南斯拉夫人，叫达斯科·波波夫，原是德国招募的间谍，但他是一位爱国者，自愿为英国效劳。英国要他向德国提供经过筛选的情报。

那年夏天纳粹命令他去美国建立一个特务网。德国入侵苏联两天以后，他离开伦敦去美国。途中，他在里斯本作短暂停留，接受指示。他奉命仔细阅读情报搜集任务提纲。提纲第二部分的标题使他大吃一惊。标题就是夏威夷！他的任务是查明瓦胡岛上弹药库、机场的确切位置及珍珠港的详细情况，包括码头设施、舰艇靠岸停泊的锚地数量、水深。波波夫近来已听说日本对英国袭击意大利塔兰托的胜利很感兴趣。英国从空中投掷鱼雷，一天就击毁意大利舰队的二分之一。显然，珍珠港是日本突然袭击的目标。

德国人命令波波夫在美国建好特务网之后立即赶赴夏威夷。"这件事相当紧急，"波波夫回忆道，"这虽不意味着就是明天，但也是很快的事。"他把这个即将发生进攻的消息，送到英国驻里斯本情报站。"他们又将这份情报送往伦敦，并指示我亲自将情报送交美国，因为几天后我就去美国了。显然，他们认为最好由我来传送这份情报，因为美国人可能会详细询问我，直到把我最后一滴果汁榨干为止。"

8月10日，"三轮车"搭泛美航空公司的特快客机飞往纽约，随身带了一个公文包。公文包内装了情报搜集提纲、微型胶卷及其他材料。一登上飞机，他就把公文包交给英国情报官员，情报官员保证把复印件送交美国联邦调查局。

到达纽约的当天上午，波波夫就被护送到联邦调查局的曼哈顿大楼办公室。使他惊讶的是，对他的接待非常冷淡。当地部门的领导说，他已从英国方面收到了材料，将上送华盛顿。"我克制住自己，问为何材料还未上送。如果美国人想对付日本人的进攻的话，每一个昼夜都是紧迫的。"

当波波夫问是否还需要日本进攻珍珠港的详细材料时，得到的回答竟是："嗯，材料看来非常准确、完整，但不能使人相信。搜集提纲以及你带来的其他材料详细、准确地说明我们将在何时、何地遭到何人攻击，以及如何遭到攻击。如果要作什么评论的话，这看来像个圈套。"

波波夫解释说，两个主要情报来源是非常可靠的。如果是个陷阱，第一个情报来源肯定会要他提高警惕。第二个，拜伦·格罗诺，则是一位日本问题专家。"如果他的情报是正确的，那就毫无理由怀疑他的结论。等着吧，今年年底前就会袭击珍珠港，除非和日本人的谈判有了积极的结果。"情报搜集提纲本身就是最好的证明。"如果是个圈套，那就意味着我来美国的整个使命是个橱窗装饰，但这恰恰是不可能的，因为我受领的任务中除此以外还有对德国人极为重要的任务，他们不会牺牲这些任务和执行这些任务的我。迟早你们会搞到你们今天已经掌握的这些情报，那时我只有感叹失望了。"

J. 埃德加·胡佛研究了情报搜集提纲和旁证材料。但他已经听说"三轮车"生活糜烂，挥霍无度。甚至"三轮车"的代号也是他的羞辱。"这是由于他好色而得的美名：他喜欢一次跟两个姑娘上床。"对胡佛来说波波夫只是一个巴尔干的花花公子。胡佛也不喜欢双重间谍。

结果这位局长对袭击珍珠港计划不予重视①，也不允许波波夫去夏威夷（他的德国主子命令他去的）。这个南斯拉夫人坚持要亲自去向胡佛恳求，结果却碰了一鼻子灰。"我掌管的是世界上最干净纯洁的警察组织，"胡佛咆哮了。"你不知从哪儿冒出来，到了纽约，六个星期后你就钻进花园街一家阁楼里，追逐电影明星，犯下严重罪行，还要腐蚀我的警察，"胡佛拍着办公桌说："我现在告诉你，我决不能容忍。"

波波夫向威廉·史蒂芬森求援。斯蒂芬森是丘吉尔派往美国的密使，代号叫"无畏"，但他也未能说服华盛顿认真对待波波夫的情报，就像约翰·马斯特曼爵士未能说服美国政府一样。马斯特曼是英国"蒙骗系统"的头头，这个机构是把在英国逮捕的德国间谍训练成双重间谍，为盟国服务。马斯特曼写道，"三轮车"的情报搜集提纲里关于珍珠港的问题非常内行，非常详细，"因而推理结论肯定是，提纲非常清楚地表明，如果美国参战，珍珠港就是第一个攻击目标，到1941年8月时，攻击珍珠港的计划已进入高级准备阶段"。

那年初秋，华盛顿又收到一份袭击珍珠港的紧急情报。韩基洙，一个"中朝人民协会"的特务，走进哥伦比亚广播公司埃里克·塞瓦赖德的办公室，激动地宣称日本将在圣诞节前袭击珍珠港，在日本和夏威夷的朝鲜地下工作者朋友们说他们握有确凿的证据。"现举一例，"塞瓦赖德回忆说，"一个在日本驻檀香山领事馆工作的朝鲜人已经看到我们水上和水下的海军设施的全部蓝图——铺在领事的办公桌上。"

韩基洙要求见国务院高级官员，但屡遭挡驾。韩将他的沮丧情绪告诉了塞瓦赖德。塞说，韩"最终见到的都是官卑职微的低级官员，而这些人对他的情报都满不在乎"。

---

① 联邦调查局里没有关于波波夫情报搜集提纲的记录。胡佛的第二把手爱德华·塔姆对此闻所未闻。塔姆对作者说，如果胡佛收到此等情报，他肯定会呈罗斯福的。

10 月下旬韩基洙终于说服了来自艾奥瓦州的参议员盖伊·吉勒特。吉勒特相信韩所说的已发现日本肯定计划在 12 月或 1 月发动进攻，计划不仅是袭击珍珠港，并且同时攻击菲律宾、中途岛、关岛和威克岛。吉勒特提请国务院和陆、海军情报部门注意。

陆军部也收到了沃伦·J. 克利尔少校的情报。克利尔是 1941 年春被陆军情报局派到远东去的。克利尔报告说，日本正计划对一系列岛屿，包括关岛和夏威夷发起攻击。他强烈要求增派部队驻守从瓦胡岛到关岛的整个岛屿链[1]。

3

10 月 8 日斯塔克将军向赫尔建议尽快参加对德战争，即使这意味着要与日本发生冲突。时隔八日，史汀生谒见罗斯福。他在谒见后的日记中写道："我们面临一个复杂的外交上声东击西的问题。佯攻定要搞得惟妙惟肖，要把日本引向歧途，并使它采取第一个错误行动——公开的行动。"次日，克劳

---

[1] 没有发现克利尔少校报回的袭击珍珠港的情报的记录，不过档案里有一份很长的 1941 年 11 月 2 日的备忘录。这是他报送主管情报局的参谋长助理的。他在备忘录里向国防部报告了他在新加坡会见英国空军上将罗伯特·布鲁克·波帕姆爵士和总司令部军事联络处的情况。这份文件说明了克利尔去远东执行秘密情报任务的重要身份。他后来得到晋升，获得杰出服务十字勋章、紫心奖章和英帝国奖章。

1967 年克利尔在两封信里透露他在撰写一本书。"……请你们放心，我掌握的珍珠港悲剧以及与此有关的所有岛屿的悲剧的证据……将表明华盛顿在日本偷袭珍珠港之前就获得了确凿的证据，知道日本要占领包括关岛和夏威夷在内的整个岛屿链。鉴于华盛顿手里已有这类情报，但又不通知夏威夷和关岛，可以说，没有理由将罪责推到金梅尔将军或肖特将军身上。"克利尔的书《珍珠港——背信弃义的代价》从未出版。

1968 年，克利尔又说他从几位高级将领处听说他将担任陆军情报局局长。"我是指我的晋升问题，因为这说明富兰克林·德拉诺·罗斯福阴谋集团把（我）所有晋升的路都堵死了。对我来说这不是吃不到葡萄就说葡萄是酸的问题，不提拔正说明谁揭露事实真相谁就遭到敌视，就处于惶惶不安之中。"克利尔也像拉尔夫·布里格斯一样，不准接受珍珠港调查委员会的调查。

他得了中风，生命的最后 10 年是在疗养院里度过的，卒于 1980 年。他的监护人乔治·法里尔应作者要求，寻找他未出版的书，但未找到。

德·布洛克海军上将（夏威夷第十四海军军区司令）写信给斯塔克：大约九个月前已在一封信里汇报了珍珠港防御组织的漏洞，而至今漏洞依然如故。克劳德急切要求速向夏威夷增调装有侦听设备的小型快艇、深水炸弹以及至少一个中队的巡逻机，因为形势已很紧迫。金梅尔和肖特完全支持这个要求。然而在五个星期之内，布洛克是不会得到答复的——这就等于告诉布洛克，目前不会给夏威夷增派舰艇或飞机。

在东京，东条首相在竭尽全力执行天皇"回到空白纸上来"的谕示。10月23日永野将军在御前会议上阴沉着脸说："我们曾说10月份要作出决定的，现在已经是10月了。"海军每小时消耗400吨汽油，"形势十分紧迫，我们必须作出决策，非此即彼"。陆军参谋长杉山元附和说，"我们不能浪费四五天时间去研究研究，我们必须马上决定"。东条即使在此催促下也不动摇。

东条回答说，政府主张认真地、负责地研究这个问题。九天后的一次会议上，东条仍然站在主张寻求和平的一派意见一方，军国主义分子被迫同意让东乡外相去谈判，11月30日午夜是谈判的最后期限。

现在需要统一意见的问题是向美国提出什么最后方案。东乡说他起草了两个方案，A案是他们以前提过的条件，只是淡化了一下。在这一案中，陆军同意在1966年前撤出全部在华军队，包括防御共产主义的部队。如果赫尔拒绝A案，则B案就是最后手段。B案的意图是，减少赫尔对日本进军印度支那的疑虑，向赫尔保证，日本正放弃任何军事征服东南亚的念头。B案中日本还保证不再向南采取任何侵略行动；而且，一旦中国恢复和平，或太平洋实现了全面和平，日本将立即把印度支那南部的日军撤到印支北部。作为条件，美国要出售给日本一百万吨汽油。

杉山元强烈反对B案。他和他的同僚拒绝从印度支那撤军的条款，同时坚持要赫尔把已冻结的日本财产解冻。会上数小时争执不下。这种主张荒唐可笑，东乡外长也知道他不可能按此条件谈判。绝望之中，东乡高声嚷道："我们无法进行外交谈判——不过，我们还是不应该开战！"

陆军和海军说，那么拿 A 案去谈判！

东乡拒不退让。东条提醒大家，天皇谕示是"白纸"，他们应该服从天皇旨意。杉山最后沉默了，勉强同意这样去谈，不过，也得在 A 案谈判失败之后。

次日晨，东乡谒见东条，问如果赫尔对 A 案或 B 案作出有利反应，首相是否可劝"有关人员作进一步让步"。东条没有使他失望，他同意作更多妥协，如果美国人也作出让步的话。

现在是东乡外相去执行几乎是毫无希望的使命了：在限期之前达成和平。他断定，华盛顿谈判成功的唯一机会是给野村大使派个人，助他一臂之力。这位大使已犯了若干外交错误。他选中了干练的外交家来栖三郎。来栖的妻子是美国人，生于纽约，父母是英国人。11 月 4 日夜，来栖起程赴美。

在来栖抵美之前，东乡已把 A 案和 B 案用电报发给野村，并附了指示。电报用"紫码"发出，译电很快就送到了赫尔处（美国已破译密码——译者注）。东乡的指示开头一句给人的印象是，日本对谈判已不抱希望。

休矣，日美关系已到边缘，吾人对调整日美关系的可能性正失去信心。

这种悲观情绪并非电文原意，东乡的电报原文是：

日日夜夜正作不懈努力以调整处于破裂边缘的日美关系。

电报第二段的译文更使人误解[①]：

帝国内外形势非常紧张，时间再也不能拖延。不过我们真诚希望维

美国的耻辱

持日本帝国和美利坚合众国之间的太平洋关系。由此我们决定赌一下，连本带利全压在关系的继续上，然而这是我们最后的努力了。

原文的调子则是负责任的：

国内外形势极其紧迫，我们再也拖延不起时间了。出于要同美国维持和平关系的真诚意图，帝国政府经过通盘考虑之后继续谈判。现在的谈判是我们的最后努力了……

译电然后又说，除非这些建议获得成功，否则两国关系就将破裂。

……事实上，我国命运就看这骰子一掷的结果了。

东乡的真正措辞是：

……帝国安危取决于此了。

赫尔看到的是——

……这一次我们要显示我们友谊的限度：这是我们最后一次讨价还价了。我希望我们能和平地与美国解决我们所有的问题。

而东乡写的是：

……由于我们要作最大让步，本着完全友好的精神和平解决争端，我们殷切希望美国进入谈判最后阶段时也能重新考虑这个问题，为维护日美关系而抱适当的精神来处理这场危机。

东乡关于 A 案有个特别指示，此处译文更不准确。赫尔看后有个错误印象，认为日本人奸诈狡猾，不光明磊落。这就错误地使赫尔相信，谈判各点中即使有些能达成协议，日本人亦想避免被正式条约所约束。

11 月 7 日晚，野村携带 A 案来到赫尔的公寓。国务卿匆匆溜了一眼照会；他已全文皆知了——或者他认为他已知道——并确信 A 案未作任何真正让步。赫尔的态度十分明确，野村因此要求见总统。

罗斯福不同于赫尔。罗斯福是愿意谈判的。他刚刚收到他的两位军事将领马歇尔和斯塔克的联合呼吁，恳请他不要做任何迫使危机爆发的事。他们指出，打击德国是主要战略目标，"如果日本败了，而德国未败，问题则仍未解决"。他们提请总统注意，对日开战将使反对"最危险的敌人"——德国——的斗争瘫痪。他们要求在三四个月内，在菲律宾和新加坡得到加强之前，不要对日本下最后通牒。

罗斯福不同于赫尔。罗斯福奉行的是现实政治。他以权宜之计的态度对 B 案作出了反应，即在达成最后解决之前，搞一个临时妥协性安排。他用铅笔写了几条，遂交赫尔：

六个月

1. 美日将恢复经济关系——一些石油和大米——以后增加。

2. 日本将不向印度支那或满洲边境或南部任何地方——（荷兰、英国的属地或暹罗）增派军队。

3. 日本要同意不卷进三国条约，即使美国卷入欧洲战争。

4. 美国将为日本与中国会谈搭桥，但美国不参加会谈。

以后签订太平洋协议。

这个暂时的妥协使美国的僵硬态度有所缓和，这是第一个和平解决的真正希望。赫尔忠于职守地（如果缺乏热情的话）开始将暂时妥协方案写成外

美国的耻辱

交文书。尽管他个人对新来的特使来栖颇有保留（他甚至不喜欢来栖的长相，"从一开始我就觉得此人狡诈……"），对其东京的上司也有怀疑，但他还是愿意谈判。

他的猜疑被 11 月 22 日截获的一份从东京发给野村的电报"证实"了。电报把谈判期限延长到 11 月 30 日（华盛顿时间 11 月 29 日）。

> ……这次我们是说话算数的，限期绝对不能更改。限期过后事情就自然发生了。

尽管如此，赫尔还是感到他的责任是根据总统的暂时协议版本提出自己的建议。11 月 25 日他与史汀生和诺克斯开碰头会时（这是他们每星期二上午的例会），向他们解释道，他针对日本要求，考虑提个暂停三个月的建议。史汀生本来就反对罗斯福原先六个月的主张，遂不反对赫尔的新草案。"我们研读草案时，认为它维护了我们的全部利益，但我想日本不会接受，因为草案条件太苛刻。"赫尔的条件是，日本撤出他们最近侵占的地方，停止新的侵略，美国则向日本供应石油，但只限民用。

这三个人步行到白宫去参加中午总统召集的会议。罗斯福在会议中说，美国可能要挨打了，也许就在星期一，12 月 1 日。日本素有不宣而战的恶名。"问题在于，"史汀生在日记里写道，"我们如何把他们调动到对我们来说不太危险的阵地上去打第一枪？这是困难所在。"

在此前一天，赫尔把英国、中国、澳大利亚和荷兰的外交代表请到他的办公室，把他在罗斯福计划基础上起草的方案发给他们。荷兰公使亚历山大·劳登博士当场说他的国家支持暂时妥协方案，其他三人表示要等他们国内的指示。25 日中国大使向赫尔递交一份中国外长的照会，说蒋介石感到美国"倾向于牺牲中国讨好日本"。同日罗斯福收到丘吉尔的电报。丘吉尔对蒋介石感到不安。

……他是不是吃多了？我们担心的是中国。如果他们垮了，我们的共同危险就大大增加了。

由于两种不同的反应，加上赫尔本人也有怀疑，经过几个月的谈判后又很疲惫，这些因素终于使赫尔在那天下午把罗斯福的暂时妥协方案撕成碎片。他另外考虑向日本人提一个"遵循和平互利和进步路线的合作方案"。赫尔的助手们开始将他的新建议写成草案形式①。

史汀生已回到办公室，看到了情报局的报告：日本入侵东南亚的远征军终于开始行动了，在台湾以南发现约30—40艘舰船。史汀生的肾上腺素激增，心率加速，血压升高。他就日本入侵为总统起草了一份文件。美国采取行动的时候终于到来了。

翌日（11月26日）晨，赫尔打电话告诉史汀生，他将"很快下定决心不把……建议（暂时妥协方案）……交给日本人，而是全盘推翻——告诉他们，他什么方案也没有"。

史汀生立即给总统打电话，问他昨晚呈送的关于日本远征军入侵印度支那的文件是否收到。罗斯福反应如此粗暴，以致史汀生在日记中写道："他简直是大发雷霆——暴跳起来了，打个比方说。他说他没有看到，整个形势变了，证明日本人不守信用，他们一面谈判全面休战——和全部（从中国）撤军——一面竟把远征军派往印度支那。"

赫尔不久来到白宫说，鉴于蒋介石反对，他们应该放弃总统的暂时妥协方案，向日本人提出一个全新的"全面的、基本的、总的和平解决的建议"。罗斯福此时对日本进攻部队的消息仍怒不可遏，遂接受了赫尔的要求。那天下午，野村和来栖被国务卿召见。赫尔向他们提交了两份文件，他"怀着一线

---

① 战争结束后，东条在巢鸭监狱里对他最亲信的顾问之一佐藤将军说，如果他收到罗斯福暂时妥协议的原本，历史进程可能会是另外的样子。"那时我没有告诉你，但我确已准备好一个建议，包含了新的妥协。我要完成天皇的旨意，避免战争。"然后东条深深地叹了口气，"如果我们收到那份暂时协议就好了！"

　　　　　　　　　　　　　　　　　　　美国的耻辱

希望：纵然已是最后时刻，但仍希望东京军人的头脑里能渗透进一点理智"。

诚如预料，两个日本人先看了第一份文件。这是一份《口头声明》，说美国"最热切地"希望为太平洋和平而努力，但认为 B 案"对太平洋地区取得在法律、秩序和公正之下的和平这个最终目标不能有所贡献……"赫尔在第二个文件里提出了新的解决办法。文件注有"绝密，初步探讨，不承担义务"字样。来栖看了十个条件，感到恐慌。文件坚持日本必须"从中国和印度支那撤走所有陆、海、空军部队和警察部队"；不得支持中国除蒋介石以外的任何政府或政权；实际废除日本、德国、意大利之间的三国条约。

这比美国 6 月提出的建议苛刻多了。这是赫尔起草的，未跟马歇尔和斯塔克磋商。斯塔克凑巧也在起草一份上呈总统的备忘录，恳求再给一些时间以增援菲律宾。

野村惊呆了，一句话也说不出。来栖预感到美国这份对 B 案的答复会被东京看成是侮辱。他说他看不出他的政府如何能同意立即无条件从中国和印度支那撤军。"这个建议送东京之前我们能非正式地讨论一下吗？"

"我们能做的只能到此为止"，嘴唇紧闭着的赫尔说。公众情绪如此强烈，他若让石油自由地运往日本，他"几乎会被私刑处死"。

来栖情绪沮丧，说赫尔的照会意味着终结，问美国是否对暂时妥协方案不感兴趣了。赫尔讨厌"暂时协议"这个词。他简短粗率地说，我们探讨过了。

是不是因为其他国家不同意呢？来栖问。

这个问题与事实太接近了，令人不大舒服。赫尔说："我们在探讨过程中已尽了自己的最大努力。"[①]

同一天，亨利·费尔德博士，一位人类学家，总统身边几位聪敏能干、备受宠信的年轻人之一，应召来到格蕾丝·塔利的办公室。塔利平时态度随和，

---

① 三位美国海军将领，英格索尔、诺伊斯和舒尔曼后来作证说，他们预料日本不会接受赫尔的条件。

待人友好，今天却一反常态，做事急躁，说话直截了当。她对费尔德说，总统命令他在最短时间内，搞一份完整的、在每个州登记的美国出生及外国出生的所有日本人的名单和住址。费尔德惊呆了，不知如何着手。塔利分析说，可以从 1930 年和 1940 年的人口统计中去寻找。她派费尔德到他的朋友，商务部副部长韦恩·泰勒的办公室去。

"你是知道此事的第四个人。你来后才告诉你是为了不引起任何人对这次十分重要的谈话的注意。"费尔德得向泰勒介绍一下情况，泰勒再通知人口统计局局长 J. C. 卡普特。"你如还需要什么帮助或授权，就给我打电话，不过要尽量避免打电话。要以最快速度制成表格，并以最快速度送来。为了达到目的，你得自己去判断，杜绝一切泄密机会。"每个小时都重要，要有一天 24 小时的工作计划，立即开始。"名册要交到你手里；你带上它们到宾夕法尼亚街的办公楼，交给门口的警卫，信封上要注明是给我的。警卫每收到一个编号的信封，会给你一张收条。祝你好运！这是一项重要任务！"

费尔德立即来到泰勒的办公室。他在等待泰勒接见的时候，谁也没有注意他。泰勒谦和而热情地对待他传达的指示。"我马上给卡普特打电话，通知他你就去。请你温和地、慢慢地对他谈，因为据我所知，人口统计局以前从未受领过这样优先处理的命令。"

半小时后，费尔德已经跟卡普特谈话了。卡普特是个和善、学者型的人，全神贯注地听了费尔德的指示。"他气喘了，"费尔德回忆道，"说需要几个月才能完成，特别是加利福尼亚州。我对他说这是政府头号紧急的事，要尽快完成。如有必要，我说，他得丢下统计局所有工作，以编造这份花名册。他惊讶万状，他从来没有收到要得这样急的命令，答应立即去搞。他按了电盘上每个电键，把各部门头头叫来开会。"

费尔德给泰勒打了个电话。回来时卡普特身边已聚集了 20 人。"我走进去的时候每双眼睛都盯住我，鸦雀无声。"卡普特眼睛闪闪发光，"他对他们说，他们有些人可以回家，工资照付，其他人则要每天 24 小时不停地干，只干这件事。"自格蕾丝·塔利交代任务后不到 90 分钟，这项工程就开始了。

　　　　　　　　　　　　　　　　　　美国的耻辱

费尔德给塔利挂了个电话，说一切进展顺利，只是需要海军陆战队派人来担任警卫。很快人口统计局大楼每个入口处都由一个带枪的陆战队员把守了。同时，一排 IBM 的分类机架设起来了，从 1.1 亿张卡片中把每个州的东方人抽出来；然后再从中找出日本人。

"珍珠港航空母舰特遣舰队"，日本叫"机动部队"，现在集结在东京以北数千英里千岛群岛中的择捉岛[①]。择捉岛有个很大的深水湾，夏天海浪滔天，然而奇怪得很，冬天却很平静。这是个极为理想的隐蔽集结地。六艘航空母舰中有一艘是"加贺"号，刚从濑户内海装了新的改进型鱼雷来。鱼雷装有木舵，作空中稳定器用。只有装了这种木舵的鱼雷才能通过珍珠港，因为珍珠港水浅。美国海军专家此刻还以水浅为资本，认为珍珠港对空中投掷的鱼雷有天然抵御能力呢！

前一天下午，六艘航空母舰的 500 多名飞行员挤在"赤城"号空勤人员的舱里。"赤城"号是由一艘巡洋舰改装的航空母舰，排水量 3 万多吨。南云将军（南云忠一，偷袭珍珠港航空母舰特遣舰队司令 —— 译者注）概要谈了这次进攻任务。到了此时，在场大多数人才第一次听到"珍珠港"这个名字。当这位将军训话时，下面群情激动。南云"好好干，祝诸君好运"的话音一落，下面即爆发出震耳欲聋的欢呼声。

那天夜里，"赤城"号舰上举行盛大酒会，然而南云没有参加。这个尚武军人半夜从床上起来，把三星期前去过檀香山的舰长叫醒。舰长去实地勘察过珍珠港的入口及邻近的希卡姆空军基地，并照了相。他还从日本海军特务吉川那里取回了 97 个问题的答案。

南云要确保金梅尔的舰队没有调离珍珠港。"太平洋舰队有无可能到拉海纳集中呢？"

"毫无可能。"

---

① 别称伊图鲁岛。

翌日晨——华盛顿时间仍是 26 日——破晓后天气分外晴朗，晴雨表压力异乎寻常地高，这在冬天是罕见的。海面平静，是个好兆头——直到"赤城"号起锚时一个大螺丝钉卷进铁索，一个水兵落入刺骨的海水之前一切顺利。30 分钟后"机动部队"终于起航出发了，除了那个落水的水兵以外。他再也未被找到。当庞大舰队排成纵队浩浩荡荡驶过择捉岛时，重巡洋舰和战列舰上万炮齐鸣，对准岛上的山坡进行实弹射击。炮声隆隆，山上雪花飞溅，像巨大的银色花朵纷纷落下，十分壮观，水兵们激动万分。

在华盛顿的国务院里，赫尔那份毫不妥协的答复正在打字，即将交野村和来栖。

第十四章

追踪"机动部队"

11 月 26 日—12 月 6 日

1

11 月 26 日晨,"多哥"·赖弗斯·布拉顿上校来到他"军需大楼"的办公室。现在他已深信战争即将爆发,因为六个月来他从日本军事部署中已看出日本肯定是为了战争才如此调兵遣将的。从截获的"紫码"电报和领事馆电报来看,他十分肯定日本将在本周日(11 月 30 日)发动进攻。

第二天是感恩节。早晨布拉顿更加相信星期天将爆发战争。他办公桌上放着几份截获的电报,其中有一份是野村发给东京的。野村对赫尔简短粗暴的答复表示十分不满:"现在我们完全失败了,感到十分屈辱。"日本陆军武官和海军武官给他们东京头子的电报更说明问题。他们建议,既然谈判失败,对美战争显然不能再拖延。

由于马歇尔正和妻子在佛罗里达度假,布拉顿立即将电报和情报局的分析报告送给史汀生。情报局分析报告说日本进攻方向"可能是菲律宾,或缅甸,或荷属东印度,或泰国。进攻缅甸是为切断滇缅公路,进攻泰国则是为了在适当时候进攻新加坡"。

史汀生打电话给赫尔，询问外交形势如何。"我已经把照会给了日本鬼子，"赫尔几乎是满不在乎地说，"现在我不管了，事情交到你和诺克斯——陆军和海军手里了。"

史汀生来电话的时候，赫尔正和他三个远东问题高级顾问开会。这三人是霍恩贝克、马克斯韦尔·汉密尔顿和约瑟夫·巴兰坦。第一个人一如既往地敦促用武力对付日本。赫尔指出，马歇尔要求至少推迟三个星期，而斯塔克要求推迟三个月。霍恩贝克尖锐地反驳道，今年二月海军要求推迟六个月，而国务卿通过谈判已经了他们所要的时间，如今他们又要延长三个月。总统现在应该做的是，霍恩贝克说，"别再问海军要什么，而是命令他们做什么"。

霍恩贝克向赫尔保证，昨天的照会将诱使日本人摊牌，但他们不会马上开战。他白纸黑字把自己对开战时间的估计写在备忘录里。

> 如果这是下赌注的事，本文签名人愿下 5 赔 1 的赌注打赌，美国和日本不会在 12 月 15 日，或在这之前开战（杰罗将军保证到 12 月 15 日我们就完成若干部队的部署，"万事俱备"）；愿以 3 赔 1 打赌，美国和日本不会在 1 月 15 日（即离现在还有七个星期）或在这天之前"开战"；愿以 1 赔 1 打赌，美国和日本不会在 3 月 1 日或在这天之前"开战"……简言之，本文签名人不认为美国已处于太平洋"战争"的边缘。①

殊不知在霍恩贝克开始写此备忘录之前，史汀生已认定布拉顿的判断是正确的，战争将在星期天爆发，他们必须做好准备。鉴于马歇尔不在首都，史汀生本人必须采取行动。他要求罗斯福授权他向危险地区，即巴拿马运河和

---

① 霍恩贝克他在自传草稿里竭力对错误判断辩解："……我犯的错误是感情用事，把主观愿望和武断猜测记录在案。"1941 年 11 月中旬霍恩贝克有个年轻同事预料日本绝望之际会诉诸战争，他大加训斥："告诉我历史上有哪个国家是在绝望中走向战争的！"

美国的耻辱

夏威夷的驻军主官们，特别是菲律宾的麦克阿瑟发出战争警报。

罗斯福想必感到自己像是他好斗的阁僚手中的一名小卒了。他曾打算给日本一个合理的答复，却又允许赫尔对其暂时妥协方案作了彻底修改。而赫尔又受霍恩贝克的影响，认为日本人谈判非常狡猾；几乎是一赌气把他自己的暂时妥协方案放弃了，给日本送去一份无法接受的答复。

自史汀生担任陆军部长以来，罗斯福就被一步步推向与德、日两面为敌的战争。罗斯福感到别无选择了，就令史汀生向部队发出"最后戒备状态"的命令。这位陆军部长如愿以偿了，他不再只是一介陆军部的文职部长了，而成了罗斯福总司令的副手。不久，诺克斯、斯塔克和杰罗进入他的办公室。后面两人请求再宽限些时间，史汀生打断他们的话说："我也乐于有更多时间，但我不想以美国受辱为代价，或放弃原则，显示我们软弱可欺。"

杰罗拿出一份他已准备好的发给太平洋地区指挥官的电报草稿，里面有一句措辞是"日本今后的行动不可预测"。史汀生提笔在这句后面加上"然而只能随时都是敌对行动"。电报其他部分他都同意，上午 11 时 8 分用此刻不在华盛顿的马歇尔的名义发出。

金梅尔还在珍珠港与其作战计划参谋研究形势。"麦克莫里斯，你对突然袭击瓦胡岛的可能性有何看法？"他问。

"毫无可能，将军。"

东京直到那天接近中午时才听到赫尔照会的消息。照会立即送到皇宫。皇宫里此刻正召开御前会议。照会到达时已是午饭时间，会议正要休会。东条大声朗读照会，会上一片肃静，直到有个人说："这是最后通牒！"东乡外相对谈判是抱有一线希望的，不料得到的竟是这个答复，大失所望。他结结巴巴地说了一些没人能听懂的话；赫尔的照会"使他难以接受"。使会议室里每人感到特别气愤的是赫尔断然要求日军全部撤出中国。满洲是（日本）用不少血汗换来的，失去满洲，经济上就意味着灾难。有哪个骄傲的民族能投降呢？

赫尔的照会是气愤和暴躁的产物。然而可悲的是这份语出伤人的照会又被曲解了。对赫尔来说，"中国"不包括满洲，他无意要求日本交出满洲。美国照会上对这点应该说得清楚明白才是。然而赫尔即使说明满洲不属于中国，这样的照会也不会被日本接受。但这会使东乡外相得以劝说军国主义分子继续谈判；11 月 30 日的限期很可能延长 [①]。

这样，两个都怕亚洲被共产主义统治的大国走上了冲突的轨道。怪谁呢？日本占领满洲，侵略中国，残暴杀害中国人民，继而南进，使自己走上战争道路，它几乎要完全为此承担责任。然而美国没有完全懂得，日本走上侵略道路是西方对日政策的必然结果。日本在第一次世界大战及经济大危机以后，人口爆炸，急需寻找新的资源和市场，以继续成为一流强国，而西方努力阻止日本成为经济对手。美国幅员辽阔，资源丰富，不担心外来攻击，它怎么能理解一个国土狭小、人口拥挤、几乎没有任何自然资源，又一直处于残忍邻国 —— 苏联 —— 的进攻危险之中的岛屿帝国的处境呢？是美国自己造成了相互仇恨、猜疑的气氛，因为美国禁止日本向美国移民，实际是扯起了种族歧视和肤色偏见的破旗，骄傲的日本人对此愤怒不已，这是理所当然的。

双方都没有英雄，也没有坏蛋。罗斯福尽管有许多缺点，但仍不失为视野开阔、富于人情味的人；天皇是位受人尊敬、爱好和平的人。两人都受掣肘 —— 一个受伟大民主的笨重机器所制约，一个被所受教育、传统习惯及其统治权力有限的束缚。东条和东乡不是恶棍；史汀生、赫尔也不是坏人。恶棍是那个时代。如果不是欧洲在第一次世界大战之后，在两个意识形态 —— 共产主义和法西斯主义崛起之后，社会及经济情况恶化，日本和美国是永远不会走到战争边缘的。

---

① 作者问过东条的许多亲密同事，如果赫尔澄清了这一点，结果会是怎样？佐藤将军第一次听说此事。他一拍脑门说："我们如果知道就好了！"他激动地补充说："如果你们说明你们承认满洲，我们就会接受的！"铃木贞一将军（企划院总裁）、星野直树（东条内阁书记官长）以及藏相贺屋兴宣不完全同意。贺屋战后仍是政界一位头面人物，他说："如果照会将满洲排除在外，战与不战的决定将再作详细讨论。御前会议上将会热烈辩论是否不管共产主义的威胁立即从华北撤军。"至少，铃木贞一说，"珍珠港事件是可以防止的，有可能会更迭政府"。

　　　　　　　　　　　　　　　　　美国的耻辱

一场不需要打的战争看来肯定是在劫难逃了。

在图森,《亚利桑那星报》主编威廉·R. 马修斯(潘兴将军的密友)正撰写一篇预报菲律宾和珍珠港将遭突然袭击的社论。

2

第二天,28日,星期五,布拉顿上校送交史汀生一份日本在东南亚活动的情报。日本活动等于是"非常危险的可怕声明",部长决定在总统起床之前给他送去。9点多了,罗斯福因鼻窦感染仍卧床休息。他看了布拉顿报告之后,说有三案可供选择:"第一,无动于衷;第二,搞个性质像是又一最后通牒的东西,说明超出什么限度后我们将参战;第三,立即参战。"

史汀生说其实只有最后两案可供选择,罗斯福同意。"在这两案中,我选择后者。"史汀生说,等候总统首肯,但未能如愿。很显然,罗斯福对采取最后战争步骤尚存疑虑。

在中午的战时内阁(由史汀生、诺克斯、赫尔、斯塔克和马歇尔组成)会议上,总统宣读了布拉顿报告中最使人触目惊心的几个段落:日本即将进攻菲律宾,或泰国,或新加坡,或荷属东印度。罗斯福然后说还有一种可能,即进攻泰国的克拉地峡,此举一开始就能有效地切断滇缅公路。

随后进行的讨论中,史汀生咄咄逼人,主张无论日军走到哪里,都坚决打击——无须警告。其他人主张先礼后兵,先警告日本人:如果他们的远征军"到达某个地方,或某条线,或某一点,我们就打"。

总统同意后一意见,并建议给天皇发一封个人信件,请他帮助阻止走向毫无意义的战争的趋势。史汀生对此想法嗤之以鼻,说人们是不能警告一个天皇的;给国会写封信,报告当前危险,这要妥帖得多;然后可给天皇发一封密信,如果总统认为需要的话。

罗斯福不想争辩。他同意了。他迫不及待地要离开华盛顿,把他的鼻窦炎症带到佐治亚州的沃姆斯普林斯去治疗。他说他要在那里跟孩子们过一个已被耽误了的感恩节。史汀生想反对——这不是离开首都的时候嘛——但他什么也没有说,其他人也未开口。所以总统突然将自己置身于这场危机之外。

华盛顿的人都没有提醒肖特警惕当地美籍日本人的破坏。事实上,阿诺德将军倒作了布置。11月28日他发电报指示夏威夷空军司令立即采取措施“确保如下事项:防止对你下属的颠覆宣传,防止一切特务活动,防止对你装备、财产、设施进行破坏……避免不必要的恐慌,宣传保护措施仅限于对安全至关重要的”。

肖特认为电报等于肯定他自己采取的措施正确无误,陆军的飞机仍集中在一起,以防破坏。

11月的最后一天,东京命令其驻柏林大使小岛将军立即向希特勒通报英美正计划向东亚调遣部队,必须加以反击:

> ……非常秘密地对他们说,盎格鲁—撒克逊国家与日本国之间经某些武装摩擦而突然爆发战争的危险迫在眉睫,并说战争爆发的时间可能比任何人想象的要快。

这份“紫码”电报被截获并很快在华盛顿译了出来。然而金梅尔和肖特却始终没有收到这方面的通报。

在陆军部,霍恩贝克给史汀生送去一份根据总统布置而起草的给日本天皇的信。“我看了一下,”史汀生回忆道,“这是一份美国与远东关系史的声明,全面、冗长而且过分小心翼翼,诺克斯和我的意见被揉在里面了。整个文件长达十三四页,且软弱无力。而我们星期五在会上曾说过信要写得有些力度的。可怜的霍恩贝克看上去实在累垮了。他工作非常辛苦,精神显然十分紧张,也十分疲倦。他说赫尔也累得苦不堪言。”

美国的耻辱

晚间诺克斯来看史汀生，两人将他们起草的给天皇的信最后定稿。"这实际上是给日本的最后通牒：我们不允许日本对太平洋西南部包括中国采取任何进一步侵略步骤。"

日本此刻已是 12 月 1 日中午，限期已经过了 12 小时。"机动部队"正在开往夏威夷的途中。除非出现最后一分钟的外交奇迹，舰队现在看来已不可能被召回了。

美森轮船公司的客轮"勒赖"号也正驰向与"机动部队"相同的目的地，只是航向相反。通常情况下这条船挤满了旅游者，不过这次船上的军人大大超过普通旅客。报务员莱斯利·E. 格罗根（他称自己是"260 磅的小胖子"）觉得，这条豪华型客轮现在倒像是军用运输舰了。格罗根 47 岁，是美森轮船公司最有经验的报务员之一。他收到一个微弱的、辨别不清的信号。信号来自西北偏西方向。这个时节在这个地区尚有船只往来实属有点异常，谁在这风浪滔天的西北部海域干什么呢？他满腹狐疑，紧张地追踪这信号。信号增强了，声音更大了，他辨出信号是 JCS，横滨，用的是某种日本密码。他应该午夜下班，但他仍待在机房，帮助机长鲁迪·阿斯普隆德把信号记入航海日志。格罗根在航海日志里写道：

日本人使用"海军陆战队电台"的低频哇哇叫喊——全都使用日本密码，持续了几个小时。有些信号很强，有些很弱。信号在大部分情况下都要逐字逐句转发。据我看，日本人没有采取对抗"信号侦察"的措施，而是大胆使用横滨电台（JCS）、大阪电台（JOS）及其他位于日本、有配套转播设备、由一个总台（可能在东京）控制的电台呼号呼叫……

"勒赖"号客轮收到许多这样的信号，因而用无线电测向仪测出信号发射位置是轻而易举的事。我们注意到信号又重复出现。可能这是发给小船的，因为小船天线较小。信号主体来自西北偏西地区。现在是我们从洛杉矶开往檀香山的第二天夜里——因而信号发射地点可能就在檀香山的西北方向。

我在太平洋上航行了 30 年，从未在晚上 9 时（我们当地时间）在陆战队低频上听到日本横滨电台 JCS 的呼号，而且，信号随后还从太平洋某处用陆战队电台低频转发。

如果有人问我，我会说这是小日本的战斗动员会。鲁迪·阿斯普隆德不断向伯恩特森船长报告。我想值班人员见我们用测向仪搜集了这么多信号，一定认为我们"干得不错"吧。

现在是凌晨 3 时。经过一番兴奋工作之后我要努力平静下来。

草草记下这一点一滴之后，我希望将此记录好好整理一下，因为（我）感到有事发生了！整理也许是值得的，谁知道呢？

格林威治时间早晨 3:30，

1941 年 12 月 1 日

第二天（星期一）夜里，日本人的信号又被截获了。

鲁迪和我又像昨夜一样轻而易举地收到日本人加密的无线电信号——像以前一样，信号持续出现了两个小时。我们现在作一简要记录，星期三（1941 年 12 月 3 日）我们抵达檀香山时就把记录交海军情报部门。

星期二夜里，当"机动部队"接近其目标时，信号更强了。

我们继续收集大胆的日本人"总命令"的信号——不会是其他别的东西。我们无线电测向很好，信号大多数来自我们西北方向。小日本在海上的舰船继续大胆重发他们的无线电信号，想来是为他们先头部队舰船中的小舰发射的。日本沿岸的电台 JCS 和 JOS 由一距离很远的配套电台（我估计在东京）控制。如果我们有台录音机，那么录音机就会证实我们自己记下的信号是正确无误的，而且我们知道有许多信号是逐字逐句重复

　　　　　　　　　　　　美国的耻辱

发射的，因为我们已经记下从日本陆上电台最初发出的信号。

小日本使用"陆战队电台"低频时也真大胆。然而从我们迄今所见到的紧张情况看，可以有把握地说，要出事了，而且很快会出。究竟多快呢？所有这一切意味着要出事——时间会证明的。今晚的信号来自檀香山的西北方向。从信号看，小日本定是集中了，在等待时机。

3

"勒赖"号客轮上搜集到的信号清楚地说明了未来事态发展的性质。旧金山市场街 717 号 7 层楼上也有一番兴奋和激动。这是第十二海军军区情报处所在地。埃尔斯沃思·A.霍斯纳上尉最近奉命查找失去踪影的日本航空母舰舰队的位置。霍斯纳参军前是个通信专家。几天来他不断把情况灌输给他的助手一等兵 Z。Z 是个头脑敏捷的年轻人，20 岁，电子专家。他投笔从戎，告别学校自愿到海军情报部门 ① 服役。他已设计出一个装置，现被海军所有登陆舰采用。Z 的任务是搜集整理太平洋中过往商船发出的信号，以及四家广播电台，即无线电新闻公司、全球无线电公司、美国无线电公司以及麦凯广播公司的报告。那天早晨，一家广播公司向他们报告说，他们收到了奇怪的信号（信号出现在此等频率上实属莫名其妙），不知夏威夷西面发生了什么事。霍斯纳打电话问其他电台和船运公司：你们收到奇怪信号没有？有几家证实说他们也收到了。

Z 拿了一张大海图，成功地标出神秘信号的方位。他对霍斯纳说这很可能是失踪的日本航母舰队。中尉报告了海军情报处长理查德·T.麦科洛上校。霍斯纳肯定这事不仅会报告海军情报局，且会立即报告总统。麦科洛与总统

---

① 一等兵 Z，珍珠港事件后升为军官，如今因在其领域取得的成就而在国际上享有盛誉。他的录音带已由双日公司的卡罗林·布莱克莫尔和肯·麦考密克检测整理完毕，将向研究者们开放。

有私交，这是大楼里人所共知的。他能通过亨利·霍普金斯的白宫电话与总统联系。

在太平洋的另一端，在爪哇的万隆，荷兰陆军截获了一份东京发给日本驻曼谷大使的电报。电报用的是领事馆密码。这密码被荷兰上校 J. A. 维库尔在妻子和一群学生的帮助下破译了。电报通知要进攻夏威夷、菲律宾、马来西亚及泰国，进攻开始信号将由东京广播电台以气象预报形式从东京发出。这气象预报就是"风"密码体系。

荷属东印度陆军司令海因·塔·普尔顿将军手拿这份长电报来到隔壁大楼。其好友伊里奥特·索普准将（美国军事观察员）就在楼里办公。塔·普尔顿屏退索普的秘书，关上房门说："我这里有份相信对你们政府十分重要的东西。"

索普看了截获的电报，"先生，这太重要了。如果你允许，我立即专程去巴达维亚向我们国务院驻那里的高级代表汇报，然后今晚直接将报发往华盛顿"。

索普到达巴达维亚时，美国领事馆已下班。他又到美国总领事瓦特·富特博士和海军武官保罗·西德尼·斯劳森中校下榻的因德斯旅馆。总领事绰号叫"比利大叔"。他看了电报后只是讥笑一番，叫索普把它忘了。然而斯劳森认为这很重要。由于索普将自己的密码本丢在万隆了，斯劳森就用海军密码将报发往华盛顿。电报译完后已是午夜，主管海外通信业务的邮电局已经关门。两人来到邮电局后门嘭嘭敲门，直到值夜班的工作人员来了才住手。索普解释说事情十分紧急，请用海底电报发出：无线通信可能已被小日本窃听。由于用的是海军

埃尔斯沃思·A. 霍斯纳

美国的耻辱

密码，所以电报得送海军通信中心转陆军部。对方表示电报收讫无误，索普如释重负，心想陆军和海军已知道日本进攻夏威夷的警报了①。

12月2日是多事的一天。那天约翰·E. M. 兰内夫特上校（自1938年起任荷兰驻华盛顿海军武官）拜会海军情报局。他请威尔金森将军及其他情报军官介绍不断恶化的太平洋形势。情报局跟往常一样，对兰内夫特十分坦率，因为兰内夫特曾对美国海军有恩（事情是这样的：美国军械局长 W. P. H. 布兰迪上校去加勒比海看了荷兰军舰上40毫米博福斯高炮的表演后，发现这炮性能优于其他高炮，决心为美国海军购买一批。但有些麻烦，这炮是荷兰海军和两家私营公司，即黑兹迈耶信号公司和瑞典博福斯公司联合研制的，布兰迪深知要得到瑞典同意谈何容易，于是就向好友兰内夫特上校求索炮的图纸。兰内夫特未经请示其流亡在伦敦的上司，擅自从巴达维亚获取一套图纸，送交布兰迪。数小时后，气急败坏的瑞典海军武官抗议他们侵犯专利权。兰内夫特向他保证决定是在伦敦的荷兰政府做出的，有何不满得去伦敦向荷兰政府提②。一家巴尔的摩公司根据图纸造出了第一门炮，并在阿伯汀靶场做了试验，很快就将装备美国的战列舰）。

当一位美国军官指着墙上海图向他介绍情况时，兰内夫特大吃一惊。"这是日本特遣舰队，航向，东。"舰队位置是在日本和夏威夷之间。兰内夫特一言未发，心中奇怪美国怎会找到失去目标的日本舰队踪迹的。他电告在伦敦的荷兰海军总部，又亲自向公使亚历山大·劳登做了汇报。然后他在武官处日志里写道："在海军部会晤海军情报局。他们在图上向我指出日本航空母舰的位置。航空母舰编队离开日本后向东航行。"

在珍珠港，金梅尔问其情报军官：失踪了的日本航空母舰现在何处？莱顿

---

① 没有任何曾收到此电文的记录。没有人承认看见过它；在所有案卷中都未找到其副本。
② 战后，前国防部长德尔克斯对兰内夫特说，算他侥幸，没有请示伦敦荷兰政府同意提供图纸，"我们将不得不回答'不'。"美国政府最后还是向博福斯和黑兹迈耶信号公司付了一笔巨款。

少校报告说，有几艘航空母舰在日本内海，但主力下落不明。

"什么？！"金梅尔吼叫了，"你不知道第一航空母舰分队和第二航空母舰分队现在哪里？"

"是的，先生，我不知道。我想它们还在本国内海，只是我不知道它们的确切位置。至于其他舰船位置我却很有把握。"

金梅尔像平时那样看着莱顿——表情严肃，然而眼睛眨了一下。"你是说它们可能已在戴蒙德角游弋，而你却不知道？"

"我希望它们到戴蒙德角之前就会被我们发现。"

情报局向兰内夫特通报的情况从未告诉过金梅尔。那天金梅尔写信给斯塔克说，太平洋舰队缺少辅助舰，1942年2月之前不可能在太平洋西部发动任何进攻。

4

12月2日，星期二。史汀生这天忧心忡忡。总统已从沃姆斯普林斯返回华盛顿，但给天皇和国会的信尚未发出。霍普金斯请陆军部长放心，总统态度没有变软。史汀生观察了罗斯福下午内阁会议上的态度之后，对此也深信不疑。"总统随着形势发展而步步向前，"他在日记中写道，"我想他已下定决心继续前进。"他深信罗斯福不仅会写信警告天皇，而且还会通过给国会一份措辞强烈的信提请国人警惕。前景终于明朗。一旦日本人越过东南亚的某条线后，罗斯福的讲话就会调动日本人去放第一炮。而几天后这条线就会被越过，英国和荷兰就不得不打，美国也终于不得不参战。

然而罗斯福接见供应与分配局局长唐纳德·纳尔逊时，又流露出忧虑和不安。接见尚未结束，有人进来报告，来栖、野村和赫尔在门外等候。"形势看来如何？"纳尔逊问。

总统忧郁地摇了摇头。"唐，如果我们星期四之前与日本交战，我丝毫不会感到意外。"

12月3日，他又几乎是趾高气扬。他对财政部长摩根索说，他把来栖和野村弄得"像一群到处乱窜的湿漉漉的母鸡"。他问来栖和野村，日本为什么派如此庞大的军队去印度支那，"我想日本人正竭力搪塞敷衍，直到他们做好准备为止"。

人口统计局终于把每个在美国的日本人的姓名、住址统计就绪，总数是126947人：加利福尼亚的统计材料就有大约50页之多。费尔德博士打电话给陆战队司令，告任务业已完成，感谢他慷慨相助；再向卡普特及其同事祝贺一番；然后便驱车去白宫，把装有加利福尼亚材料的最后一个信封交给格蕾丝·塔利①。材料遂复制分送联邦调查局、各州州长和各州驻军主管。

那天华盛顿给金梅尔送去两份急电：日本政府已电示其驻外大使馆和领事馆烧毁密码。关于日益逼近的日本航空母舰只字未提。

上午9时，"勒赖"号客轮像往常一样，在靠近著名的阿洛哈塔的码头停泊。格罗根和阿斯普隆德急忙穿过毕晓普街的几条街区，赶往城里第十四海军军区情报处办公室。办公室在亚历山大·扬毕尔汀旅馆里。他们向乔治·沃伦·皮斯少校作了自我介绍，然后交出了材料。"少校听得很耐心，"格罗根回忆道。"在我们看来形势极为严重，至于少校持何态度我们不得而知，从他外表上看不出有何反应。然而鲁迪和我把重要情报交给海军后，就算尽了责任，感到无比轻松。情报的价值则由海军去挖掘。"皮斯允诺将情报转呈上方，但没有记录说明他已上呈了第十四海军军区情报处长欧文·梅菲尔德上校，或上呈华盛顿②。

---

① 后为世界人类学家权威之一的费尔德博士最近透露，几年后他要求看有关此事的材料。"当时的人口统计局局长康拉德·陶伯答称，有关此项任务的记录一条也找不到了！显然，我们的安全措施十分成功。"1980年，尽管有情报自由法，人口统计局负责行政的副局长仍写信给作者说："很显然，对人口统计局实际上做的帮助存在有某些误会。我们的记录表明，在袭击珍珠港之前，罗斯福总统或政府其他官员均未要求人口统计局提供服务。"有人要求格蕾丝·塔利就此事进行一次会晤，亦被拒绝。"很抱歉，对你们的事我没有任何可讲的东西。"
② 皮斯在1945年的一次空袭中丧生。

从"勒赖"号看得见的地方，檀香山警察局间谍科科长约翰·A. 伯恩斯中尉走进迪林汉姆大楼。他继续往二楼走，来到联邦调查局的首席代表罗伯特·L. 希弗斯的办公室。"请把所有的门都关上。"希弗斯说。他个子不高，有"联邦调查局毫无表情的冷面特务"之美名，并为此而自豪。但今天情绪明显急躁。"这事我没有告诉我的下属，但要告诉你。"他眼里闪烁着泪花。"在本星期结束之前我们就要受到袭击。"珍珠港要遭攻击！伯恩斯呆若木鸡，问他能够做些什么。希弗斯要他去同城里的人联系一下，看看是否有人已知道珍珠港将遭攻击。没有人知道[1]。

在旧金山第十二海军军区情报处，霍斯纳上尉和一等兵Z已查明日本航空母舰编队位于夏威夷西北。它们是开往阿留申群岛还是开向夏威夷呢？情报送到麦科洛上校处，麦科洛又会（他们猜想）通过情报局渠道上报华盛顿，并通过亨利·霍普金斯呈给总统。

那天夜里，《华盛顿邮报》副编辑巴尼特·诺弗睡梦中被一英国官员的电话叫醒。英国官员要求他立即到他房里来。诺弗一到，这位官员便非常激动地说，一个荷兰军官告诉他，在马绍尔群岛北面发现两艘日本航空母舰，不是开往荷属东印度，就是开往珍珠港[2]。英国人说他不能入眠，因为他肯定航空母舰的目的地是珍珠港。

12月3日深夜，12月4日凌晨[3]，拉尔夫·布里格斯在M站（海军东海岸的监听设施）值班。劳伦斯·萨福德中校前些时候来视察过M站，检查了新电报机（用于测向控制）。他知道侦听组已进入戒备，监听"风"指令。

---

[1] 伯恩斯后来当了三任夏威夷州州长。1975年夏威夷大学美国研究系的斯图尔特·格里·布朗、大卫·博伊兰及保罗·胡珀录制了《约翰·A. 伯恩斯口述历史》采访录音带。三人都向伯恩斯提了这个问题。胡珀教授对本书作者说，他确信伯恩斯所谈情况是真实可信的；伯恩斯知道他快要死了。

[2] 诺弗遗孀为他写的传记即将出版，书里更准确地记载了这个插曲的全部情况。兰内夫特上校说他不是那个荷兰军官，这人可能是 F. G. L. 韦吉尔曼上校，已故。

[3] 萨福德认为是12月4日，然而布里格斯至今仍认为时间可能还要早些。

他已有称职的报务员在监听东京的新闻和气象预报。

萨福德以前来检查工作时布里格斯还未来，但他现在已很称职，能搜索到任何"风"电文。他懂日文，但他的上司——首席报务员 DW，指示他专门注意三句话：Higashi no kaze ame，Kitano kaze kumori 以及 Nishi no kaze hare。DW 向布里格斯解释了每句话的重要意义。第三句是"西风，晴"，可能是指与英国断交。

拂晓前布里格斯准时收到日本海军从东京发出的例行气象预报，他用日文电码抄下："Higashi no kaze ame ——东风，有雨。"他一时捉摸不透其中意思，因他估计预报会是"西风，晴"的。

布里格斯忙拿值班领班的保密本进行对照，这原来是发给公使馆、领事馆的战争警报，这就是说要与美国开战，毫无疑问！

他急忙跑到隔壁，把电文用 TWX 线路传到萨福德办公室，然后打电话给他的顶头上司（他就住在站里）。"DW，"他惊呼道，"我想我已搞到了我们一直在寻找的东西！"

"好极了，我马上来。" DW 命令布里格斯用 TWX 线路将电文传到城里。

布里格斯说他已发去了。他挂上电话，在值班日志里记下收报的情况，包括报文性质、日期、时间和频率。

5

12 月 3 日这个多灾多难的一天，一个陆军航空队上尉秘密地将一份厚得像本小说、标着《胜利计划》字样、用棕色纸张包起来的文件带给孤立主义者参议员伯顿·惠勒。据惠勒讲，这个年轻上尉说他认为国会"在事关人类生命问题上有权知道总统行政部门里究竟发生了什么事"。当惠勒浏览这份秘密文件时，血压升高了。"我强烈地感到这正是人民以及每个参议员应该知道的事。"

在惠勒看来，这像是一个在欧亚两洲投入总人数高达 10045658 美国军队进行全面战争的计划。他义愤填膺，将文件交《芝加哥论坛报》[①] 驻华盛顿记者发表。

第二天（12月4日）晨，阿尔伯特·C.魏德迈少校到达军需大楼办公室时已是 7 时 30 分。他感到周围气氛异常，军官们转来转去，叽叽喳喳地谈论着，情绪激动。当秘书交给魏德迈一份《华盛顿时代先驱报》时，议论戛然而止。他看了通栏标题，惊恐万状：

F. D. 罗斯福战争计划

目标是一千万军队：

一半随美国远征军作战

计划于 1943 年 7 月 1 日前登陆作战，打垮纳粹

魏德迈急速浏览了一下报道。这正是他数月来日夜不停为之操劳的《胜利计划》的翻版！"如果一颗炸弹投在华盛顿，我的惊讶也不会比这更大了……这是无可争辩的证据，说明美国准备参战，而且很快。罗斯福总统向人民做出的置美国于战争之外的保证就被看作竞选宣传演说而已。"魏德迈是负责准备《胜利计划》并负责其安全保密的总参谋部军官，泄露计划将不可避免地促使美国提早参战。

他私下认为，除非美国利益处于危险之中，美国不应干预外国事务，而美国利益并非马上有何危险（职业军人一般皆持此观点）。不过尽管他有此看法，他还是全力投入战争——一场他感到美国尚未做好准备的战争——计划的制订工作。他是第一个被联邦调查局怀疑泄露计划的人，被联邦调查局彻

---

① 据威廉·史蒂芬森传记的作者说，一个名叫"无畏"的英国人在一个富有同情心的美国上尉帮助下"编造"了这份文件。"这项骗局的主要目的是利用孤立主义渠道向希特勒透露一项'秘密计划'，促使他向美国宣战。英国担心美国不会对德宣战，即使英国和美国的基地遭到日本突然攻击。"

　　　　　　　　　　　　　　　　　　　　　美国的耻辱

底审查，结果是完全无罪。

12月4日，华盛顿官场一片惊慌。当史汀生从纽约看完牙医（他在牙医诊所泡了三个小时）回到首都时，发现助手们郁郁寡欢。"再也不能想出比这更卖国、对我们防御计划破坏性更大的勾当了。我第一次看到麦克洛伊情绪如此低沉。不过这事产生的效果却是触动了我最敏感的神经。我鼓励他们振作起来。我们要做的事是正面迎击，如有可能，再利用此事把美国人民从可恨的麻木不仁和对这场战争完全无知的状态中唤醒。"

他打电话给总统。"我向他谈了我对形势的看法，高兴地看到他同意正面对付这场危机。"史汀生看到罗斯福"斗志高昂"，不再犹豫彷徨而感到宽慰。"所以晚间的讨论是以战斗和乐观的基调结束的。"

最近曾在报上预言袭击珍珠港的威廉·马修斯采访了诺克斯。马修斯问海军是否对突然袭击做好了准备，"是的，"诺克斯满不在乎地回答，"然而他们不敢突然袭击，他们知道他们这样做等于自杀。"

那天韩基洙打电话给国务院的马克斯韦尔·R. 汉密尔顿，说朝鲜地下人员告诉他日本将在周末进攻珍珠港。他十分担心，从而给汉密尔顿送去下面长长的报告：

电话上已经谈了我们特工人员担心日本将在"本周末"突然攻击夏威夷，现请您注意与此密切相关的下列情况：

1.11月22日《日本时事》对美国陆军航空队在整个夏威夷群岛演习的报道。空军演习时间是从1941年11月到12月31日，"除星期天和节假日外每天进行"。

2.意大利杂志《今天》于1941年10月24日在罗马发表一篇文章，预料日本将与美国交战。文章预料日美战争将以日本海空军攻击夏威夷群岛开始，最终攻击阿拉斯加、加利福尼亚和巴拿马运河。

韩并提请注意日本松尾写的1940年10月出版的《三国轴心及美日战争》

一书。松尾在"日本突袭舰队"一章里写道，如果爆发日美战争，日本毫无疑问会抓住最好的时机先打击敌人。

这是我们观察到的重要情况，我们也真诚相信，12月是日本发动进攻的时间，也许就在12月的第一个星期天，日本突袭舰队已瞄准夏威夷……

无论您对我们工作有何看法，恳请您将我们的忧虑和这份情报呈总统并转夏威夷陆、海军指挥官。

在爪哇，索普准将又给华盛顿发去第二份关于进攻夏威夷和菲律宾的报警电报。他非常不安，12月4日决定再发一份。这份是通过总领事富特发出的，然而"比利大叔"把谈及进攻地点的长长的第一段完全删去，只提"风"密码。富特在结尾还加了一句："索普和斯劳森已将上述情况电告陆军部。我对此抱有怀疑，不予重视。自1936年以来此等传说并不鲜见。"

塔·普尔顿将军估计富特可能淡化这份电报的重要意义，遂给荷兰驻华盛顿陆军武官 F. G. L. 韦吉尔曼上校发去一份详细电报，指示他转交美国军方最高当局。

索普后来又发了第四份电报，直接上报情报局迈尔斯将军。华盛顿表示电报收悉，命令索普不要再送这等电报了①。"这也许是因为陆军部感到我的电报有落入不该知道此事的人手中之虑，或是因为有其他什么充分理由。"

另一出好戏在北部的马尼拉开锣了。在亚洲舰队总部，肯普·托利上尉执行一项总统亲自布置的神秘使命。他奉命武装一艘"兰尼凯"号帆船——一艘航行在岛屿之间的双桅杆小船，船上要装一门炮、一挺机枪以及在海上航行两周的口粮——准备24小时以后出发。托利知道的情况是：他这艘船是三艘执行同样任务的小船之一；他是去接替由小约翰·沃克尔·佩恩上尉指挥的

---

① 索普发的四份电报中，在陆军部档案里只找到两份：一份是删改的由富特签发的，一份是索普的最后一份，但没有关于袭击珍珠港的一段。这份重要情报在传递过程中已被删改。

　　　　　　　　　　　　　　　美国的耻辱

"伊莎贝尔"号帆船。"伊莎贝尔"号已在去印支沿海的途中。三天前哈特将军收到下列特别指示：

> 总统指示，下列任务必须尽快完成，如有可能，在接阅电报两天内完成。派三艘小船组成"防御性情报巡逻队"。要按美国舰队的最低标准装备，由一海军军官指挥，船上配备一门小口径炮、一挺机枪足矣。任务是观察日本在西中国海和暹罗湾的活动，观察所获用无线电报报回。可使用菲律宾水手，水兵人数则要压到最低限度……

哈特读了电报惊愕不已，"这项工作作为战争措施是很不高明的，"他后来对海军军史局局长说，"派观察船去这区域执行任务作用不大，因为日本人肯定会发现他们……这就是说他们不会有机会看到任何有价值的东西。"

他指示佩恩注意那些有价值的目标。在"伊莎贝尔"号出发之前仅有他和佩恩知道真正使命，然后只告诉了他的执行军官马里恩·布阿斯中尉。他们对外只说是奉命寻找坠落的"卡塔琳娜"飞机。12月5日晨"伊斯阿贝尔"号看到一架日本海军飞机。当船（原是一艘私人游艇）继续向东航行时，这架飞机整天出现。从空中看，"伊莎贝尔"号甲板上有椅子，像是游艇，然而这显然是艘武装船，因为前部装有四门3英寸的炮，驾驶舱上装有四挺刘易斯机枪。

下午7时，佩恩看到印支海岸距离只有22英里之遥。10分钟后他收到命令立即返回马尼拉。在回程途中他收到一份电报：珍珠港已遭袭击[①]。

华盛顿此时已是12月5日的清晨。《华盛顿时代先驱报》头版有半版都是

---

① 托利的船刚要出发时，（日本）炸弹已落在瓦胡岛上。战后托利深信这次执行的任务只是一个挑起对日战争的阴谋。布阿斯上尉（后晋升为上校）同意他的看法，他的船确是吸引日本上钩的诱饵。"我们的任务实质是：努力侦察日舰位置，通过电台报回，结果导致可能被击沉的事件。"哈特将军有机会在国会听证会上说三艘小船执行任务的真相，但他未讲。后来他向托利承认"兰尼凯"号是被派去作诱饵的，"而且我有证据，但我不想为之，我奉劝你也别干"。
著名军事分析家汉森·鲍德温也认为三艘小船是用来引诱日本人的"捆绑着的绵羊"。"总之，罗斯福也毫无疑问像千百万美国人一样相信，为保护美国重要利益，需要这个国家参战。为劝服一大部分犹豫不决的舆论，他需让日本人打第一枪。"

《战争计划》的丑闻：

> 战争计划败露，国会震动，陆军拨款案岌岌可危；英国为美国远征前景欢呼。

三个副标题是：

> 国会咆哮，廷克海姆宣称共和国被出卖
> 英国报纸大肆宣传耸人听闻的新闻曝光事件
> 政府担心全国怒责秘密计划

史汀生打电话给总统，总统不主张就此事向报界发表谈话，史汀生反对。"好吧，"罗斯福说，"去跟他们谈吧。"上午 10 时 30 分罗斯福在自己举行的记者招待会上说他对此事无可奉告，也许陆军部部长有话奉告诸位。一小时后史汀生走进记者招待会大厅，发现屋里挤得水泄不通，盛况空前。他的讲话非常简短。首先他问了两个问题："如果美国总参谋部在当前世界形势下不调查，也不研究这个国家可能遇到种种现在可预见的紧急情况，以及对付每个紧急情况的可能办法，诸君会有什么想法？一个人或一家报纸攫取了这些机密研究材料，并向这个国家的敌人公开，诸位对他们的爱国精神又有何看法？"接着他解释，这事尚在研究之中，"它们从未形成政府批准的计划。"

那天罗斯福写信给温德尔·威尔基（去年在民意测验中被他击败的人），同意他访问澳大利亚的计划。"加强同澳大利亚和新西兰的关系当然有真正价值，不仅对现在，而且对将来也有益。永远要考虑日本这个问题。形势肯定已很危险。如果日本继续推行其向菲律宾、荷属东印度，或向马来西亚，或向缅甸推进的计划，冲突随时可能发生，也许四五天内问题便可揭晓。"①

---

① 这封信在珍珠港遭偷袭后才发出。总统在信尾亲笔写了附言："信是星期五上午 —— 早在这次卑鄙的偷袭之前口授的。"

在内阁会议上罗斯福宣读了史汀生向报界发表的谈话。史汀生看到同僚摆出极其好斗的架势感到乐不可支。"他们认为我的谈话几乎是一副招架的样子，哈罗德·伊克斯嘟嘟囔囔说我的谈话完全是守势，甚至亨利·华莱士也说他不喜欢我提的问题，虽然他赞成我谈话的主调。"

这位陆军部长在日记里未提及会上对即将发生的冲突这个更加重要问题的讨论情况，1955年劳工部长弗朗西丝·珀金斯夫人在哥伦比亚大学一次口述历史采访中透露了珍贵的详细情况。她回忆说，赫尔非常冷漠，十分忧郁，完全被阴云所笼罩。他非常厌恶野村和来栖。"他们态度毫不认真，总统先生。他们不想做任何事。随着每个小时的推移，我更加相信他们在干见不得人的勾当。他们说话含糊其辞，总有两种解释。这两个家伙是我所碰到的最坏的人。"他继续使用珀金斯夫人从未听他使用过的最强烈最具谩骂性的语言。

在讨论日本会如何攻打英国时，诺克斯突然插话。"唔，您知道，总统先生，我们知道日本舰队现在何处吗？"

"是的，我知道，"总统说，然后环顾四座。"我想我们应该告诉大家现在形势何等难以应付。我们掌握情报，正如诺克斯刚才谈到的……嗯，你对大家谈谈我们掌握的情报吧，弗兰克。"

"好吧，"诺克斯以他易于激动的方式唾沫飞溅地开始说了。"我们有极其机密的情报，这情报不能带出这间屋子，日本舰队就在海上。"他已十分激动了。

罗斯福表情极其严肃，不断点头以示赞同。他皱着眉，愁容满面，神情恍惚。当诺克斯说到"我们的情报是……"他打断他的话说："关于日本舰队明显的目的地，我们并无确切可靠的情报。海军头脑里，以及我头脑里的问题是，他们是否向南。"

"向新加坡？"几个人问。

罗斯福点点头。"有可能。如果他们向南，新加坡是我们推测的目标。"

诺克斯激动地打断说："每个迹象都表明他们是向南，总统先生。向南是显而易见的。"

罗斯福插进来："然而也不能绝对肯定他们不会向北。你们并没有情报说他们不会向北。你们也没有关于日本进攻方向的情报。"

"对，我们是没有。但我们的结论是他们一定向南。他们不可能向北的。"

"嗯，"总统说，"北面有阿留申群岛，有渔场。我们的确知道最近几个月那些海域有几支非常庞大的渔船队，比平时庞大得多。"

诺克斯认为这很可笑。"也许是吧，然而向北是不可能的。"

罗斯福出于某种原因坚持自己的看法，好像他掌握了诺克斯还不知道的情况。"他们有可能向北，没有证据说明他们不会向北。"

诺克斯同样顽固。"是没有，不过我必须得出他们是向南的结论。我不认为他们出海只是为了演习。我们海军认为他们一定会搞点名堂。"

罗斯福审视了与会人员。"现在，我要做个测验。他们已在海上，我们怎么办？如果他们开向新加坡，我们美国的问题是什么？美国该怎么办？我要在座的每位依次谈谈自己的看法，我们究竟该怎么办。我要警告你们，我问这个问题是要你们提供信息，提供处理意见，不是通常意义上的建议，因为我们不作表决，我不会受你们提的任何建议约束，我只是想看看你们的头脑是怎样运转的。这是个棘手问题。我希望我们不会被迫为此采取行动，被迫解决这个难题，然而我们可能被迫而为之，我们可能不得不做些事，你们有何高见？"

珀金斯夫人表态说，如果新加坡遭攻击，美国应该援救英国。这使罗斯福感到意外，好像他指望她站在少数与此意见相左的一边似的。这位劳工部长离开会议室时感到这次会议可怕极了。"我记得我回到办公室，疲惫不堪地坐下，努力做到临危不惧，自己问自己：我们这个国家可能卷进一场太平洋对日战争吗？我可以说我脑子里从来没有想过这个问题。"这是十分紧张的一天，但谁也没有感到事情会立即发生，谁也没有说她必须改变周末安排。她仍要去纽约"大都会俱乐部"，在那儿她可安静地写份报告。

在檀香山，那个单枪匹马一人奋战的日本特务吉川正向东京报告：三艘战列舰早晨刚到珍珠港，"莱克星顿"号航空母舰已率五艘重巡洋舰离开码头。

美国的耻辱

6

12月6日，华盛顿时间大约早晨5时半，美国驻开罗观察员邦纳·费勒斯上校走进皇家空军总部。而那位统辖整个中东的空军元帅已在伏案工作了。他的第一句话就是："邦纳，24小时后你们就要加入战争了。我们获得一份秘密电报，日本24小时内将攻打美国。"

费勒斯被乔治·马歇尔称之为"非常有价值的观察员"。他说他不相信，日本人现在东方可为所欲为，任意行事，攻打美国对其不利。然而那位英国空军元帅确信日本将攻打美国，也毫不掩饰其因美国终将参战而高兴的喜悦心情。

费勒斯并不认真考虑是否将英国空军元帅上述谈话电告华盛顿。"最后，我得出结论：如果英国知道日本要进攻，那我们美国也会知道。如果报告是假的，我的处境就很难堪了"①。

大约也是那个时间，伦敦给其远东总司令罗伯特·布鲁克·波帕姆空军上将发报说："如果日本进攻泰国或荷属东印度，我们已获得美国武力相助的保证。"

华盛顿刚披上晨曦，不幸的消息就从远东源源不断而来，史汀生感到"气氛显示要出事了"。

在白宫，亨利·霍普金斯在看一份艾弗里尔·哈里曼发来的电报。哈里曼为罗斯福去莫斯科执行一项任务，使命完成后到了伦敦。

丘吉尔相信，如果日本进犯，英国的政策是暂不采取行动——即使

---

① "如果那时我有先见之明，知道一切后来才了解的情况，"费勒斯1967年写信给金梅尔说，"我早就电告华盛顿、巴拿马、珍珠港及菲律宾了——无论如何。我确实犯了一个令我终身遗憾的可怕错误。"

这将造成某些军事损失——直至总统采取他认为在此情况下最好的行动为止。然后丘吉尔将在"不是数小时,而是数分钟之内"采取行动。请将丘吉尔的想法呈报总统。我明日将再见丘吉尔,如有要我问他的特别事项,请告。

在诺克斯与斯塔克、特纳、诺伊斯及其他主要海军将领的每日碰头会上,他们长时间讨论了日本的意图。"先生们,"诺克斯问,"他们会打我们吗?"

"不会的,部长先生,"特纳说。此人通常被认为是诺克斯的发言人。"他们要打的是英国人,他们还没有做好打我们的准备。"

上午11时许,一位最近退休的外交官费迪南德·迈耶走进位于马萨诸塞大街的日本大使馆。他的理解是他的老朋友来栖将毫不隐讳地向他谈谈恶化的形势。这位日本特使热情接待了迈耶,谈话极其直率,迈耶渐渐看出,来栖是在向他转达一个十分重要的信息。来栖最后公然宣称当前面临"一种极其危险的战争形势"。迈耶对此印象极深,遂邀请来栖当晚到费迪南德·贝林(前驻波兰大使)家赴宴。迈耶感到需要有个人证实来栖说了这样"最不寻常的看法。这看法如为我们政府所了解,政府至少有个最紧急的理由赶快命令所有远东军事单位进入戒备状态"。迈耶片刻也不停留,立即将谈话内容电话告国务院的詹姆斯·邓恩。

在海军大楼里,埃杰斯夫人将一份日本总领事喜多发给东京的电报译稿给文书H. L. 布赖恩特上士看,电报内容涉及兰尼凯海滩上一间屋里发出的灯光信号。她说电报读起来就像侦探小说。她和布赖恩特一致认为应该报告克雷默少校。

劳伦斯·萨福德中校对此电报一无所知,他正忙于给金梅尔起草一份指示电:"鉴于战争迫在眉睫,请销毁除本系统及飞机现用密码和测向密码以外的一切密件。"电报稿打出后呈诺伊斯将军批发。但这位通信司令在诺克斯办公室里开完马拉松会议回来后才读到电文。诺伊斯受会上特纳发言的影响(日本不会打美国,只会打英国),对萨福德起草的电稿感到恼火。他招来萨福

　　　　　　　　　　　　　美国的耻辱

德，"你发这电报是什么意思？"他骂开了，"告诉舰队司令战争即将爆发吗？"

"将军，"萨福德用尽可能平静的语调说，"战争爆发只是几天的问题，如果不是几小时的话。"

"你可以认为战争将会爆发，但我认为日本鬼子只是虚张声势！"

萨福德知道诺伊斯怕负责任，遂说："威克岛有我们印发的全部密码。这些密码到 1942 年 7 月才失效，如果落入日本人之手，对您非常不利，对我也十分麻烦，故我要求把这电报发了。"

"唔，这是另一码事了，"诺伊斯余怒未消，但开始重写那份电报。萨福德看他肆无忌惮地乱砍原文，感到惊恐不已，所有提到威克岛及战争迫在眉睫之类的话统统被诺伊斯砍去了！

> 鉴于目前国际形势及太平洋岛屿的暴露位置，你可现在或以后情况更紧迫时下令销毁秘密和机密文件……

事情更糟的是，电报未作急件处理，这就是说要到星期一上午方能发出。

在上述谈话进行之时，荷兰海军武官兰内夫特上校来到海军情报局，会见威尔金森、麦科勒姆和克雷默。他们将日本向克拉半岛运动的情况向兰内夫特作了介绍。兰内夫特问及日本两艘向东航行的航空母舰情况，"这两个家伙现在哪里？"

有人用手指着墙上海图檀香山以北 400 英里左右之处。"他们在那儿是何用意？"兰内夫特惊愕地问。有人含糊其辞地说，也许日本对美国的"最终意图"感兴趣。兰内夫特觉得此话毫无意义，但一句未说。谁也没有提及珍珠港可能遭到袭击。"我自己也没有想到有此可能，"兰内夫特在武官处日记中写道，"因我相信，檀香山每个人都像海军情报局里每个人一样，都百分之百地处于戒备状态。"

兰内夫特返回使馆，向公使劳登作了汇报，然后将情报局介绍的情况电告在伦敦的上司。

在旧金山第十二海军军区，霍斯纳上尉和一等兵Z已发现日本"机动部队"位于瓦胡岛西北部约400英里处。现在真相大白，一切怀疑均不存在了，珍珠港明天早晨就要挨揍了。他们把自己的估计交麦科洛上校后，两人还开了个私人庆祝会。明天日本人将遇到他们一生中最大的意外了。

那天上午，《基督教科学箴言报》记者约瑟夫·C.哈希采访金梅尔半个小时。这位将军说德国刚刚承认他们今冬只能到莫斯科大门口，"这就意味着他们已放弃了今冬占领莫斯科的企图，这就意味着日本还不会打我们。日本人聪明得很，不会两面作战的。如果莫斯科沦陷，他们就会放手打我们而不用担心背后遭俄国攻击"。

尽管金梅尔对哈希说了令人宽心的话，他自己却仍惴惴不安。午前他召集部属开会，研究有关日本活动的最新情报。还未发现日本失踪的航空母舰的蛛丝马迹。他又把问题带到午饭餐桌上去。数月来金梅尔给自己定了极快的节奏，史密斯将军则要他放缓一些，请他午后小憩一番，毕竟是热带气候嘛。

"来吧，史密斯，"金梅尔简短地说，"我们回去工作吧。"

"唔，你的参谋长有时喜欢睡个午觉。"

金梅尔大步流星地来到计划处办公室。办公室里一个来自陆战队的参谋奥马尔·法伊弗上校正同作战参谋查尔斯·麦克莫里斯上校讨论爆发战争的可能性。将军表示他担心日本对太平洋舰队及珍珠港有所企图。他承认他忧心忡忡，以至"肠胃受到影响"。

法伊弗回忆道："麦克莫里斯上校想减轻将军思想负担，如果这只是思想负担，而非预感的话。他说日本可能不会用武力进犯珍珠港，因为他们在亚洲战场已集中了庞大兵力。我没有参加讨论，但我体会到将军深深的忧虑和高度的责任感。"

金梅尔如此惴惴不安，以至命莱顿少校将日本鬼子在印支沿海集中运输船、舰的最新情报送作战部队司令派伊将军，请他谈谈看法。派伊正在战列

美国的耻辱

舰"加利福尼亚"号上。派伊估计日本将在暹罗湾抢占有利位置，以便进攻滇缅公路。莱顿不认为日本会到此为止。他觉得日本的目标还在更南面，可能意在东印度的石油，因为美国已停止向日本供应石油。此外，日本鬼子从来不会将其侧翼暴露，所以它要进攻菲律宾，"那样的话我们就参战了"。

"啊，不会的，"派伊说，"日本不会打我们的，我们太强大，实力太雄厚。"

莱顿把这个令人鼓舞的话带给金梅尔。然而金梅尔仍是焦躁不安。下午他把作战参谋麦克莫里斯和德拉尼叫到自己家里来进一步讨论。在研究对策时，金梅尔终于想起一个对他颇有吸引力的办法：召回所有外出部队，每人进入戒备状态，天黑后整个舰队悄悄驶到海上。其他两人说不妥，这将违反斯塔克将军的明确指示：不要做任何惊动檀香山居民的事。金梅尔勉强同意，讨论的结果是，他们已经做的一切"依然很好，应予坚持"。

在檀香山日本领事馆，吉川全天在与东京联系。他在一份电报里向上级报告："仍无放射干扰气球的迹象"，战列舰还没有装防鱼雷网，因而对珍珠港和陆军机场实施突然袭击时，仍有"相当多机会可资利用"。第二份电报也同样令人鼓舞："看来舰队航空部队尚未实施空中侦察。"电报像往常一样被美国陆军的谢夫特堡监听站截获，送华盛顿破译。

喧嚣的一天过去了。金梅尔在酒会上待了几个小时后便早早回家。他要睡个好觉。对檀香山居民来说，一切正常，这个星期六与其他星期六毫无异样，许多人还在庆祝夏威夷大学橄榄球队在一年一度的比赛中以20：6的悬殊比分大败威拉米特队的胜利。

7

在白宫，8时10分开始的、共34位嘉宾出席的晚宴正在进行。晚宴后还要欣赏阿瑟·勒布朗的小提琴演奏。

来栖已应邀来到贝林在乔治城的庄园参加晚宴。他把上午对迈耶谈话的精神又重述了一遍。前大使贝林对这位日本特使的坦率感到"无比惊讶"。迈耶现在比以前更加肯定，来栖是以其"最危急的方式警告我们，某地随时会遭攻击"。

约8时30分来栖去接电话。他回来时对在座的主人、宾客说，罗斯福刚给天皇送去一份个人呼吁书。来栖说这是"明智之举"，因为天皇既不能断然拒绝，也不能表示同意。这个呼吁定使"东京头痛，要考虑再三"。

兰内夫特上校晚饭后被叫到劳登公使的办公室。在办公室里他发现陆军武官韦吉尔曼也在座。公使对两人说他刚从白宫回来，罗斯福告诉他，他已给天皇去了一函。总统说如果日本不立即答复，战争也许星期一就爆发。

与此同时，一份发给野村大使的电报已被截获破译。电报共有14部分，其中前13部分已在晚间8时30分左右交克雷默少校上呈。克雷默未能找到斯塔克和特纳。斯塔克正在国家歌剧院里。特纳养了许多拉萨牧羊狗，此刻正牵着其中一条在外面散步。克雷默通过电话找到了威尔金森，用"隐秘的术语"把前13个部分的主要内容简要地告诉了他。将军指示电报先送白宫，然后给诺克斯一份，最后送一份到威尔金森住处。

克雷默请妻子开车，约9时30分到了白宫，将上了锁的公文袋交莱斯特·罗伯特·舒尔茨中尉。舒尔茨直接去椭圆形办公室。总统正在剪贴邮票。"这些邮票是给沃姆斯普林斯的孩子们的。"他对舒尔茨说。舒尔茨最近陪伴总统去了沃姆斯普林斯。几分钟后罗斯福对亨利·霍普金斯说："这意味着战争。"

克雷默到了沃德曼公园旅馆。海军部长开始研读送来的前13部分的电报，克雷默则与诺克斯夫人及部长夫妇的客人奥凯斯夫妇交谈。诺克斯为看到的电报内容及尚未看到的第14部分的不祥含义深感焦虑，打电话给史汀生和赫尔，与他们约定明天上午10时开紧急会议。

此时布拉顿上校已经送完了电报，驱车回到乔治敦的家中，打电话给住在附近的迈尔斯将军。将军不在家。

美国的耻辱

迈尔斯正与威尔金森将军共进晚餐，两人一起看了克雷默刚送来的电报。威尔金森认为电报只是"一个外交文件……为日本的立场辩护"。迈尔斯也认为这"没有多大军事意义"，"没有理由叫醒马歇尔参谋长"。

马歇尔还未睡，而是在距白宫仅一箭之遥的大学俱乐部里参加晚宴。这是第一次世界大战后备军官训练团老战士的聚会，参加的有该团团长约瑟夫·A.阿特金斯准将、佩迪学院校长 A.M.兰福德博士、小威廉·P.科尔众议员。马歇尔是主客，众人举杯向他祝酒，以示投他"信任票"。①

"幸运儿"阿诺德将军正在去加利福尼亚汉密尔顿菲尔德的路上。他此行是督促检查 13 架 B-17 轰炸机转场的。飞机夜里起飞，第一站是夏威夷，终点是菲律宾。他在午夜光景到达（华盛顿时间）。他警告这"飞行堡垒"的机组人员说，他们可能"在沿线某个地方遇到麻烦"。他脑子里想到的是在特鲁克群岛附近的托管岛屿。

阿诺德并向汉密尔顿菲尔德的司令及参谋们谈话。据萨克拉门托空军服务司令部官方历史记载："他使用了日本即将开战的字眼，并命令飞机疏散。据说他强烈反对他们把飞机集结在一起。"由于飞机没有机库保护，在场的飞行员立即驾机转移到附近其他机场。

瓦胡岛上，陆军航空兵的飞机还聚集在一起。这是航空兵为防止破坏经批准而采取的保护措施。

在阿留申群岛，巡逻机机组人员因每天长时间的侦察巡逻业已精疲力竭。詹姆斯·鲍尔斯上尉回忆说，幸运的是星期六来了一个文件，命令"停止所有可能被看成是敌对行为的活动"。此时所有巡逻飞机皆被召回，飞机机组人员都投入了"一场盛大的喝酒比赛"。

---

① 据《华盛顿时代先驱报》1941 年 12 月 7 日报道，马歇尔是在前一天晚上参加大学俱乐部的团聚晚宴的。

第十五章

耻辱的一天
"然而他们早就知道的，他们早就知道的，他们早就知道的啊！"

1941 年 12 月 7—8 日

1

星期日清晨，16 岁的报童汤姆·尼科尔斯在给订户送《华盛顿时代先驱报》，其中一个订户就是住在布罗德莫尔公寓顶层的日本海军武官。布罗德莫尔是一座很大的公寓楼，在康涅狄格街 3601 号。当报童沿着公寓大厅往上走的时候，他惊愕地看到两名美国海军陆战队员站在他订户的门口①。一名陆战队员接过报纸。年轻的尼科尔斯离去，心里嘀咕不知出了什么事情。

《纽约时报》的读者看了第一版海军部长诺克斯有关海军状况的报告后深感宽慰："我自豪地报告，美国人民可以完全信赖海军。据我看，我们官兵的忠诚、士气和技术水平无可匹敌，不论用什么标准比较，美国海军都是最强大的。"

---

① 查看了 1941 年 12 月华盛顿的陆战队花名册。陆战队正常情况下不执行此类任务，这次肯定是特别紧急情况。为什么呢?

早饭时候，理查森将军对妻子说："我们已处于战争边缘，战争随时可能爆发。"八年前他在军事学院进修时，写过一篇谈日本政策的论文。早饭后，他把论文翻了出来，发现论文提出的"教训"之一是："如果对日本有利，日本在宣战以前就会凶狠地、有力地、出乎意料地突然袭击。"

　　因要参加紧急会议（是诺克斯星期六晚定的），史汀生打电话给副官说他自己不开车了，"来我这儿把我捎上，我们一起去办公室"。约9时30分他们到了军需大楼。此时，斯塔克已在办公室，很快就要看完共有14部分的日本电报全文。

　　布拉顿似乎发疯了，他四处寻找马歇尔已有半小时之久，但仍不知其下落。他不仅收到了第14部分的电文，而且还有一份指示野村在下午1时递交给赫尔的电报。他惊呆了。华盛顿时间下午1时，正是夏威夷刚要天亮的时候，其含意岂不把人吓晕。他往马歇尔的迈尔堡住处打电话，得知他正在外面骑马。随后，他以十分谨慎的语气给正在家中的迈尔斯打电话。迈尔斯从布拉顿语气中觉察到事关重大，立即赶往军需大楼。迈尔斯一到大楼，就陪同布拉顿到杰罗的办公室。迈尔斯敦促立即通知菲律宾、夏威夷、巴拿马及西海岸。但是一切要等马歇尔来了之后才能办理。

　　上午10时，罗斯福的海军副官约翰·比尔多尔上校将第14部分呈给总统。罗斯福还在床上，看完后说："看来日本要终止谈判了。"依比尔多尔看，罗斯福丝毫没有为此感到"不安"。中午以前，罗斯福无所事事，只是看了耳鼻喉科专家麦因太尔将军。麦因太尔为他治疗鼻窦炎。对罗斯福这样一个一生靠行动而鹏程万里的人来说，此时的所作所为实属奇怪。

　　军需大楼距海军部只隔三条街区，而那份下午1时的电报从军需大楼送到海军部却用了一个半小时！这份电报使威尔金森坐卧不安，心想是否应该提醒菲律宾和太平洋舰队注意。"你为什么不给金梅尔打个电话呢？"他对斯塔克说。此时大约是10时45分。斯塔克拿起电话，然后又摇摇头说："不，我想应该给总统打。"然而白宫总机接话员说总统太忙。斯塔克放下电话，就此作罢。

美森公司资深船长 C.A. 伯恩特森

上午 11 时 25 分，马歇尔终于到了办公室。但电报送到他手里又花了一个小时。斯塔克曾提议通过海军系统把电报送去，马歇尔却说他能很快获得电报。他可以使用保密电话，只是担心偷听的人有窃密手段。电报到了文件保管中心，指示他们用最迅速、最安全的方法发出。由于陆军部与檀香山无线电联系暂时中断，这份重要电报遂用电传打字电报机发往西联公司华盛顿办事处。

中午，赫尔—史汀生—诺克斯紧急会议刚结束，国务卿得到报告：野村要求下午 1 时约见。赫尔将时间定在 1 时 45 分。史汀生没有去军需大楼和马歇尔核查危机发展情况，他开车去伍德利吃午饭去了。

在白宫，总统正对中国大使胡适说，昨晚他给天皇去了一封信，"这是我最后的和平努力了，我担心可能失败"。

"勒赖"号客轮又从檀香山返回加利福尼亚。它已航行 32 个小时，载了 784 位乘客，其中包括夏威夷大学校长及"小姑娘"模特儿。礼拜在大厅里举行，由伯恩特森船长主持。

在檀香山东北 1000 英里，2140 吨的美国货轮"辛西亚·乌尔松"号满载木材去檀香山。船上有 25 个船员，但他们谁也没有察觉他们已被一艘日本潜艇跟踪了。这艘潜艇（I-26）是远征军先头部队的一部分，11 月 19 日离开横须贺，任务是战争爆发后，摧毁美国商船和军用舰船。它前一天上午发现"辛西亚·乌尔松"号，艇长横田准备攻击。

大约上午 7 时（檀香山时间），"勒赖"号报务员收到"辛西亚·乌尔松"号发出的 S.S.S. 信号，意思是它遭到了潜艇攻击。莱斯利·格罗根极力与珍

正在沉没和燃烧的"亚利桑那"号战列舰（红旗仍在飘扬）

珠港和加利福尼亚联系，皆未成功。最后他与博尼达角的美国海岸警卫队无线电站联系上了[①]。

上午 7 时 55 分，在希卡姆菲尔德的两个飞机机械师看见空中有个飞机编队。当飞机散开时，特德·康韦说："我们要欣赏飞行表演了。"康韦的朋友注意到第一架飞机上坠下一件东西，他想是个轮子。"轮子？见鬼去吧，他们是日本鬼子！"

轰炸机对准福特岛嗷嗷吼叫着俯冲下来。"亚利桑那"号战列舰停泊在不远处，甲板上有个水兵以为这是陆军航空兵的飞机在演习。他对着迎面而来的飞机挥舞拳头说："你发什么疯？！"

---

① I-26 花了三四个小时把装运木材的货船击沉，船上的人无一幸存。1979 年横田在一次采访中谈到，他是上午 8 时（檀香山时间）发起攻击的，而伯恩特森准将和服务主任鲁迪·阿斯普隆德皆说是上午 7 时，即袭击珍珠港前 55 分钟。格罗根认为是 8 时过一点儿，但船上其他三人同意伯恩特森的说法。

"蜜蜂"卡尔·博耶——怀卢普海军电台（在珍珠港以东 6 英里）报务员，收到东北方向 20 英里处的海军陆战队空军基地发来的摩尔斯密码电报："我们遭到狂轰滥炸；我们遭到攻击。"

"去睡觉吧，清醒一下。"博耶用信号回答。

"这不是演习，这是真的。"对方发疯似的回答。

博耶拿着电报去找上司，上司正同手下一群人挤在窗前俯视珍珠港。他们开始认为是陆军飞机在执行飞行勤务，后来看到高射炮喷出烟幕方知不妙。这位上司看了电报脸色苍白。"快与华盛顿联系，别管保密了。"

7 时 58 分，博耶拍发出清晰电文，而全世界也都听到了：

珍珠港遭空袭。绝非演习。[1]

特务吉川正在吃早饭，突然窗子开始晃动，墙上的几张画掉落在地上。他跑进后院，头顶上正飞过一架有日本标识的飞机。他们干起来了！吉川对自己说。这么多舰艇停泊在港里，太好了！他手舞足蹈，跑到总领事喜多官邸的后门。"喜多——先生！"他喊叫，"他们干起来了！"喜多走了出来，兴奋地说："我刚从短波上听到'东风，有雨'，[2] 不会有错的。"珍珠港升起浓浓黑烟。这两人的手紧紧地握在一起，热泪盈眶。喜多最后说："他们终于干起来了。"

吉川将自己和一职员锁在机要室里，开始在洗脸池里焚烧密码本。然而 10 分钟后，有人喊道："开门！"门被砸开了，檀香山警察局的长谷川吉尾中尉和几个人冲了进来，扑灭了密码本上的火。

哈尔西将军的特遣舰队（其中包括"企业"号航空母舰）将海军陆战队一个中队的战斗机运到威克岛后，正在返回珍珠港。从"企业"号起飞的 16 架

---

① 几乎与此同时，NSM（珍珠港备用电台）也发出了相似的电文。

② MS-5 监听站（在谢夫特堡）没有截到这份信号。还有东京发出的相似指令也没有收到，这是凌晨 3 时 20 分到达的，说："**日本与美英关系紧张了。**"

　　　　　　　　　　　　　　　　　　　美国的耻辱

侦察轰炸机正接近珍珠港。领机飞行员厄尔·加拉尔中尉在500英尺低空飞行，看见4000英尺高空处有几架飞机，飞机轮子均已放下。他叫坐在后面的报务员："星期天一大早陆军在干什么呢？我们开会时漏了什么吗？"

珍珠港附近海军无线电接收站接收员博耶

前面在冒烟。不过甘蔗地里总有人在烧东西，冒烟是常事。加拉尔在靠近巴巴斯角的陆战队机场着陆，当他在跑道上滑行的时候，一个陆战队上士跳上机翼高声叫道："赶快升空！你难道没看见这儿发生了什么吗？"这时加拉尔才注意到停在机坪上的飞机四处燃烧。他赶快起飞，一到空中就向"企业"号呼叫："珍珠港遭日本人袭击，这绝不是玩笑！"他绕巴巴斯角低空飞行，后面跟着僚机和"企业"号上其他五架飞机。日本战斗机接近了他们几次，但没有开火。

加拉尔报告，日本飞机在瓦胡岛和考爱岛之间集中，然后向西北飞去。

他们一定是直接回航空母舰，因为燃料可能不够了。加拉尔要跟踪敌航母，故去福特岛加油和装弹。

加拉尔向"企业"号报告日本特遣舰队在西北方向。但"企业"号没有注意。从珍珠港发来的其他报告又相互矛盾，海军无法找到敌人的确切位置。当莱顿报告说没有办法查明敌人是在北面还是在南面时，金梅尔真的发怒了，这是可以理解的。

"企业"号航空母舰上的侦察轰炸机飞行员加拉尔

Great Raid On Hawaii

美国的耻辱

日本出版物中的图片及英文译文（苏特兰美国国家档案馆藏）

更糟糕的是：有艘军舰发来一份电报说瓦胡岛南面发现两艘航空母舰。遂下令寻找，结果找到的是两艘美国巡洋舰。

具有讽刺意味的是，J. H. 牛顿海军少将率领的第十二特遣舰队此刻就在瓦胡岛和中途岛之间，离日本人不远。一等通信兵托马斯·索尔肯回忆说，他当时在重巡洋舰"阿斯托利亚"号上。他们立即向东北开去，全速前进，搜索日本人。这意味着几小时后他们就会与日本的"机动部队"相遇。侦察机出发了。然后又收到珍珠港来的一份电报，说敌人两艘航空母舰在瓦胡岛以南。但"阿斯托利亚"号驾驶台上的军官们深信方向有误。索尔肯奉命向牛顿将军的旗舰"芝加哥"号发信号："别理珍珠港，他们不知道自己在干什么。"但军令难违，第十二特遣舰队还是调转船头，向南驶去，离日本人越来越远①。

在瓦胡岛东侧的卡内奥赫海军航空站，人们正准备抵御日本人的第二次袭

---

① 这个错误犯得好，歪打正着。特遣舰队与"机动部队"力量悬殊。日本人至此只损失29架飞机，仍能重创这两艘美国航空母舰及舰载飞机，那样六个月后斯普鲁恩斯就不能在中途岛向日本人挑战了。

击。这次将是日本人在美国人组织起防御之前实施登陆，占领整个岛。一群人在机库区讨论下一步怎么办，突然其中一人叫道："啊，上帝啊——他们来了！"他脸色苍白，向北指着卡内奥赫湾入海口。"然后，"默里·汉森上尉回忆说，"我们也看见了：一艘日本战列舰的桅杆和司令塔，绕过海湾径直向我们航空站而来！"

大家吓得僵在那儿几秒钟后，有个人说："啊，天哪，大家看错了！"所谓日本战列舰原来是界标，非常明显，晴天时人人都能看清。这种集体的歇斯底里那天到处可见。

夏威夷四周浓烟弥漫。美国无线电公司电报投递员渊上，骑着摩托车，历尽艰辛，穿过路障和残垣断壁，去递送一份给谢夫特堡的指挥官的电报。等这份马歇尔发出的电报译出后，已经是珍珠港被袭七个小时之后了。通信军官觉得此电已不屑一送，遂请 R. J. 弗莱明（肖特的好友）代劳。"即使他暴跳如雷，向你猛扑，你也要习以为常。"弗莱明将电报送给肖特。肖特看了，然后将电报扔在桌上。"这叫他妈的提醒我们注意！"他怒不可遏，只是没有冲弗莱明发火。电报抄了一份立即送金梅尔。金梅尔对陆军送电报的人说，这对他还有什么用处，遂将纸揉成一团，扔进废纸篓。

2

下午 2 时 26 分，西部广播电台中断橄榄球比赛的实况报道，首先播发了珍珠港遭袭击的爆炸性新闻。下午 3 时，哥伦比亚广播公司转播纽约交响乐团的音乐会，美国多数地方是在这个节目开始之前听到珍珠港的消息的。

拉尔夫·布里格斯因截获"风"无线电信号有功，受到首席报务员 DW 嘉奖，获四天假期去克利夫兰。萨福德上校因 DW 和 M 监听站全体人员工作成绩突出，给 DW 送了一大束玫瑰花，并附一张条子，对他们截获那份至关重要的电报表示他个人的感谢。布里格斯获奖后的第一个反应是："好，我们

美国的耻辱

美国人拍摄的袭击珍珠港的照片

尽职尽责了，现在看我们海军揍那些畜生了！"

　　劳伦斯·萨福德则美美睡了 24 小时。两个月来他忧心忡忡，几乎夜不成眠，实在太累了。他正穿着浴衣吃早饭，一个朋友打电话来说珍珠港被日本鬼子炸了。他怒不可遏，真想拿那把点 38 手枪去把诺伊斯和斯塔克毙了。

　　他的同事威廉·弗里德曼，一位密码分析专家，只是在屋里踱来踱去，自言自语不停地说："他们早就知道的，他们早就知道的，他们早就知道的啊！"

　　保罗斯·P. 鲍威尔上校（以前在海军情报局主管日本方面）对妻子说，电台关于袭击珍珠港的报道是个大骗局，"因为金梅尔将军知道如何应付当前形势，不会把舰队停在港里的"。

　　"三轮车"（是他将偷袭珍珠港的详细计划交给联邦调查局的）听到消息时，正在一艘不定期的货船上。他感到胜利了。"日本人一定得到了很好的接待！我漫步在甲板上，不，不是在甲板上漫步，而是腾空飘飘欲仙，得意非凡。"

　　还有一个给美国人报警的人——韩基洙。他接到国务院马克斯韦尔·汉密尔顿的电话。汉密尔顿命令,韩12月5日关于日本周末将袭击珍珠港的预报不得向新闻界发表。"你如发表,"他警告说,"我能在整个非常时期内把你关起来。"韩无可奈何地同意在战争结束之前闭口不言。

在那天上午的会议上,史汀生·赫尔和诺克斯都认为,如果英国对日本进攻克拉半岛做出回击,美国定要参战。"然而如今,"史汀生说,"日本鬼子解决了所有问题,因为他们在夏威夷直接进攻了我们。"他的第一个反应是"松了口气","不再犹豫彷徨了,危机虽已到来,但能把全国人民团结起来。尽管这是灾难性的消息,而且灾难会发展很快,这仍是我最主要的感觉。因为我认为我们这个国家如果团结一致,就无所畏惧,而卖国之徒制造的麻木冷漠态度及意见分歧迄今却是非常令人气馁的"。后来他对副官哈里森少校说,"没有珍珠港事件,我们就不能使美国参战"。

3

那天下午,诺克斯注意到总统的脸色,"苍白得像一张纸,看得出受了很大震惊。詹姆斯·罗斯福晚些时候见他父亲坐在角落里,脸上毫无表情,非常平静。他拿出心爱的邮集,我进去时他正在翻阅几张邮票。'这不好,这很不好。'他说,头也不抬"。

约下午6时40分,罗斯福打电话给亨利·摩根索说,晚上8时30分召开内阁会议。摩根索向总统报告,他们冻结了所有日本的资产。"我们今晚就派人接管所有日本银行及商业公司,不让日本人再进去。"

"很好。"

对内阁会议记得最清楚的是弗朗西斯·珀金斯。她同亨利·华莱士及邮电部部长弗兰克·沃克乘坐同架飞机从纽约刚赶回来。这三个人那天工作太忙,尚不知道日本偷袭之事,还是她的司机到华盛顿机场接他们时才听说的。"那不可能。"三个人异口同声地说。

椭圆形办公室里坐满了人。总统坐在办公桌前，三人走进来时他没注意，他在看文件，嘴里叼着烟嘴。约9时，大家都就座了。珀金斯夫人惊讶的是总统未跟任何人说话，"他好像生活在另外一个什么地方，"她在录音采访中回忆说，"不去注意他办公桌另一侧发生了什么。他严肃极了，脸和嘴唇下垂，郁郁寡欢。他往日白里透红的脸色现已不见，一副古怪、沉重、灰暗和扭曲的表情。"

她回忆说，罗斯福的脸一直没有松弛过，哪怕是一分钟也没有。"脸总是绷着，嘴紧闭着，上唇下垂，下唇缩拢，这种表情我曾见过许许多多次……是一副当人们向他提出某些建议，而他嘴上说'啊！是的，啊，是的，啊，是的'，实际上丝毫无意理睬时常有的表情……"

"换句话说，我有好几次把这种表情与寻找借口躲避现实联系在一起。那天晚上他自始至终总带有这副表情，这当然并不说明任何问题，只是我至今也不能从我的记忆中把它抹掉，仍活生生印在记忆里，他一刻也没有放松那副严肃的表情。过去我们见他这样时，总得开个玩笑，或说句俏皮话，使他放松一下。但那天晚上，谁也不想打趣。这情景就是我感情纷乱而深深埋藏在我记忆里的，就是一个深沉的感情经历。我从来不对感情经历寄予信心，其他人也不应该这样。不过，正是人性奇怪的感情危机，才流露出一个人的内心世界，感情危机是大脑想象功能的组成部分，这是亚里士多德说的。"

珀金斯夫人回忆说，罗斯福太偏爱海军了，"以致他确实难以找到适当言词解释海军对袭击毫无准备……在我看很明显，要罗斯福仅仅接受这个想法就很困难"。他也许为失去的官兵和舰艇而自谴自责——因为金梅尔没有得到日本要袭击的通报。

珀金斯夫人被那晚罗斯福的奇怪反应搞得心烦意乱。"我从感情上深深觉得事情有点不对头，问题并不完全像表现出来的那样。这个感觉那天夜里紧紧缠住我，我回到家后还未摆脱，就坐了下来，用铅笔在白宫用笺上写了几个字……我描绘了总统脸上的表情，以及我经历的奇怪的感情骚动。这些给人以事情不太正常的印象。我今天也不知道我当时为什么写，除非是为了给今后留作纪念——不是为了历史，而是为帮助我或其他人去认识当时的形势。我一生中从未想到有回顾此事的必要。当我在字纸堆里找到这份记载时，我不仅记得很清楚，而且还知道我为什么写下这几个字。当时这几个字对我很重要，好像我应该写，我脑子里很清楚，万一我将来需要借助于这几个字去解释某些事情，某些我可能不得不据此采取行动，或其他人不得不据此采取行动的事……

"我现在也弄不清楚究竟是什么扰得我心神不定，总感到有些事不对头。很显然，他得扮演某种角色。我不知道我脑子里是否真的弄清楚他那晚有没有扮演一个虚伪的角色。他的惊讶程度并不大于我们其他人。"在她《我所知道的罗斯福》一书里，她将只字不提这些不安和疑虑。

"有人问我，总统的反应是否有可能是（偷袭珍珠港）事情发生了，他产生了一种解脱感。长期处于紧张状态，考虑该干什么，什么时候干，我们是否必须保卫新加坡而又不招致日本攻打我们，我们是否应该增援新加坡，等等。诸如此类的矛盾问题一直困扰了他好几个星期，或者说好几个月，如今全部结束，再也不需要考虑了。就是这种解脱感在他身上产生了一种心理气氛，反映在他脸上的就是紧张而又平静的表情，然而这种解脱感又表明什么地方出了毛病，这表情是一种推诿，一种遁词。"

会议快结束时，沃克（总统的密友）低声在她耳边说："你知道，我认为老头子定是因此事发生而获得解脱，这卸下了他脑子里一个大包袱。我曾担心他脑子里的包袱会要了他的命，会把他精神搞垮。这对他确实是很大的解脱，至少我们知道该做什么了。"

"是的，"她说，"我也这样认为。"

夜深了，罗斯福还在和赫尔及副国务卿萨姆纳·韦尔斯一起研究问题，韦尔斯想劝说总统采用他们起草的战争文告。"总统对他们非常耐心，"霍普金斯回忆说，"我想大概是为了让他们俩快走，又使他们相信他会认真考虑他们起草的文告。"总统跟"野蛮的比尔"威廉·多诺万上校及哥伦比亚广播公司的爱德华·R.默罗聊了一阵后，三人吃了三明治，喝了啤酒。12时30分，总统终于"把每个人都请出屋子，说他要睡觉了"。

白宫对面的拉斐特广场显得萧瑟凄凉，凳子上空荡荡的，再没有游人去坐。数周来这还是第一次。广场另一边是老战士行政大楼。这楼是今晚华盛顿为数很少的灯灭人走的大楼之一。宾夕法尼亚大街上白宫附近的上下交通都堵塞了。"汽车经过白宫时有些细微的审慎，"《时间—生命—财富》新闻局的杰里·格林报道说，"开车的人、坐车的人从进入白宫范围，直到驰过白宫，都转过头来，嘴唇一动不动地注视着它。"有上千人沿着白宫前的铁栏杆步行通过，"他们静静地走着，低声耳语（如果有人说话的话）。尽管有大量车辆和众多人群，大街上仍异常肃穆无声，静得使人神经紧张"。似乎每人"都在静静地、不发任何声响地看着白宫，等待着，希望看到报复的信号"。

在白宫，离总统房间不远的地方，罗斯福夫妇的老朋友哈姆林夫人在设法入睡，"夜已经很深了，我还听到说话声和脚步声"。

乔治·马歇尔将军还在他的弗吉尼亚家里。他什么也未说，只说他累了，要睡觉了。"我坐在那里，想尽可能做些对他有帮助的事，或者说些对他有帮助的话，"马歇尔夫人回忆道，"然而在这种情况下，任何话都是苍白无力的，所以我经过他的房门，走进我的卧室。我知道他宁愿一个人单独待着。"

第二天早晨，史汀生对哈里森少校说："我想我要去看看老诺克斯。"他们两人走过大桥，来到海军大楼，看到的是一片惊慌。在诺克斯办公室的外间，一个将军朝一个方向踱步，另一位将军朝相反方向踱步，好像他们是在下沉的船的甲板上行走。诺克斯的副官对哈里森说："天哪，美国人民会怎么看我们海军呢！"

下午12时29分，罗斯福总统在儿子詹姆斯搀扶下走进美国国会大厦众议院大厅。当他走上讲台时，全场起立，掌声雷动。"昨天，1941年12月7日，"他用一种人人听了都永远不会忘记的声音说，"——必须永远记住这个耻辱的日子——美利坚合众国突然遭到蓄意的攻击……"

第十六章

总结

1

不知道为什么海军部和陆军部对金梅尔、肖特封锁消息，不让他们接触1941 年夏到该年 11 月下旬的重要电文。也许因为马歇尔担心日本人会因此发觉美国已破译他们的"紫码"；也许是因为情报官员的职业怪僻，竭力要保护新情报来源；也许是因为军种之间、部门之间竞争之故。

虽然马歇尔和斯塔克两人都感到有必要对希特勒和墨索里尼发动战争，但两人都强烈反对挑起对日战争，理由是陆军和海军皆未做好两线作战的准备。直到 11 月 27 日赫尔向日本提交最后通牒的一刻，马歇尔和斯塔克还要求罗斯福做出有克制的反应。

总统本人直到最后一天还在左右摇摆，尽管史汀生、伊克斯及其他日本问题专家一再敦促他做出决定。而一个星期还不到，罗斯福便面临他一生中最重大的决策，华盛顿收到大量情报，表明下落不明的日本"机动部队"正向东朝着夏威夷开来。这些情报包括"勒赖"号①、第十二海军军区（霍斯纳上尉和一等兵 Z）、爪哇的塔·普尔顿将军和索普将军送来的警告，最后还有兰内夫特上校在海军情报局的会晤情况，这有兰内夫特武官处日志记载材料为证②。

战争结束 10 年后，海因·塔·普尔顿将军问索普将军："你是否真的把我给你的情报上送了？"索普保证是送了。塔·普尔顿说他当时就不相信富特总领事会将电报全文发华盛顿，所以他自己也发了一份给荷兰驻华盛顿陆军武官韦吉尔曼上校，电报提到了进攻夏威夷和菲律宾。韦吉尔曼告诉普尔顿，他在珍珠港事件前几天就亲自将电报交给了马歇尔；而这位参谋长却说："你能认真对待这种电报吗？"

艾伯特·C. 魏德迈将军证实，荷兰事前确实知道日本的进攻计划。1980 年他对作者说，在 1943 年的一次会议上，荷兰皇家海军的康拉德·E. L. 赫尔弗里希中将对美国珍珠港遭偷袭表示莫名其妙。赫尔弗里希说，荷兰人破译了日本的密码，知道日本要攻打珍珠港。"我表示对此一无所知，他感到十分惊讶，"魏德迈回忆道，"当我表示我十分怀疑这份情报已在偷袭珍珠港之前为华盛顿所知时，赫尔弗里希觉得毋庸置疑，他清楚地记得荷兰政府已经通报了

---

① 12 月 10 日凌晨 3 时 37 分"勒赖"号在洛杉矶码头刚靠岸，普雷斯顿·艾伦少校走进报务间，要求将航行日志交给他。电台台长阿斯普隆德坚持将日志交给了伯恩特森船长，伯恩特森又将日志及从 11 月 30 日到 12 月 7 日的其他材料交给海军军官。在海军档案里查不到这些材料的记录，也没有查到上面这件事。美森轮船公司准许作者随意查阅其档案材料，其中包括格罗根的日志。
② 兰内夫特上校在整个二战期间一直担任驻华盛顿海军武官。1946 年尼米兹上将亲自授予他优秀指挥官奖章。他的奖状上写的是："……兰内夫特少将以高超的技巧和主动精神执行自己的使命，在反对共同敌人的战斗中他提供了极其宝贵的协助……他对海军军械局作出的贡献是对盟军舰艇完成防御和进攻战斗任务无法估量的帮助。"
大约在 1960 年，兰内夫特上将毫不介意地对他一位老朋友塞缪尔·默里·罗宾逊（前采购和物资局局长，他开创了历史上最大的造船计划）说，他不断看到美国对日本偷袭珍珠港感到完全意外的文章，不禁感到惊奇。12 月 6 日，海军情报局军官曾用海图向他指出日本特遣舰队距檀香山只有 400 英里，偷袭怎么可能呢？
罗宾逊惊愕不已。他对此一无所知，恳请兰内夫特去问斯塔克偷袭怎么会发生。那天下午，罗宾逊将军给了一个简短的回话：兰内夫特没有必要去问斯塔克，罗宾逊本人刚给斯塔克打了电话。斯塔克拒绝对此问题发表评论。

美国政府。"

还有一些表明战争就要来临的征兆要么被忽视了，要么被隐瞒了，包括克里尔少校、"三轮车"，以及布拉顿、萨德勒等陆海军情报通讯官员发出的战争警报。

2

躺在这里的是个企图硬碰东方的愚人。

拉迪亚德·吉卜林

到 12 月 4 日，罗斯福及其小小的顾问圈子，包括史汀生、诺克斯和马歇尔，面临三种选择。第一，他们可以向日本和全世界公布日本"机动部队"在向夏威夷逼近，这毫无疑问会迫使日本人调头返航。第二，他们可以通知金梅尔和肖特，日本航空母舰已在夏威夷西北，命令他们派出所有远程巡逻机寻找日本舰队。日本如此秘密地组织的进攻，其成功必须完全依赖突然性。日本航空母舰特遣舰队如在距离目标很远时已被发现，它就不得不返航。

在赫尔向日本递交最后通牒一个月之前，伊克斯在日记中写道："很久以来我就认为我们参战的最好途径是通过日本。"如在瓦胡岛扔下一颗炸弹，美国参加反对希特勒十字军的难题就迎刃而解了。要知道美国一半人口要求和平。第三个选择要达到如下目的，不让金梅尔、肖特及其他所有人（除了极个别的几个人以外）知道真相，日本人不会察觉他们已被发现，仍继续向发起攻击的地点挺进，这就注定日本要发起攻击。如果金梅尔、肖特及其他人知道内情，他们就可能打草惊蛇，做出使日本人觉察到他们的进攻计划业已败露的反应。

这是个深谋远虑的冒险计划。但罗斯福像丘吉尔一样敢于赌博，冒险程度那时看来也不太大。回想一下罗斯福收到的马歇尔 1941 年 5 月写的那份备忘录吧。备忘录把瓦胡岛描写成世界上最强大的堡垒，保证能使任何敌人的特遣舰队在接近珍珠港之前就被摧毁。罗斯福在海军服役很久，对海军力量深信不疑。同时，他还收到报告说日本缺少飞行员，日本飞机又只是二流的①。美国太平洋舰队不仅不受什么损失就能阻止日本进攻，而且能重创日本"机动部队"。"暴君"特纳是美国海军中最厉害的将领之一，他对此深信不疑。他对海军调查法庭说："我那时知道我们的航空母舰已出海，我觉得，有了已经得到的通知，我们的岸基飞机及航空母舰在日本舰队返回本土之前，定能狠揍他们一顿。"

这样的失败对日本军国主义将是灾难，也许一举能使日本不再成为太平洋的威胁。而且，金梅尔的两艘航空母舰将会驶离珍珠港，而留在港里的舰船不会有被击沉的危险，空投炸弹威胁不大，鱼雷进攻不起作用，因为珍珠港水浅。

华盛顿在12月6日和7日只有这样做才是合情合理的。有哪位作家能妙笔生花，劝服读者同意我们军政领导人在那两天的所作所为呢？我们能否相信，偷袭珍珠港的前一天晚上陆、海军头目居然不知去向？能否相信他们后来作证时一再说的他们记不得他们究竟在哪儿了？有人提醒海军作战部部长，那天晚上他跟罗斯福通电话了，而他却想不起来当时他们是否讨论了日本前13部分电报，这可能吗？我们能想象一位看了电报后曾说"这意味着战争"的总统，会不立即把陆军、海军指挥员以及陆、海军部长召到白宫来吗？诺克斯的密友詹姆斯·G. 斯塔尔曼，1973年写信给肯普·托利海军上将说，诺克斯曾告诉他，12月6日那天夜里，他大部分时间是和史汀生、马歇尔、斯塔克、亨利·霍普金斯、总统一起在白宫度过的：他们都在等待他们已知道要发生的

---

① 多数美国人亦与罗斯福持相同的看法。著名的漫画家J. N. "丁"达林用一张漫画表达了这个看法。漫画是一个戴着角质玳瑁眼镜，个子矮小、龅牙、怒目圆睁的日本兵，徒劳地在给一个大气球吹气。在太平洋对岸站着一个头戴海军帽，信心十足的山姆大叔，背后藏着一把弹弓，狡黠地笑着。

事：攻击珍珠港①。

令人难以置信的事第二天上午还在继续：马歇尔坚持说他在 11 时 25 分之前尚未到办公室。而史汀生的副官哈里森少校在一次采访中透露，他上午 10 时左右在陆军部长办公室里看到过这位参谋长。"我看见他并跟他说了话，谁要说他在外面骑马都是扯谎，因为我那时见到他了，跟他说了话。"麦科勒姆中校和约翰·R. 迪恩中校（马歇尔的助理秘书）也都见到他了。

斯塔克上午 9 时 15 分看了 14 部分电报，1 小时后又看了那份下午 1 时日本要递交的电报，那他为什么不同意部属的请求立即打电话通知金梅尔呢？还有马歇尔，为什么他看了所有电报并说这意味着立即交战，却给珍珠港和马尼拉发了一份无关痛痒的电报，一方面表示他不知道那下午 1 时必须递交照会的时间"究竟是什么意思"，一方面又说"要根据情况进行戒备"呢？还有，他为什么不接受斯塔克提出的利用海军无线电设施发电报，或者使用他们自己的保密电话，而是要通过西联公司和美国无线电公司发电报呢？马歇尔不使用电话的借口，是日本有可能窃听电话，从而获悉他们的"紫码"已被美国破译。七个月前十几份截获的电报说明日本已担心他们的绝密密码已被美国破译。珍珠港遭袭击后不久，华盛顿与夏威夷之间的电话联系又何等普遍。

6 日和 7 日发生的一系列错误令人难以置信，只有在这样的情况下才说得通：这是一场地地道道的假戏真做，罗斯福及其圈内的人是知道日本偷袭的。

---

① 12 月 10 日诺克斯一到珍珠港，问金梅尔的第一个问题是："偷袭前一天晚上你收到我们的电报了吗？"金梅尔说没有，诺克斯说他们肯定发了。这句话后来被解释成是说漏了嘴；他是指第二天中午马歇尔发出的电报。而诺克斯在给罗斯福的报告原文上写道："11 月 27 日陆、海军司令部已收到一般战争警告，而陆军部 12 月 7 日午夜给陆军发的特别战争警告直到那天攻击发生后数小时才收到。"这难道也是漫不经心而漏嘴的吗？12 月 6 日夜里白宫开会（正如斯塔尔曼报道的），会上是否决定当夜给夏威夷发一警报——一个后来未让诺克斯知道就撤销了的警报呢？

美国的耻辱

3

珍珠港事件后没几天，掩盖事实真相的活动就开始了。据一位接近马歇尔的军官说，马歇尔下令禁止走漏消息。"先生们，"参谋长对十二个军官说，"让这和我们一起进坟墓。"这位未透露姓名的军官现仍健在。他 1961 年 5 月 4 日跟邦纳·费勒斯准将和查尔斯·C. 坦西尔博士一起吃午饭。据费勒斯说，这位军官说 12 月 7 日马歇尔在给肖特发电报问题上显然行动迟缓，这就是为什么参谋长要约束部属不得透露真相，这就是为什么他自己后来很方便地宣称他忘了珍珠港事件前一天晚上他在哪儿。

掩饰真相的做法在继续：罗斯福修改了诺克斯写的珍珠港事件报告原文，而罗伯茨委员会的报告则使掩盖活动变本加厉。罗伯茨委员会成员之一斯坦利将军后来说，罗伯茨大法官的表现"像蛇一样不诚实"。斯坦利的直率批评使他获得杰出服务勋章和驻莫斯科大使的职务，但在莫斯科他就接触不上怒气冲天的共和党人和满腹狐疑的记者了。

掩饰活动仍在顽固继续。罗伯茨委员会认为主要是马歇尔和斯塔克玩忽职守，而非金梅尔和肖特。陆军珍珠港委员会和海军调查法庭则修改了这一结论。史汀生和福莱斯特尔又修改了陆军和海军委员会的报告，这使多数公众相信罗伯茨事实上是受别人摆布。几乎没人注意政府、陆军和海军要人推翻陆军珍珠港委员会和海军调查法庭的调查结论。他们强行塞入没有截获"风"电讯的证明材料。此举非常成功，国会听证会多数报告的结论是没有这种电报，只有萨福德一人相信它的存在。而英格索尔海军上将、杜森伯里上校、佩蒂格鲁及萨德勒都作证说他们见到过，但他们的证词不受重视。此件确实存在的有力证据是 1977 年 1 月 13 日拉尔夫·布里格斯对海军安全司令部的历史学家作的采访录音。1980 年经作者要求，国家安全局和海军提供了录音正式文本（抽去少许涉及安全问题的材料）。布里格斯为海军工作 44 年，从应募入伍，参加海军，到提升为军官，后转为文职专家，级别为联邦政府职员 13

级。战后他担任反情报侦查官员和海军情报局局长办公室安全分析人员。

显然，所有"风"指令电讯已经丢失或被销毁了。[1] 据一位前海军情报局军官、《珍珠港事件前一周》一书的作者 A. A. 赫尔林说，珍珠港事件发生后，海军部二处一片恐慌，"有个军官，那时在情报局，现仍在海军，后居要职了，他告诉记者，有天早晨他到办公室保险柜一看，许多'魔术'文件都神秘地不见了，以后再也没有找到。事实上海军情报局把绝密、秘密以及不太秘密的档案文件都干净彻底地进行了打扫，据一位即时正在值班的军官说，彻底到连一张 1941 年 11 月、12 月份海军部序列表都不保存"。

有人听了萨福德上校听证会的证词后，说他是撒谎的骗子，有人说他是聪慧然而古怪的天才（他得了幻觉症）。他在退役前不久发明了高级电子对抗机。他说这主要是他牵狗散步时想起的。这解决了"逃避我们监测达 15 年之久"的难题。1958 年艾森豪威尔总统因萨福德发明的约 20 项密码技术给他颁发了十万美元奖金。直到死的那天为止，他竭尽全力使世界相信确有"风"指令。他从不把拉尔夫·布里格斯拖进这场漩涡，布里格斯的海军生涯没有受影响，萨福德此举值得称颂。

V 将军[2] 也许是最了解珍珠港事件内幕材料的健在的人。他最近在一封信里评论道，如果有何事例证明罗斯福和马歇尔应为珍珠港悲剧负责的话，那就是他们使用的手段，特别是马歇尔使用的手段。

马歇尔参谋长在各种调查会上的证词与其显赫职务所具有的威望和荣誉很不相称。可悲得很，这样位居要职的人居然撒谎，而他两个备受宠信的部下比德尔·史密斯和杰罗也不得不撒谎。这两人在 12 月 5 日都不同意给夏威夷

---

[1] 有关珍珠港事件的其他重要电报和文件也都不翼而飞，这绝不是偶然的。这些文电包括：12 月 10 日驻旧金山海军从"勒赖"号船上没收的材料；索普和塔·普尔顿的电报；"三轮车"交给联邦调查局的调查提纲和其他材料；第十二海军军区追踪日本航空母舰特遣舰队行踪的记录；1941 年 12 月 3 日格罗根向第十四海军军区报告记录原件；人口统计局搜集的美籍日裔公民姓名的记录。也许本书读者会进一步提供被扣压的材料，因为今天的陆军、海军和联邦调查局不再遮遮盖盖了。

[2] V 将军的姓名将在他去逝后公布。那封写给一位杰出将军的信保存在总统图书馆档案里。

通报任何情况，萨德勒给陆军珍珠港委员会作证时就是这样说的。萨德勒后来向克劳森修改了自己的证词，因为克劳森挟有马歇尔的军阶和威望。然而萨德勒后来在国会作证时又再次推翻了自己的证词，宣称他将文件给了杰罗和史密斯。Ｖ将军也在信中写道，他并不知道罗斯福采取了什么手段压制电报和阻碍行动的，但他的确知道杰罗撒谎，也知道他为什么撒谎。

为什么杰罗和史密斯（这两人也许是马歇尔最亲近的部属）阻碍对12月5日电报的调查呢？很难令人相信他们的行动没受马歇尔的指示。而马歇尔参谋长和海军作战部部长那时已是他们的总司令，即总统的忠实仆人。

同样可悲的是，像史汀生、赫尔、诺克斯和福莱斯特尔等堂堂要人也参与了掩盖事实真相的活动，并使金梅尔和肖特两个无辜的人蒙受不白之冤，充当了替罪羊①。这是不公正的，亚内尔、理查森、金、斯坦利及哈尔西等闻名遐迩的将军公开提出批评，说明海军主要将领的愤懑和厌恶情绪何等之深。

富兰克林·德拉诺·罗斯福尽管有缺点，但仍不失为卓越的领袖。他像世上大多数领导人一样，深信只要达到目的，手段便也是正当的。所以真相就被隐瞒了。

更大的悲剧是，对日战争是一场不必要的战争。所以我们必须继续哀悼那些牺牲者：首先是在瓦胡岛牺牲的 2403 人，然后是那些事业被葬送的人，像金梅尔、肖特、萨福德、布拉顿及萨德勒。从更广的意义上来说，我们也必须哀悼千百万在这场太平洋战争中捐躯和伤残的人：双方的陆、海军战士及许多国家的无辜平民，特别是日本的老百姓，他们受了炸弹和原子弹的摧残。最后的牺牲品是当今世界的现状。想象一下如果没有东方这场战争，将会是什么状况吧：就不会有广岛，也许就不会有核战争的威胁，美国也就没有必要

---

① 肖特退休，默默地过着恬静的生活。《星期六晚邮报》愿付他一笔巨额稿酬，请他与人合写一篇反罗斯福的文章，他拒绝了。1949 年 9 月 3 日他故于埃尔伯索。金梅尔从未放弃为自己昭雪的战斗。"我的主要使命是使整个珍珠港事件曝光 —— 支持我活下去的正是这点。"这位不屈不挠的将军 84 岁时，即逝世前两年对美联社说，"我不知道全部情况是否会水落石出。所有能证明他们有罪的文件都被销毁了。"但他预言，历史终将为他昭雪的。他从海军同事中获得的支持远远超过肖特从陆军军官得到的支持。1957 年金梅尔在安那波利斯被同学选为校友会主席。

在朝鲜打一场损兵折将、不得人心的战争，以及在越南打一场更可悲的、使美国经济削弱、国内冲突加剧的战争了。

收获是日本和美国从战争结果中吸取了教训。前者认识到，她的真正盟邦不是轴心国；后者认识到，只有一个强大的、工业化的、与民主世界一致的日本，方能稳定亚洲，阻止日本的宿敌——俄国的统治。然而一小部分受千百万人最崇敬的人却相信，为了民族利益，有必要施展不光彩的诡计——煽动一场日本原想避免的战争。用尼采的话来说，这真是"人性，太人性了"。

已经犯下的错误及日、美双方实施的残酷的暴力行为，不能被遗忘——只能被认识。他们过去是敌人，今天成朋友，今后必须继续是平等的伙伴。

附录

1

我将本书最后清稿送出版商后，确信本书揭露的事将会起到抛砖引玉的作用，会带来进一步的揭发。这里有几个新的材料，应对历史学家及研究这桩错综复杂的珍珠港案件的学者有用。

1. 一份在阿留申群岛服役的人写的关于"机动部队"（日本偷袭珍珠港的航空母舰编队）在北太平洋活动的报告。罗伯特·E. 伊斯雷尔是驻荷兰港陆军部队连长。他用静电复印机复制了报告原件（在他手里）并寄给了我。报告是阿拉斯加防御司令部发给第 37 步兵司令部的，收文时间是 1941 年 12 月 6 日 1 时 5 分。报告如下：

无线电报：

海军报告

日本船在荷兰港东南 270 英里

以前我曾从一等兵 Z 处获悉，荷兰港有一个无线电测向站，1944 年测向站有个军官告诉 Z，他们也在追踪"机动部队"在北太平洋的行踪。Z 想不起此人的姓名了，但说，如果我给他一份在荷兰港服役过的人员名单，他相信能回忆起来。我请求美国海军提供一份所有在荷兰港服役过的情报军官和通信军官的花名册，结果一个也找不到。有个研究员，叫戈登·海德·埃文斯，自从读了《美国的耻辱》之后，一直努力从美国海军历史中心和国家档案馆里寻找"中太平洋战略测向网"的日志和记录，未果。"中太平洋战略测向网"是 1941 年从菲律宾的甲米地，经中途岛和夏威夷一直延伸到荷兰港。这些记录如果还没有被销毁，现在就应该公开，再不解密就没有能站得住脚的理由了。

2. 卡尔顿·G. 凯彻姆上校的信札。凯彻姆是匹兹堡大名鼎鼎的居民，他的信说明 J. 埃德加·胡佛掌握了日本航空母舰舰队向珍珠港开进的情报。凯彻姆被 H. H. 阿诺德上将看中，负责为空军在超过服役年龄的人中物色具备特定条件和经历的人员充当军官。这是一项全国范围的、声势浩大的工程，1942 年秋天结束。凯彻姆说早在 1942 年他应来自俄亥俄州的国会议员乔治·本德邀请，参加了在华盛顿陆军—海军俱乐部召开的特别会议，与会人员是几个经严格挑选的议员和政府官员。据凯彻姆说，这是一个非正式组织，在国会开会期间每两周聚会一次，吃饭，打牌，以及自由讨论那些在其他场合属于机密的问题。本德告诉凯彻姆，胡佛（他是这个小组成员）对他们讲，总统及其最亲密的顾问们对日本进攻我们的计划了如指掌。胡佛（仍据凯彻姆说）与小组里他非常熟悉的人（凯彻姆除外）随便闲谈，不拿任何稿子。他讲话之前提醒小组成员遵守小组的保密规定。

"因显而易见的原因，我将在那里听到的一切看成是一种特权，不对任何人重复。"凯彻姆写道。但是现在看了《美国的耻辱》中的材料与他听到的一样，他感到不应再受那个保密要求的约束了。"当然我不能逐字逐句地引用，但我对当时听到的话印象极深，肯定我这里送给你的材料原则上准确无误。胡佛先生说，从 1941 年秋初到偷袭珍珠港前几天，他从几个来源频频收到情报，要袭击我们了，情报一次比一次具体。他说更为重要的是，总统在这期间也从许多来源得到情报，除了胡佛先生送给他的以外。他提到的情报来源有荷兰使馆和荷兰在远东的秘密情报部门。他提到一个英国商人，后来又提到香港的英国秘密情报机关。他说罗斯福先生还从在日本的某政府机构收到一份情报，但我记不起是谁了。他至少还提到一个情报来源，只是我现在想不起来了。

"胡佛先生说，除罗斯福总统外，知道这些情报的还有总统的私人顾问亨利·霍普金斯、诺克斯部长，我想还有史汀生部长。不过，我没有多大把握。他说，他非常肯定情报没有传给马歇尔将军，没有传给太平洋的指挥官肖特将军和金梅尔将军。总统对胡佛说不要向任何人提及这些情报，不要扩散到联邦调查局去，也不要让他们那时派驻太平洋地区的人知道，只由总统根据自己的判断来处理。胡佛说最后一份或几份情报是夏威夷某个监听站报务员发来的。胡佛说这些情报表明日本舰队在逼近，并说这些情报是攻击（珍珠港）之前几天收到的。据我的记忆，（小组）对下述事实曾作过某些讨论：大约攻击前三天电台便停止了工作。小组对下面情况也作了一些讨论：陆、海军指挥官事先应该能够得到通报的，他们应该能将舰队和军营里的士兵疏散，使伤亡减到最低限度的。对总统的指挥也说了一些尖刻的话，时至今日我就不去援引了。"

1976 年匹兹堡的哈特出版公司出版了凯彻姆的自传《一位再度服役的上校的回忆，1942—1945》。凯彻姆在书中记载了这次小组会议情况。"吃饭时的谈话，"他写道，"是极其有趣的，主要是因为话题是关于华盛顿在珍珠港遭受袭击之前，早就知道此事非常可能发生，轰炸菲律宾克拉克机场也极有可能。我想他们不准引用谈话的规定早就失效了，那是三十几年前定的，但是今天我仍遵守。"

3. 追踪开往夏威夷的日本航空母舰特遣舰队踪迹的进一步证明材料。1941年11月中旬，"机动部队"从日本内海出发时，南云将军命令各舰关闭电台，严格执行，这是历史事实。日本电视台为纪念袭击珍珠港41周年，播放了一个两小时的特别节目:《寻找珍珠港之谜的答案》。节目导演及制片人金野勉采访了罗伯特·哈斯拉赫。哈斯拉赫是荷兰驻华盛顿使馆雇员，眼下正在撰写1932—1942年期间荷属东印度公司的密码和情报史。他展示了一封信，是一个名叫汉宁的荷兰海军上校战后写的。汉宁，据说是位为人严谨的军官，绝不报告道听途说的材料，而只报告他知道是绝对可靠的东西。汉宁的信是写给荷兰皇家海军参谋部的。信中说，从分析日本无线电台通讯联络情况看，可以断定在1941年11月最后一周里日本舰队在千岛群岛附近实施大规模集结。换句话说，荷兰人由于截获了日本无线电信号，在1941年11月就查到"机动部队"北上千岛群岛单冠湾的踪影。航空母舰特遣舰队就是为突袭珍珠港而在千岛群岛集结的。如果不是特遣舰队里某个或某几个舰艇违反禁止使用无线电的命令，查到舰队踪迹又怎么可能呢?

金野为日本电视台制作特别节目时，也从日本防卫厅防卫研究所编写的官方历史（"战史丛书"之《夏威夷作战》）中发现，随同"机动部队"行动的有两艘潜艇，其中一艘I-23，1941年11月30日（东京时间）报告发动机发生故障，最大航速减至有效能力的80%。潜艇掉队了，很快便落后很远，无法用灯光信号或旗语联系。《夏威夷之战》一书中再无I-23潜艇12月6日（东京时间）前活动的记载。12月6日发现I-23潜艇终于修好发动机加入主力部队。这艘潜艇并未装备测向器，它是怎样找到特遣舰队位置的书里没有交代。

需要进一步研究I-23潜艇，研究与无线电台关机有关的问题，这也许是有益的。1941年11月末荷兰人发现"机动部队"行踪这个新材料证明威尔金森将军和一等兵Z的报告是正确的，这两个人都在12月2日发现了特遣舰队的踪迹。当时天气十分恶劣，"机动部队"两天未能加油。小舰的舰长面临紧急情况时，可能使用小功率发报机与其他舰艇联系。当时小功率发报机通联

美国的耻辱

范围据信不超过 50 英里。大家知道，今天这种小功率发报机在一定天气条件下可发射到很远距离。金野在研究过程中采访了当时"机动部队"舰艇上的报务员，所有人发誓说他们从未违反电台关机的命令，即使小功率发报机也未使用。然而有几人承认他们确曾跃跃欲试，因为雾实在太浓，风浪太大，不用发报机就无法与其他舰联系。

金野还挖掘出其他重要材料。他在檀香山找到伯恩斯中尉警官的两个部属。一个是威廉·凯纳，一个叫理查德·米勒。凯纳说他这位后来当了夏威夷州长的前上司，曾在珍珠港事件发生前几天和他谈起过联邦调查局特派员希弗斯关于珍珠港将遭攻击的情报。米勒说，希弗斯本人对他说起过珍珠港将遭袭击。关于那个南斯拉夫双重间谍波波夫，金野也找到了新的材料，并对其他尚需进一步探讨的事件提出了若干饶有兴趣的问题。据金野讲，所有这些资料将提供给研究人员。

4. 如劳伦斯·萨福德上校在证词中一直顽强坚持的一样，两位日本重要海军军官证实，1941 年 12 月 4 日（或在此前后）在美国东海岸收到了"风"指令电报。实松让上校是日本首屈一指的海军历史学家。他在自传《偷袭珍珠港前的 365 天》中写了他个人对这个有争议的电报所了解的情况。1941 年他是中校，任驻华盛顿使馆副武官（使馆有两名海军副武官）。使馆办公楼是一座两层楼建筑，武官处在二层。1941 年 11 月 19 日，报务员从武官处隔壁的收报机里接收到东京发出的电报，那时东京正在建立著名的"风"密码体系。到 12 月 4 日晨，武官处工作人员时刻处于戒备状态，等候"风"指令的到来。那天下午，报务员获本剑持上士跑步冲进武官办公室，叫道："风来了！"获本公开身份是使馆文职工作人员。两星期来他一直"全神贯注"地搜索信号。实松让闻讯跑进发报间，及时听到播音员多次重复呼叫"Higashi no kaze ame（东风，有雨）"，谁也不想掩饰自己的感情。该发生的终于发生了！他们开始毁掉密码机、秘密文件和电报密码，只留下为处理最后一分钟工作所必需的材料。

另一个海军副武官是寺井吉茂少佐。他在 1982 年 8 月 18 日一次采访中也证实了上述故事。他回忆他 12 月 4 日下午如何回到办公室，见到办公室收到"风"指令后的一片混乱和骚动的情况。在此前一天我也采访了实松让，我告诉他一级准尉拉尔夫·布里格斯作证时，曾说他是上早班时收到"风"指令的，不是下午。实松让说那有可能，东京对这等重要电报需发几次，布里格斯收到的定是 12 月 4 日较早时候发的一次。为什么获本没有听到早发的信号呢？实松让解释道，获本是使馆唯一的报务员，不能一天 24 小时监听广播。获本与实松让同住在附近一座公寓楼里，每天早上 9 时上班。寺井（现在是退休中将）也说布里格斯听到的可能是早发的信号，而此时获本还在睡觉。

萨福德作证时，开始说他相信是 12 月 3 日晨听到"风"指令的，后来又将日期改为 12 月 4 日。布里格斯在正式录音采访时说，他认为是 12 月 4 日。战后他从秘密档案卷宗里查阅"风"指令时，能找到的只是 1941 年 12 月 2 日的日志而且是在图片卷宗里找到的。他当时想：这可能是"风"指令吧。结果非也。假如是的话，这些材料也会被销毁的。

2

与珍珠港事件有关的人看了《美国的耻辱》后，作了不少评论和建议，他们的评论和建议对研究人员来说同样是感兴趣的。理查德·E. 克拉格少校"二战"期间在华盛顿海军密码和信号实验室里主管研究和开发。他是劳伦斯·萨福德上校的同事。他提供了有关海军 NO.3 密码这个纠缠不清的问题的许多详细材料。

乔·F. 理查森是 J. O. 理查森将军的儿子。他说《美国的耻辱》是反映这个题材的书籍中"最全面、最有见地、最有启发性"的一本，但也指出我有个地方是疏忽大意了。"今天，在我们知道这场悲剧的全部情况后，许许多多的人无法相信罗斯福居然故意扣留可以挽救许多生命、舰船和飞机的情报。事后了解的情况使人感到这罪恶太大，使人无法相信这是真的。

"为此，我对你第 319 页上的总结没有强调所有（接触材料）的人对英国成功袭击（意大利）塔兰托的意义都缺乏认识而感到遗憾。这是整个灾难锁链中最重要的一环，而这一环从未得到足够的强调。

"如果罗斯福也像海军一样，相信珍珠港不怕空投鱼雷攻击，当然也知道炸弹对舰队基本上不起作用，那么他决定不命令夏威夷驻军进入戒备状态就更可理解了……"

美国人不知道的是，日本人已改进了他们的鱼雷，装了木舵，因而在珍珠港的浅水中也有很好的浮力。

亨利·克劳森以前是陆军珍珠港委员会的助理书记员，曾被史汀生部长选中，对珍珠港事件进行特别调查，现为共济会主要干事。他写道："你潜心撰写《美国的耻辱》而揭示了珍珠港悲剧的真相，这一努力令人非常钦佩……祝你好运，祝你找到更多线索，乘胜前进。"有个线索来自一个读者。他来信中谈到一封信，声称是罗斯福的一个女婿写给金梅尔将军的，内容是关于珍珠港悲剧发生前我们究竟知道多少。托马斯·金梅尔上校就此追根究底。他记得曾将这封约翰·伯蒂格写的信读给父亲听过。托马斯·金梅尔写信给将军的一个秘书——杰拉尔 J. A. 威克斯夫人，得到回信如下：

"我与你父亲在一起的时间非常短暂，是 1967 年 1 月到 3 月，目的是帮助你父亲回复在珍珠港事件 25 周年之际收到的信件。他在家中向我口述，然后我将信及口述记录拿回家打字。

"有一封信是伯蒂格（罗斯福的女儿安娜·罗斯福的前夫）写给你父亲的，说 1941 年 12 月 6 日晚，'全家'正在白宫吃饭，席间总统被叫了出去，回来时说战争可能第二天就爆发，他的话的意思就是如此。伯蒂格先生的信说，事隔多年，他要'澄清事实'。真相至今未白，他辗转不安。那时由于与罗斯福家的姻缘关系，他感到他不得不保持沉默。你父亲给伯蒂格复信，表示感谢。

"那时信在我手中。我与我丈夫就是否应该复制这封信进行了辩论。我们决定，这封信不是我们的财产，我们无权复制。多少年来我们希望我们当时作的决定不是这样就好了。

"我在1967年这段时间里处理的回信都有复写的副本。来信附在复信的后面。信都归还你父亲了，请他按自己意愿处理。"

沃尔特·迪安·肖特上校——肖特将军的儿子写道，有一次他问父亲为什么不像金梅尔将军那样为自己冤案昭雪而不屈不挠地进行斗争。"他的回答大体上是：他要为战争竭尽全力，所以他去福特公司工作，充当吉普车总装厂（在达拉斯）的运输经理，督促将这些重要的车辆迅速运到部队。他不能既干工作又为自己的案子奔波，而且对他来说，美国利益第一，那时如此，永远都如此。那时他已知道G.马歇尔不是他的朋友，马歇尔将他在罗斯福政府中的地位置于他的荣誉之上。不过爸爸肯定陆军委员会将宣布他完全无罪。他丝毫不能相信如此众多的高级将领的荣誉会被践踏。

"国会珍珠港事件听证会后他很伤心，但仍认为历史将最终宣布他无罪，就像你现在已经宣布他无罪一样。国会珍珠港事件听证会后，我特别记得他说过：'可怜的乔治·马歇尔，他将是唯一不能写自己回忆录的高级将领。'"

关于韩基洙问题，托马斯·W.吉勒特——参议员盖伊·吉勒特之侄，提供了更多的情况。1967年他在缅因州的巴斯与他叔父详细讨论了这个问题。"正是在那时他才告诉我他与韩基洙接触的情况。叔父还说韩是在1941年11月底同他接触的，告诉他日本航空母舰编队正按战斗序列向东开进，攻打珍珠港或巴拿马运河，而不是向南。

"盖伊叔叔然后说，他亲自拜访了罗斯福总统，并把消息告诉了他。总统的回答是：'谢谢，此事要查一下。'我猜想，那次谈话相当简短。

"几天后，就是（1941年）12月初，盖伊叔叔又打电话给总统，对总统副官说，这（电话）与几天前同总统讨论的问题有关。副官去了又回来答称总统很忙，总统说此事已经处理。

"我问盖伊叔叔（他已接近90岁了，几个月后得了中风）为什么他不把这写个回忆录？他的回答是那时他是忠诚的民主党人，战争期间他从不猜测罗

美国的耻辱

斯福总统的意图，他肯定罗斯福是要利用日本进攻达到全国统一行动的目的，舍此别无他途。他感到罗斯福完全错误估计了日本人给我们造成损失的严重程度。当我建议说现在把这事弄清楚还为时不晚时，盖伊叔叔相当厌烦地说：'这件事已经过去了，说也无用了。'"

托马斯·吉勒特向他母亲核对了上述情况。"她说盖伊叔叔要求见总统，由于问题的性质非同一般，他亲自见了总统。同时，（她说）韩来找盖伊叔叔，因为以前盖伊叔叔出面阻止把反日的朝鲜学生遣送回朝鲜，因为到了朝鲜他们肯定会被投入监狱或被杀害。"

上述材料及其他材料、录音采访以及关于《美国的耻辱》的信札1983年6月以后可以在纽约海德公园弗兰克林·D.罗斯福图书馆我的文件卷里找到。

很久以前，有些人为了国家安全和对军队、罗斯福总统的忠诚而保持沉默，这些人现在可以揭露珍珠港事件的秘密了。有些人认为此事已经过去40年，不应再抖搂出来。其实，把所有材料公开是防止现在和今后的领导人犯类似错误的最好办法。材料保密期已过，希望掌握宝贵材料的人能像凯彻姆上校一样，现在站出来，以免为时太晚。当——如果——盟国也最终向研究人员开放他们所有珍珠港事件的档案时，大家还可以了解到更多事情。

1982年8月21日于东京

鸣谢

　　我感谢下列档案馆、博物馆和图书馆：亚历山大图书馆、拉特格斯大学（艾琳·查尔达）、哥伦比亚大学、口述历史研究所（路易斯·M. 斯塔尔，伊丽莎白·B. 马森）、康涅狄格州丹伯里公共图书馆、纽约公共图书馆的主要部门、国会图书馆、耶鲁大学图书馆（朱迪思·希夫，玛丽·C. 拉福格）、西利·G. 马德手稿图书馆、普林斯顿大学（南希·布雷斯勒）、弗兰克林·D. 罗斯福图书馆（威廉·埃默森，唐纳德·谢伟，罗伯特·帕克斯）、赫伯特·胡佛总统图书馆（托马斯·索尔肯，罗伯特·伍德，戴尔·迈耶，乔治·纳什，米尔德里德·马瑟夫人）、德怀特·D. 艾森豪威尔图书馆（约翰·E. 威克曼）、哈里·S. 杜鲁门图书馆、现代历史档案馆、怀俄明大学（古恩·M. 格雷斯利，埃米尔特·D. 奇苏姆）、荷兰国防部主要记录保管室（M. J. 范德鲁顿）、荷兰国防部海军参谋部历史局（F. C. 范奥斯顿中校）、美国海军历史中心（迪安·C. 阿拉德）、胡佛研究所（艾格纳斯·彼得森博士，查尔斯·G. 帕尔姆）、夏威夷大学（斯图尔特·杰里·布朗，大卫·基特森，弗朗西斯·杰克森，莫纳·中山）、乔治·马歇尔研究基金会（弗里德·哈德塞尔，约翰·雅各布，拉里·布兰德，迈克尔·舒普）、国家档案馆（罗伯特·M.沃纳博士，威廉·坎利夫，蒂莫西·K.南宁杰尔，纳翰·E.泰勒，杰拉尔丁·菲利普斯，威廉·海姆戴尔，威廉·利里，詹姆斯·特林布尔，保罗·怀特及巴巴拉·伯格）。

无数机构、组织及个人为本书做出了大量贡献。历史学家及作家：沃特·洛德、格温·艾伦、沃特·亨利·纳尔逊、特伦斯·普里蒂、阿瑟·施莱辛格、小约瑟夫·D.哈林顿、B.米切尔·辛普森第三、罗伊·斯特拉顿、A.A.赫林、理查德·汉塞尔、拉迪斯拉斯·法拉戈、布雷德利·史密斯、沃伦·奥伯博士、马丁·V.梅洛西博士、洛伊德·C.加德纳博士、D.舒尔兹博士、查尔斯·D.麦克唐纳德上校、艾里克·罗曼博士、罗杰·琼斯以及保罗·胡珀列教授。还有阿尔弗里德·格迪斯；劳伦斯·J.杜甘；弗里德·斯托金；法朗西斯·A.雷文；爱德华·B.哈尼菲；美森轮船公司（查尔斯·里加尔，弗里德·斯丁德）；沃特·D.肖特；罗伯特·特朗布尔先生及夫人；科尼·唐斯；邦纳·费勒斯夫人；威廉·冈恩夫人；本·弗格森上校；多丽丝·奥巴塔·孔目尔；卡尔·E.盖格；鲁丝·哈里斯；珍珠港幸存者协会（肯·默里）；汤姆·马斯兰，费城调查人；弗杰尼亚·基夫·诺伦；拉尔夫·汤森夫人；阿尔伯特·F.贝茨尔；修·温斯顿·莱特尔；哈里·阿尔布赖特；威廉·F.斯特洛布里奇上校；檀香山广告杂志的巴克·巴克瓦克及乔治·卓别林；檀香山《星报》的巴德·斯迈泽；威廉·A.伯恩莱德尔；安娜·C.厄本德（海军部新闻处）；怀曼·柏卡德上校（美国海军）；斯坦利·科佩尔夫人；威廉·克利夫兰；卡雷尔·林克；尤金·普林斯上校；威廉·莫兰上校；伊丽莎白·迈吉尔夫人；詹姆斯·莫泽（道布尔戴公司）；我的打字员海伦·科利斯蒂；玛丽·R.米切尔和法朗西丝·R.弗洛（她们允许我引用尚未出版的哈里·D.拉塞尔将军的回忆录）。

特别要提及下面对本书做出杰出贡献的人：沃伦·金布尔教授（拉特格斯大学），他将他的《罗斯福—丘吉尔通信史》手稿借我查阅，这本书最近由普林斯顿大学出版社出版；肯普·托利将军，他送我珍珠港事件的资料从而本书得以问世；查尔斯·C. 海尔斯中校，他多年辛勤钻研珍珠港事件，将所有资料给了我；布鲁斯·R. 巴利特，《掩盖：珍珠港事件的政治，1941—1946 年》作者，他慷慨地允许我彻底查阅他的档案材料；托马斯·金梅尔及爱德华·金梅尔，我不仅占用了他们的时间，并使用了他们的资料；小珀西·L. 格里夫斯仍健在，是一位参与各种珍珠港事件调查的极其宝贵的情况来源，他不仅阅读了全部手稿，并允许我长时间地采访他，然后又从他收藏的大量文件、手稿、笔记和书籍中挑选许多资料；卡西·特贝尔，本书编辑，不仅纠正了错误，且对风格、内容提了许多改进意见。

最后，我还要感谢双日出版社的两位编辑卡罗林·布莱克莫和肯·麦考米克，他们不仅使本书编辑过程毫无痛苦，并且非常愉快。